現代地政学
国際関係地図
ATLAS DES RELATIONS INTERNATIONALES

パスカル・ボニファス=著

佐藤絵里=訳

Originally published in France as:
"Atlas des relations internationales. 100 cartes pour comprendre le monde de 1945 à nos jours" by
Pascal BONIFACE
© Armand Colin, 2018, Malakoff
ARMAND COLIN is a trademark of DUNOD Editeur - 11, rue Paul Bert - 92240 MALAKOFF.
Japanese language translation rights arranged through Bureau des Copyrights Français.

contents

イントロダクション
グローバリゼーションとは何か | 6
国際秩序 | 10

第1部 世界

第1章 歴史的視点
1945年の世界秩序 | 20
ヨーロッパの分断 | 24
冷戦と雪どけ | 28
非植民地化と第三世界の出現 | 32
ソビエト帝国の崩壊 | 36
1989年の戦略的状況 | 40
第三世界の終焉と、西側による力の独占の終焉 | 44

第2章 国際関係のプレイヤー
要となるプレイヤー、国家 | 50
国連は世界を統治できるか？ | 54
国際機関は脇役か？ | 58
NGOは新たなプレイヤーか？ | 62
多国籍企業は世界の新たな支配者か？ | 66
力を増す世論 | 70

第3章 地球規模の課題
国際統治とは？ | 76
経済発展 | 80
気候温暖化：戦略上の重大な脅威 | 83
人口増加は抑制できるか？ | 86
移民の動きは制御不能か？ | 90
テロリズムは生存にかかわる脅威か？ | 94
核拡散は避けられないか？ | 98
組織犯罪とマフィア | 102
スポーツ外交 | 106
国際的司法機関は夢物語にすぎない？ | 111
民主主義と人権は広まっているか？ | 114
文明の衝突へ？ | 117

第4章 歴史上の重大な危機と戦争
ドイツの分断とベルリン危機 | 122
朝鮮戦争 | 125
スエズ戦争（第二次中東戦争） | 128
キューバ危機 | 131

ベトナム戦争 | 134
アフガニスタン紛争（ソ連）| 137
アフガニスタン紛争（NATO）| 140
湾岸戦争 | 143
ルワンダ虐殺 | 146
バルカン半島の紛争 | 149
コソボ紛争 | 153
イラン、アメリカ、イスラエル | 156
イスラエル・アラブ紛争 | 159
イラク戦争 | 163

第5章 現代の危機と紛争

ロシアとウクライナは和解不能か？ | 168
奈落の底に落ちたシリア | 171
イスラム国（IS）は国家並みのテロ組織か？ | 174
イランとサウジアラビアの対決 | 178
イスラエルとパレスチナ：果てしない紛争？ | 181
イラクは再建に向かっているか？ | 185
東・南シナ海における緊張 | 188
朝鮮半島：紛争は凍結？ | 191
米中関係：協調か敵対か？ | 194

第2部 各地域

ヨーロッパ

フランス：主要な大国 | 202
ドイツ：復活した大国 | 206
イギリス：ヨーロッパの大国？ | 210
イタリア：役割の見直し | 213
イベリア半島 | 217
中央・東ヨーロッパ諸国：均質ではない地域 | 221
北欧：多様な特色を持つ地域 | 225
ヨーロッパの再建 | 228
紛争後のバルカン諸国 | 232
再確認されたロシアの強さ | 235
トルコよ、どこへ行く？ | 240

南北アメリカ

アメリカを再び偉大にする？ | 246
カリブ海地域：アメリカの裏庭？ | 252
中央アメリカ：安定を求めて | 256
アンデス諸国：新たな出発 | 260
コノ・スール（南の円錐）：力を秘めた極地？ | 264

アラブ世界

マグレブ地域の統合は不可能か？ | 270
マシュリクは混沌とした地域か？ | 274
安定が脅かされるペルシャ湾 | 278

アフリカ

西アフリカ：民主化と人口問題の間で | 284
中部アフリカは立ち往生？ | 288
東アフリカとアフリカの角：開発と専制政治の間で | 292
南部アフリカの大きな存在感 | 296

アジア

インド：将来の大国？ | 302
東南アジア：地域統合と経済発展 | 308
朝鮮半島：分断の固定か、克服か？ | 312
日本：不安な大国 | 316
中国は世界一の大国か？ | 320

地図一覧 | 326

EN PRÉAMBULE

イントロダクション | 01
グローバリゼーションとは何か

グローバリゼーションという語は、
1980年代初頭からアメリカで使われ始めた。
当初は、世界の市場が単一化し、
資金の循環が盛んになっていく傾向を意味した。
語義はたちまち拡大し、ITの進歩による
世界各地域間のあらゆる交流と、
その加速を指すようになっている。

発見を待つ未踏の地や新たな土地はもはや存在しなくなる

歴史的現象

　地球上のさまざまなグループが関わり合うという点では、グローバリゼーションは新しい現象ではない。15世紀末から16世紀初頭にかけての大航海時代が、その華々しい幕開けであった。フェルナン・ブローデル[1902-85。フランスの歴史学者]は、スペインとイギリスの帝国時代における国際経済システムを定義するにあたり、早くも「世界経済」について述べている。

　すでに16、17世紀には、ジェノヴァ、アムステルダム、ロンドンなどの大都市が、世界規模に拡大する商業・金融ネットワークの中心であった。この最初のグローバリゼーションは、実質的にはヨーロッパ人による世界征服である。続いて19世紀の産業革命（蒸気船、鉄道、電報）が、世界の開放とヨーロッパ列強による支配に弾みをつける。

　カール・マルクスとフリードリヒ・エンゲルスが「労働者は祖国を持たない」と喝破したのは、国際的資本主義の発達を受けてのことだった。

　1935年、ポール・ヴァレリーは著書『現代世界の考察』[落合太郎、鈴木信太郎訳、筑摩書房［ヴァレリー全集（増補版）12］、1978年]で「有限の世界の時代が始まる」と述べた。彼によれば、植民地化の完了と共に、地球のほぼ全域がさまざまな国家によって分割され、資源が調べ尽くされ、それによって世界のあらゆる部分が互いに結びつけられるという。

　つまり、発見を待つ未踏の地や新たな土地は、もはや存在しなくなるのだ。

　1929年の大恐慌と、とりわけ2度の世界大戦は、ある種の出来事や現象が世界中に影響を及ぼすことを悲惨な形で示した。第二次世界大戦終結以降、アメリカとソ連の競争も同様に世界的な性格を帯びていく。ソ連とアメリカは世界の各大陸に散らばった同盟国を通じて対立するようになっていった。

今日のグローバリゼーション

　1960年代初頭、カナダの文明批評家マーシャル・マクルーハンは地球村（グローバル・ビレッジ）について論じた。テレビやラジオなどのマスメディアを通じて、地球全体があたかも1つの村であるかのように、同じ情報が世界中に広められる時代となったからだ。しかし、**21世紀初頭のグローバリゼーションは、これまでの現象とはまったく異なる**。新しい情報通信技術によって距離感が薄れ、世界の各地域の関係は激変した。移動の手段と通信の方法（飛行機、電話、ファックス、さらにインターネット）のおかげで、すべてが近く、速くなり、時間と空間が縮まった。距離も国境も消え失せたかのようだ。今日、人々も商品も、資金の流れや技術や情報と同様に、かつてないほど素早く容易に国境を越えるので、国境は無用という気さえする。

　経済面では、企業の世界的なネットワークによって、国という枠組みの存在感は薄れるいっぽうだ。国家間の境界がなくなれば、貿易、投資、資本の流れは自由化される。

　国際通貨基金（IMF）の定義によれば、グローバリゼーションとは世界中の国々が経済面で相互依存度を高めることである。グローバリゼーションを引き起こすのは、国境を越えた財とサービスの取引の増加、資本の流れ、そして、テクノロジーの加速度的かつ広範な普及だ。

　いっぽう、国際労働機関（ILO）によれば、グローバリゼーションは貿易、投資、資本の流れの自由化という波の産物であり、それらすべての流れと、世界市場における国際競争が著しく増大した結果である。

グローバリゼーションが始まったのは、経済面での規制緩和と、（特に情報分野における）技術革新が重なったためであり、また、共産主義の崩壊に続く東西対立が終わったためでもある。

複雑な現象

グローバリゼーションという現象は、実に多様な反応を引き起こす。ある人々にとっては民主主義と繁栄を重んじる価値観を世界中に広める手段となるいっぽう、別の人々にとっては、世界全体を「アメリカ化」させ、アイデンティティを失わせるのみならず、貧富の差をかつてなく広げる現象にすぎないからだ。世界の富がこれまでになく増えていることを思えば、確かに、グローバリゼーションは経済にとって有効だと言えるだろう。

ただし、社会にとっては不公正である。不平等は悪化の一途をたどり、その程度は目に余るほどだ。**そのような不平等をなくすためには、グローバリゼーションを止めようとするのではなく、調節すべきなのかもしれない。**

今日、世界的な規準やさまざまな出来事の国際性は高まるいっぽうだ。グローバリゼーションはもはや経済の次元だけでなく、人間関係、文化交流、スポーツ界の動向、余暇、政治等々にも影響を及ぼしている。そうした新しい世界的な価値基準の誕生は、アイデンティティの危機や地域間の差異の拡大も招くが、国民国家を維持する価値基準と相容れないわけではない。今日では、アイデンティティも価値基準も多種多様なのだ。

交通網の整備

鉄道インフラ

122　鉄道線路（単位：1000km）

主要国際ハブ空港（旅客数5000万人以上）
2017年の旅客数
（単位：100万人）
○ ○ ○ ○
50 60 70 90

2017年の港湾インフラ
① コンテナ取扱量で世界15位までの港

観光大国

観光目的地 上位10カ国
フランス　2016年に訪れた人の数
（82.6）（単位：100万人）

消費金額の多い観光客
41　2016年に外国で消費した金額
（単位：10億ドル）

通行の自由

通行自由圏
□ シェンゲン圏
□ アンデス共同体
□ CEMAC（中部アフリカ経済通貨共同体）
□ MERCOSUR（メルコスール／南米南部共同市場）
□ 事前取得ビザなしに180カ国以上に入国できるパスポートの発行国（2018年現在）

出典：世界銀行（2016年）；国際空港評議会；アルファライナー（2017年）；世界観光機関（UNWTO）；ヘンリー・アンド・パートナーズ（2018年）

不平等をなくすためにはグローバリゼーションを調節すべきだろう

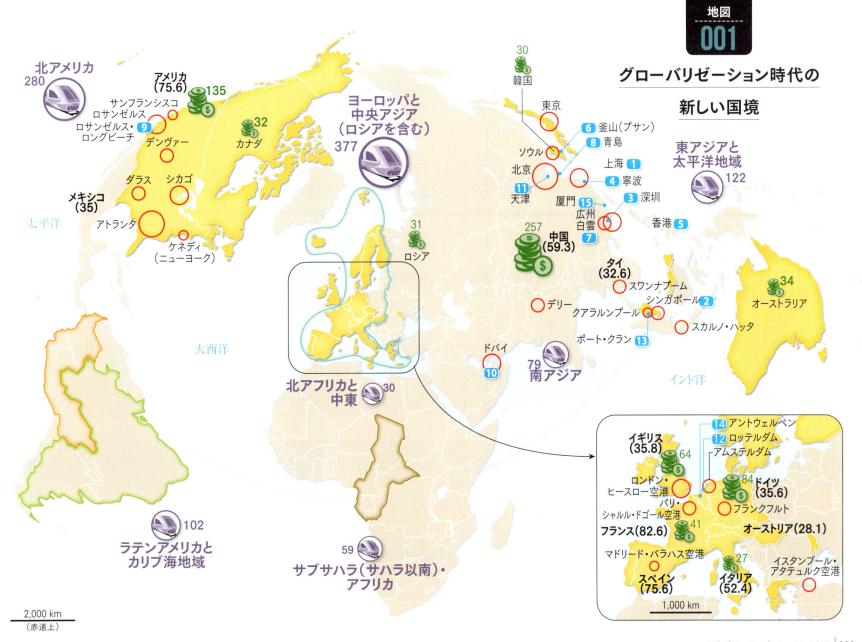

02
EN PRÉAMBULE

イントロダクション ｜ 02
国際秩序

1989年にベルリンの壁が崩壊し、
その2年後にソビエト連邦が瓦解すると、
第二次世界大戦終結以来の国際関係を
形作ってきた東西対立と二極世界は、消滅した。

アメリカの相対的な衰退に直面して、多極世界という観念が登場した

アフリカの紛争

一極世界か多極世界か？

　冷戦終了後に世界が多極化したと考える人たちは、ソ連の消滅後、アメリカにも1990年代初頭から衰退の兆しがあったと見る。1987年に『大国の興亡：1500年から2000年までの経済の変遷と軍事闘争（上・下）』[鈴木主税訳、草思社、1988年／決定版 1993年]を発表したポール・ケネディによれば、当時アメリカは「戦略的拡大過剰」に陥っていた。原因は、自国の政治的、経済的、軍事的影響力が揺るぎなかった時代に、無理な軍事行動を重ねたことだ。**かつてスペインとイギリスの帝国が凋落したのと同様に、アメリカも身の程知らずの軍事行動を繰り返した結果、衰退期を迎えるのは避けられない**というのだ。確かに、1980年代末にはアメリカ経済は停滞し、日本とヨーロッパ諸国に追い上げられていた。

　この相対的衰退に直面し、多極世界という観念が登場した。1980年代末に圧倒的な勢いを見せた日本の台頭だけでなく、ヨーロッパ統合の見通し、中国の発展、それに共産主義体制から解き放たれたロシアの成長さえ、そのような観念が生まれる原因となった。

02｜国際秩序　011

中南米の紛争

いっぽう、ソビエト連邦が終わりを迎えれば、世界はアメリカが支配する一極体制となるはずだと唱える人々もいた。彼らに言わせれば、主要な競争相手を失ったアメリカは唯一、世界規模の「グローバル」な大国の座に留まるはずである。実際、1990年代にアメリカは戦略的かつ経済的拡大を遂げている。同時期の日本は停滞が続き、ヨーロッパはドイツ再統一の受容と外交政策の統一に苦心しているようだった。ロシアも、体制の解体と国有企業の拙速な私有化の最中にあった。アメリカの持つ多様な力全体、**なかでも戦略的構想に関しては、太刀打ちできる力を持つ国は皆無だった**のである。

アメリカの持つ戦略的構想に太刀打ちできる国は皆無だった

012 | イントロダクション

アメリカにとって、国家間の拘束力は無用であり、反民主的ですらある

アメリカの支配をめぐる論争

　アメリカの支配に関しては、別の論争も生まれた。アメリカの単独行動主義、すなわち多国間や国際機関のルールを無視して国際舞台で行動する傾向についての論争である。1990年代以降のアメリカは、国際法と国際機関の拘束力をものともせずに力を行使する姿勢をますます強めた。その結果、軍縮、国際裁判、環境保護などに関し、全体のルールに従わないことが増えた。

　アメリカにとって、国外の多国間に働く拘束力は無用かつ反民主的である。アメリカ合衆国は普遍的価値観を掲げ、他のどの国よりもその価値観を広めることができると考えられているからだ。アメリカ人には表現の自由があり、外部からルールを押しつけられるのは、自由な選択の妨げとなるだけだとも考えられている。アメリカの見方では、相互依存とは単に相手に依存することであり、それを最小限度に抑えるのが得策なのである。

　1945年には、アメリカの国内総生産は世界全体の

中東とカフカスの紛争

中央アジアの紛争

50パーセントを占めていた。にもかかわらず、同国は戦争で疲弊した国々の再建につながる決断を下した。**特筆すべきは多国間主義と国際的組織に基づく国際的な体制を構築したこと**だろう。その成果が国連、IMF、世界銀行、GATT（関税および貿易に関する一般協定）、マーシャル・プラン、その後のNATO（北大西洋条約機構）であり、やがてヨーロッパの統合も支援することになった。

単独行動主義をめぐる論争が再燃したのは、ジョージ・W・ブッシュの2001年の大統領就任、同年9月11日の同時多発テロ、そして2003年のイラク戦争の後である。大多数の国々や国連安全保障理事会の反対さえ躊躇なく押し切るアメリカの姿勢を、ブッシュ大統領はあからさまに示した。国連憲章によれば、正当防衛でない、あるいは安全保障理事会の決定を経ない戦争は違法である。

結局イラク戦争は失敗に終わり、単独行動主義の限界が露呈された。アメリカ政府はそれでも姿勢を変えなかったが、あからさまな単独行動は控えざるを得なくなった。バラク・オバマが、そうした政治姿勢を転換する。2008年の当選後まもなく、彼はこう宣言し

イラク戦争は失敗に終わり、単独行動主義の限界が露呈された

インド亜大陸と東南アジアの紛争

た。「アメリカは世界の諸問題を単独で解決することはできない。しかし、**アメリカなしには、どの大問題も解決できない**」。オバマはアメリカの単独行動主義を終わらせはしなかったが、和らげた。2016年に選出されたドナルド・トランプはというと、アメリカの単独行動主義をかつてないほど極端に推し進めている。

実際、世界は一極体制でも多極体制でもない。多極体制でないのは、アメリカほどの力を持つ国は、相変わらず存在しないからだ。だが、一極体制でもない。**グローバル化した世界では、どんな大国も、超大国でさえ、単独でルールや国際的目標を設定することはできない**からだ。それでも、世界は多極化しつつある。西洋以外の多くの国が台頭し、西洋による力の独占は終わった。

超大国でさえ、単独でルールや国際的目標を設定することはできない

第1部
世界

第1章
歴史的視点

第2章
国際関係のプレイヤー

第3章
地球規模の課題

第4章
歴史上の重大な危機と戦争

第5章
現代の危機と紛争

第1章

歷史的視点

PERSPECTIVES HISTORIQUES

歴史的視点 | 01

1945年の世界秩序

1945年、世界の戦略的状況は一新された。
ヨーロッパは自らが引き起こした
第二次世界大戦の代償を支払うことになった。
それまでの500年間とは打って変わって、
もはや世界の中心ではない。頂点にはアメリカが君臨し、
ソ連は領土と勢力圏を拡大していた。
ヨーロッパはもう自らの命運を握っておらず、
ソ連とアメリカの奪い合いの的として、
無残にも長きにわたって分断されていく。

あらゆる経済分野において アメリカは世界の首位にあった

生気を失ったヨーロッパ

ヨーロッパでは、戦勝国も敗戦国もおしなべて深刻な経済問題を抱えていた。**市街地、道路や鉄道のインフラ、産業施設が被った被害は甚大で、生活物資の供給も困難を極めた。**ドイツでは国民総生産が1938年のおよそ3分の1、イタリアでは40パーセント、フランスでは50パーセントに減っていた。

ドイツはほぼ壊滅状態で、占領軍の支配下に置かれ、政府がなくなった。国家の存続すら危ぶまれた。ドイツを農業国家に変える、あるいはいくつかの国家に分割するという案も出されていた。イタリアは世界の主要国の座を欲していたにもかかわらず、弱小国に転落する。フランスは戦勝国とみなされていたにもかかわらず、活力を著しく失っていた。イギリスは開戦から終戦まで一貫してヒトラーと戦った唯一の国として威光に包まれていたものの、やはり疲弊していた。

こうしてヨーロッパの植民地帝国は揺らぎ始める。**植民地の人々はヨーロッパ列強が急速に総崩れとなるのを目の当たりにした。**イギリスだけは例外だったものの、やはり戦争により活力を失っていた。反ヒトラーの旗印として連合国側が掲げた民族自決権が、ヨーロッパ自身にはね返ってきていた。

ヨーロッパは国際関係と世界貿易を司る中枢ではなくなったのだ。

ソ連を囲む防衛圏

ソビエト連邦はこの戦争で2600万の人民を失い、莫大な損害を被った（損害額は1945年の国民総生産の6倍にあたる）。いっぽう、1939〜1945年に獲得した領土（フィンランドのカレリア地方、バルト三国、ポーランド支配下にあったベラルーシ、ルーマニアのベッサラビアとブコヴィナ、ケーニヒスベルク（後のカリーニングラード）、チェコスロバキアのカルパティア山脈以南のルーシ地域）は保持した。

ソ連はナチスから解放した国家（チェコスロバキア、ポーランド、ハンガリー、ブルガリア、ルーマニア、ドイツの一部、アルバニア、ユーゴスラビア）の領土を戦略的「防衛圏」とする。

自由世界のリーダーとなるアメリカ

アメリカは、第二次世界大戦を機に世界の覇者へと上り詰める。それはアメリカの国力と、その国力を利用して自由世界の先頭に立とうとする意志のたまものであり、歴史上の大きな転換点となった。

ニューディール政策が1929年以来の経済危機から脱する働きをしただけだったいっぽう、**逆説的だが、戦争がアメリカに経済発展をもたらした。**人命の損失は限られた数（30万人、ソ連の戦争犠牲者の80分の1）であり、自らの国土での戦闘はなかった。市民が戦火にさらされずに済んだのだ。

アメリカは安全地帯に守られ、産業の競争力に害が及ばなかったどころか、戦時の増産により活気づいた。**参戦時よりも豊かになって戦争を終えた唯一の国である。**国家収入は2倍になり、アメリカ政府の金保有量は世界の3分の2に達した。

やがてドルは主な国際通貨として、イギリス・ポンドに取って代わる。**あらゆる経済分野において、アメリカは世界の首位にあった。**石炭生産量では世界全体の半分、石油生産量では3分の2を占めた。国民総生

アメリカはトルーマンの言葉に従い「自由世界のリーダー」となっていく

産は全世界の国民総生産の40パーセントに上った。

アメリカは世界一の軍事大国でもあった。新型の恐ろしい兵器、すなわち核兵器を開発し、それを独占し続けられると考えていた。

そして、アメリカは第二次世界大戦終結よりもかなり前に、孤立主義政策の誤りに気づいていた。**1941年12月7日の真珠湾攻撃により、自らの意志のみに基づいて世界情勢から距離を置くことも、経済面での行動のみによって安全を確保することも、もはや不可能であると思い知らされたのだ。**アメリカは、すでに明らかになっていたソビエトの脅威からヨーロッパを守る必要を認識する。そして、トルーマンの言葉に従い「自由世界のリーダー」となっていく。

ヤルタ会談

ヤルタ会談は1945年2月4日〜11日にクリミア半島の黒海沿岸で、ローズヴェルト、スターリン、チャーチルによって開かれた。

フランス人の集団的記憶のなかでは、ヤルタはアメリカとソ連による共同支配の象徴である。**この会談で2大国が勢力圏を分け合い、世界とヨーロッパの分割が決められた。**フランス人がそう思うのはおそらく、ドゴール将軍がヤルタには招かれず、フランスに関する決定が、フランス不在のうちに決められたからだろう。ヨーロッパの多くの国の人々にとってもそれは同じだ。それでも、この会談で決められたフランスの待遇は悪くなかった。ヤルタ協定により、ドイツの占領地域の一部と、国連安全保障理事会の常任理事国5カ国の1つという地位を割り当てられたからだ。

実は、勢力圏に関しては、1944年10月、チャーチルからスターリンへの提案に沿ってバルカン問題についてすでに話し合いが行なわれていた。ヤルタで3人の国家指導者が決定したのは、ソ連の対日参戦の他に、ポーランドにおける自由選挙の実施であった。さらに、ヨーロッパの解放を宣言することで、民主主義と民族自決権を称え、ナチズムから解放された国々の政治問題が解決することが見込まれた。**「国内平和を確立」し、自由選挙を通じてできるだけ速やかに、民意を反映した政府を樹立することを目指したのだ。**

ヤルタ協定は自由で平和な世界への希望の表明だった。やがてそれは幻想であることが明らかになる。

1945年のヨーロッパ各国の領土の変化

併合された領土（併合した国）

- （ポーランド）
- （ソビエト連邦）
- （ユーゴスラビア）
- （ブルガリア）

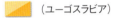

- ■ 会談開催地・開催年
- ---- 1937年の国境
- ― 1945年の国境
- ― 1949年に引かれた国境

移住を強いられた人の数
（単位：100万人）

1.5 3 6   400 km

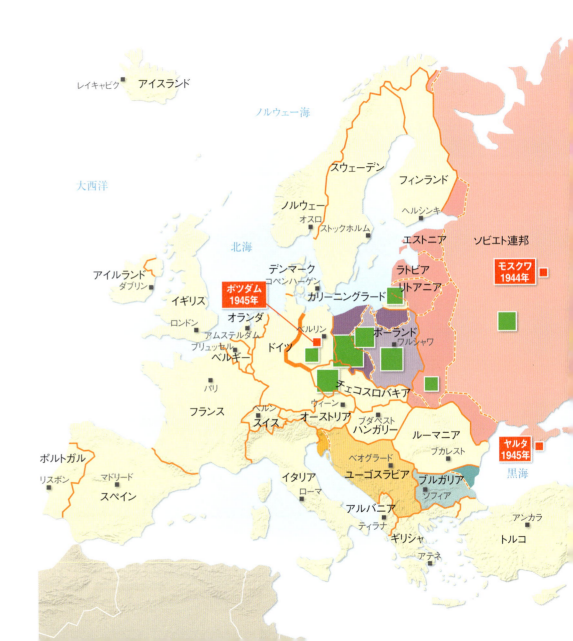

PERSPECTIVES HISTORIQUES

歴史的視点 | 02

ヨーロッパの分断

第二次世界大戦時の連合国は、東西2陣営に分裂する。
ソ連は、社会主義の母国が勝ち取ったものを
アメリカが奪おうとしたと主張した。
西側諸国に言わせれば、
冷戦の原因はソ連の拡張主義であった。

アメリカの援助を享受した国々と拒絶した国々に二分された

「鉄のカーテン」

　ソ連は西側から再び侵攻されることのないよう、自らを守ろうとし、そのために、赤軍（ソ連陸軍）が駐留国の内政に干渉した。1944年から1948年にかけて、共産主義は脆弱な基盤ながらそれらの国々の中枢部を次第に掌握していく。ただし、チェコスロバキアは例外で、ユーゴスラビア、アルバニアと同様、1945年には赤軍が撤退していた。

　1946年3月以降、**チャーチルはソ連の政策を非難し、ヨーロッパに「鉄のカーテン」が降ろされていると述べた**。イギリス首相の座からすでに下りていたチャーチルは、ソ連の拡大に歯止めをかけるために「友愛の連合」が必要であると結論づけた。

マーシャル・プランとジダーノフ・ドクトリン

　1947年3月12日、アメリカのトルーマン大統領は「封じ込め政策」を発表する。自分たちには「武装少数派による征服の試みや外圧に抵抗する自由な民族を支援」する用意があるという表明である。こうして、トルーマン大統領は伝統的孤立主義と決別した。

　1947年6月5日、アメリカのマーシャル国務長官はヨーロッパへの多大な支援を申し出る。**経済問題の深刻さを認識していたアメリカは、経済問題が社会問題へと発展し、アメリカに敵対する政治勢力が政権を握ることを恐れたのだ**。結果的に、ヨーロッパの経済再建は、アメリカにとって市場を開くことにもつながった。

　対するソ連はこのマーシャル・プランを拒絶し、東側の国々にも同様に拒絶するよう求めた。アメリカが経済面で支配力を発揮して、やがて政治力も行使することを懸念したのだ。

　結局、西側ヨーロッパ諸国には1948年から1951年までに130億ドルがつぎ込まれた。**それがヨーロッパに真の溝を作った――アメリカの援助を享受した国々と、拒絶した国々に二分したのだ**。

　1947年10月にソ連が掲げたジダーノフ・ドクトリンは、イデオロギー戦争の宣戦布告とみなされている。「世界には2つの陣営ができている。いっぽうの帝国主義・反民主主義陣営が本質的に目指すのは、世界征服と、アメリカ的帝国主義の樹立と、民主主義の抹殺である。他方の反帝国主義・民主主義陣営が本質的に目指すのは、帝国主義の打倒、民主主義の推進、残存するファシズムの一掃である」

　東側諸国では、社会民主主義政党が共産党に吸収され、他の政党は沈黙を強いられた。チェコスロバキアでは1948年のチェコスロバキア政変で、共産党が力ずくで政権を奪取する。ユーゴスラビアでは、ナチスからの解放の立役者であるチトーと共産党がスターリンと決別した。それは共産圏で起きた最初の分裂であった。フィンランドでは、共産党が政権を掌握しようとしたが失敗し、ソ連は同国から1947年に軍を撤退させてフィンランド政府と平和友好条約を締結した。こうした経緯から、フィンランドは民主的政権を擁するが、外交政策ではソ連と妥協せざるを得なくなる。いわゆる「フィンランド化」である。

2つの軍事連合

　西ヨーロッパの国々はソ連に対する弱さを自覚し、アメリカに安全保障を求めた。そして1948年6月、アメリカ上院は、政府による平和時の軍事・地域協定の締結を認めるヴァンデンバーグ決議を採択する。

東西陣営と「鉄のカーテン」

1949年4月4日に署名された北大西洋条約により、北大西洋条約機構（NATO）が誕生した。

　鉄のカーテンの反対側では、ワルシャワ条約の締結は1955年を待たねばならなかった。とは言え、加盟各国の間では個別の軍事的協力関係が長年結ばれていた。

NATO加盟国	加盟年
ベルギー	1949
カナダ	1949
デンマーク	1949
アメリカ	1949
フランス	1949
イギリス	1949
アイスランド	1949
イタリア	1949
ルクセンブルク	1949
ノルウェー	1949
オランダ	1949
ポルトガル	1949
ギリシャ	1952
トルコ	1952
ドイツ連邦共和国（西ドイツ）	1955
スペイン	1982

ワルシャワ条約	加盟年
ソビエト連邦	1955
アルバニア	1955
ブルガリア	1955
ハンガリー	1955
ポーランド	1955
ドイツ民主共和国（東ドイツ）	1955
ルーマニア	1955
チェコスロバキア	1955

・ポーランド、ハンガリー、チェコ共和国は1999年にNATOに加盟。
・ブルガリア、エストニア、ラトビア、リトアニア、ルーマニア、スロバキア、スロベニアは2004年にNATOに加盟。
・アルバニア、クロアチアは2009年にNATOに加盟。
・モンテネグロは2017年にNATOに加盟。

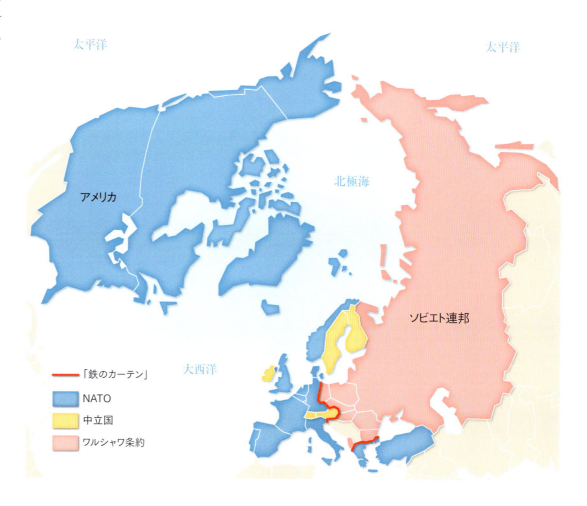

1949年のヨーロッパの分断

凡例：
- 西側勢力圏
- 西寄りだが、1945年にはいずれの陣営にも属さなかった国
- マーシャル・プランの恩恵を受けた国
- ソ連の勢力圏
- 中立国

フィンランド化：
1945年に赤軍によりナチスから解放されたフィンランドは、1947年、平和友好条約締結と引き換えにソビエト軍を撤退させた。フィンランドは政治体制を選択できたものの、ソ連に対するあらゆる敵対的行動を控えざるを得なくなった。

「鉄のカーテンが大陸に降ろされている」

「ついこの間、連合国側の勝利に輝いた場所に、近頃は影が差している。ソビエト・ロシアと、その支配下にある共産主義国際機構が今何をしようとしているのか、拡大計画やプロパガンダに仮に限界があるとしても、その限界がどこなのか、誰にもわからない。[……] **バルト海のシュチェチンからアドリア海のトリエステまで、大陸に鉄のカーテンが降ろされている。**その境界線の反対側に、中欧と東欧の古い国家の首都すべてがある……そのすべてが、何らかの形でソビエトの影響力下にあるだけでなく、ソ連政府の厳しい支配下にあり、その支配力は場合によっては増すいっぽうだ。[……] それらの事実からどんな結論を引き出すにせよ、このヨーロッパはわれわれが勝ち取るために戦ってきた自由なヨーロッパではない」
——ウィンストン・チャーチル、1946年3月5日、フルトン大学(アメリカ)での演説。

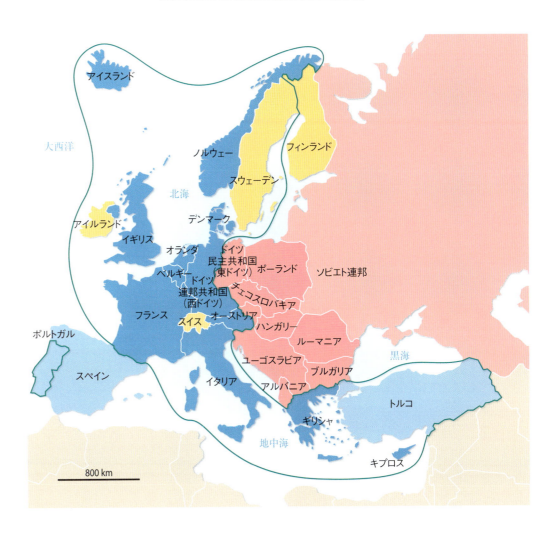

PERSPECTIVES HISTORIQUES

歴史的視点 | 03
冷戦と雪どけ

第二次世界大戦終結から1980年代末まで、
国際関係を支配したのは東西の対立だった。
どちらの陣営も、頂点には超大国が君臨した。
アメリカとソビエト連邦である。
両国を中心として、
それぞれの軍事同盟が組織されていた。

核時代に生きるわれわれは共存する他に道はない

「戦争はあり得ない、和平はなし得ない」

　東西関係はゼロサム・ゲームに似ている。つまり、賭け金が最初から最後まで変わらない勝負だ。従って、片方の陣営の利益がそのまま他方の損失になる。両得はあり得ない。争いが極端に激化することはない。脅しや罵倒があったにしても、直接的な対立——第三次世界大戦になりかねない——に発展する余地はなく、介在する同盟国による「単なる」武力衝突に終始した。そうした状況では、核抑止力のおかげで戦争はあり得ないものの、東西の分断により、真の和平もなし得ない。

　それでも、**2大国は徐々に敵対関係を超えた共通の関心事に気づいていく。**すなわち核戦争の回避である。ただし、雪どけが始まるのは、世界を第三次世界大戦の瀬戸際まで追い込んだキューバ危機を経てからだ。

「雪どけ」か「平和共存」か？

　緊張緩和を表すフランス語「デタント（雪どけ）」をアメリカ人が使ういっぽう、ソ連では「平和共存」という表現が使われた。当時西側ではその違いが意に介されなかったが、実際には、**その違いにこそ、双方の期待のずれがはっきりと表れている。**

　ソ連は、社会主義陣営とその他の陣営との戦争が避けられないとは、もはや考えていなかった。ソ連は1945年よりも力を増し、自らを「包囲された要塞」とみなすコンプレックスから脱して、経済力でアメリカに追いつける見込みを持っていた。その目標達成のためには平和な時期が必要である。**勢力を拡大するためには、力ではなく、第三世界のモデルとしての魅力が鍵になると考えたのだ。**

　皮肉なことに、アメリカが雪どけの必要を認めたのは、1945年以降、相対的な国力の衰えを自覚したためだった。リチャード・ニクソン大統領もヘンリー・キッシンジャー国務長官も、筋金入りの反共産主義者であったが、ベトナム戦争とその行き詰まりがアメリカの衰退の証であると見ていた。1960年代初頭から信じられてきた核戦争の脅威と、ソ連の兵器に対するアメリカの国土の脆弱性への懸念から、アメリカはソ連との対話へと踏み出すことになる。キッシンジャーは「現実政治（レアルポリティーク）」信奉者であった。もはやソビエト体制が本質的に有害であるかどうかは問題でない。**ソビエト政府が外交において**理性的な姿勢をとるならば、対話を始めるのが得策だと考えたのである。

　「大国が望む絶対的安全は、結果的に他のすべての国にとっての絶対的非安全となる」とヘンリー・キッシンジャーは書いた。許容できるのは「関係するすべての国にとっての相対的安全と非安全」のバランスが保てるような振る舞いだけだ。つまり、力の均衡（それ自体が常に流動的である）と、それを維持するための交渉の可能性が必要だということである。

　キッシンジャーはこうも述べている。「アメリカ大統領になった人は皆、自由に行動できる余地はそれほどないことを早急に知るべきだ。アメリカとソ連はイデオロギー上のライバルである。その事実は雪どけによって何ら変わるわけではない。**核時代に生きるわれわれは、共存する他に道はない。**その事実もまた、美辞麗句を並べ立てたキャンペーンによって変わりはしない」［ヘンリー・キッシンジャー著『キッシンジャー激動の時代1〜3』読売新聞調査研究本部訳、小学館、1982年］。この総括によれば、雪どけはすべてを解決する万能薬ではないかもしれないが、必要なものである。雪どけによって、封じ込め政策と共存という2本柱の間に均衡が達成されていった。

均衡か複占か？

雪どけの間、両大国は継続的、定期的、建設的な二国間対話の確立を望んだ。そうした背景では、国際関係はゼロサム・ゲームではないとみなされる。**アメリカもソビエトも、同じ勝負の勝者になれる可能性がある**ということだ。

両国は対話によって関係を安定化させ、対立ではなく協力を優先することを目指した。また、地域紛争（ベトナム、中東）が米ソを巻き込む状況に陥らないよう国際情勢を安定させることも目指した。結局、雪どけとは競争の終わりではなく、米ソ「共同統治」が認めた規則に従う競争の準備だった。

雪どけの象徴となったのは、軍備管理、東方政策、1975年のヘルシンキ合意（ヘルシンキ宣言）だ。この合意では、第二次世界大戦の結果引かれた国境が承認され（ソ連の要求）、ヨーロッパ大陸における通行と信教の自由の原則が確立された（アメリカの要求）。雪どけ反対派は、西側は理想のために実利を手放したとみなした。だが、実際はその逆だった。なぜなら、1945年の国境に戻りたい人はいなかったからだ。それどころか、反政府運動がポーランドとチェコスロバキアで始まり、ことに比較的自由に恵まれていた東ドイツの人々は、自国の状況を西ドイツと比べ、自由と、とりわけ消費社会の恩恵に浴したいという抗しがたい望みをふくらませるようになる。

しかし、ソ連のアフリカへの進出（1975年のアンゴラとモザンビーク、そしてエチオピア）、中距離弾道ミサイルSS-20の配備、アフガニスタン侵攻により、雪どけは打ち砕かれる。**ソ連は国外での振る舞いに関し、もはや一定の節度を保とうとしなくなった。**ソ連が節度を取り戻すのは1985年になってからのことである。まず米ソの交渉が再開され、3月にはミハイル・ゴルバチョフが政権の座に就いた。ところが、ペレストロイカは結局、新たな雪どけどころか、東西関係の終焉を招くことになる。

「封じ込め政策」

1947年7月、『フォーリン・アフェアーズ』誌に掲載された筆名「X」による論文が、その後連綿と続くアメリカの政策を明らかにする。すなわち「封じ込め政策」だ。

筆者である元モスクワ大使館顧問ジョージ・ケナンは、こう記している。「**アメリカのあらゆる対ソ連政策の柱とすべきは、明らかに、長期にわたる封じ込めである。**辛抱強いが断固とした、ロシアの拡大傾向を警戒する政策である[……]。平和で安定した世界の利益を侵害する兆しをロシアが見せた場合、いかなる場合でも揺るぎない対抗勢力として対峙することを目指さなくてはいけない」

ジョージ・ケナンは、西側諸国がソビエトの力を10〜13年間抑制できれば、クレムリンの指導者たちの外交政策は軟化するだろうと予言した。

ペレストロイカは結局、新たな雪どけどころか、東西関係の終焉を招くことになる

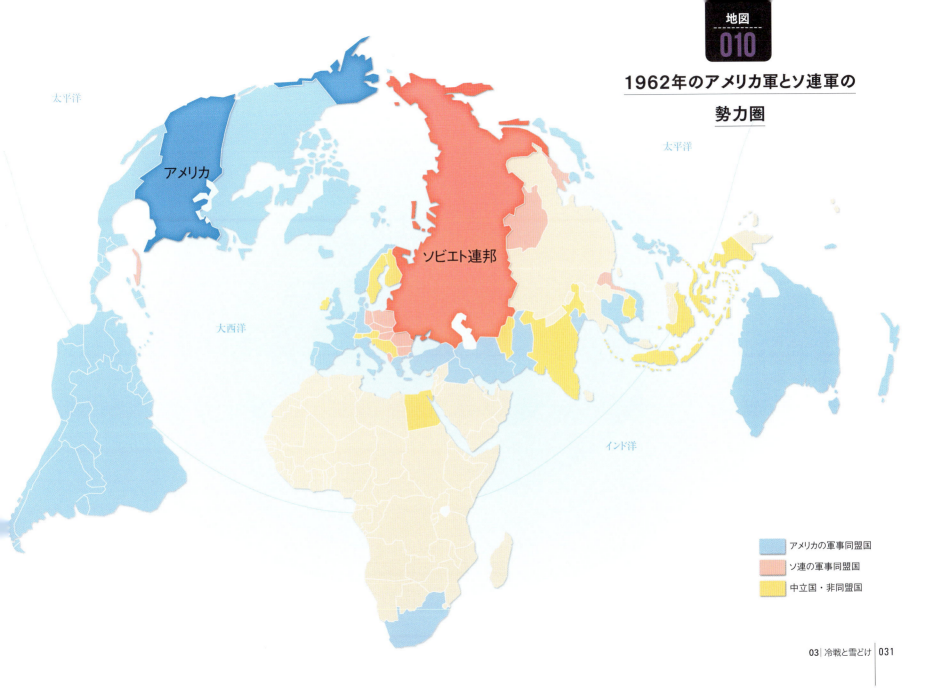

04
PERSPECTIVES HISTORIQUES

歴史的視点 | 04
非植民地化と第三世界の出現

西洋は民族自決権の名の下にナチズムと戦った。
ヨーロッパ諸国の植民地は独立を目指して、
この原則を取り戻そうとする。

1950年代末には、非植民地化により生まれた国々が国連総会で多数派を占めるようになる

冷戦期に誕生した新たな国家

　第二次世界大戦を経て、植民地を持つ国々の威光は大きく損なわれた。ベルギーとオランダはわずかな日数で負け、フランスは2カ月で敗れ、イギリスは常に守勢に立たされた。それらの国々の植民地から戦争に駆り出された人々は、独立を強く望むようになっていく。植民地を抱える国々は帝国の人民の潜在力に訴え、犠牲の補償を約束した。

　いっぽう、1945年以降に台頭したアメリカとソ連は植民地主義国家ではなかった。それどころか、**両国ともに、原理上も、利害の面からも、植民地主義に反対した。**ソ連と各国の共産党は反植民地主義の擁護者であり、いっぽうのアメリカは自らが非植民地化によって誕生した国家で、当然ながら反植民地主義を支持していた。さらに、アメリカ政府はヨーロッパ諸国の後見役を務める代わりに政治的・経済的影響力を広めようとしていた。

　1945〜1953年の非植民地化第1波は、主にアジアと近東で起こった。

　インドでは大勢のエリートがガンディーの影響により「セルフ・ガヴァンメント（自治）」を求めた。だが、彼らの要望に反し、イギリス領インド帝国が誕生させたのは単一の国ではなかった。1947年7月18日のインド独立法では2つの国家が成立し、インド連邦と、イスラム教徒が主流のパキスタンが誕生した。この分離独立には衝突と虐殺が伴った。

　東南アジアでは、1946年にアメリカ政府がフィリピンを支配下に置いたまま独立を認め、1949年にはインドネシアがオランダ軍に勝利した。インドシナでは、1945年にホーチミンがベトナムの独立を宣言していた。

政治的・外交的意思表明

　1955年、アジアとアフリカの29カ国がインドネシアのバンドンで会議を開き、以下の原則に同意した。領土保全と主権の尊重、不侵略と内政不干渉、平等と相互の利益の促進、平和的共存。**バンドン会議は、欧米やソ連などの大国の参加なしに南側の国々が一堂に会した初の大規模な会議だった。**

　バンドン会議に参加した29カ国は、人口では世界の半分を占めたが、国民総生産では全世界のわずか8パーセントだった。1961年には東西いずれの陣営にも属さない国々の国際組織「非同盟運動」が設立された。

　ところが、非同盟国はすぐに3派に分かれてしまう。真の非同盟派と、親西側派と、親ソ派である。**1950年代末には、非植民地化により生まれた国々が国連総会で多数派を占めるようになる。**それらの国々は、主にアフリカで起きた非植民地化の第2波を見守る監視役として国連総会を利用した。

　1960年の決議1541（XV）は、迅速かつ無条件の非植民地化の権利を宣言する。植民地化は国連憲章に反するだけでなく、世界平和を脅かすものとされた。

第三世界：不均質な集団

　非植民地化は20世紀後半の重要な要素と言えるだろう。国家の数を3倍に増やし、わずか1世代余りの間にヨーロッパの帝国すべてを消滅させて、世界地図を大きく塗り変えたからだ。

　しかし、南側諸国の努力にもかかわらず、南北格差を埋めるような世界経済の新たな秩序は実現しなかった。1964年の国連総会で、「77カ国グループ」が創

設され、「天然資源に関する永久的主権」が宣言された。開発途上国の主要な資源である原料の価格を見直し、不公平貿易を是正しようという発想である。途上国は原料を工業国に安値で売り、工業国は完成した製品を高い価格で売っているからだ。

しかし、1974年に原油価格が4倍に値上がりしたものの、他の原料の生産国はそれほど幸運に恵まれなかった。工業を発展させるために輸出に頼り、安価な労働力を利用して経済成長を遂げた国もあるが、逆に相場の下落と財政運営の誤りがたたって貧困が進んだ国もある。**資源に恵まれることが恩恵となる国もあれば、他国による搾取や内戦を引き起こす災いの元となる国もある。**

アジアの新興国、地理的超大国（インド、ブラジル、中国）、産油国、後発開発途上国の間には、やがて共通点がなくなっていく。

「第三世界」という語

この表現は、1952年にフランスの経済人口学者アルフレッド・ソーヴィーが、フランス革命前の第三身分から着想を得て考案した造語である。西側陣営も共産圏も、世界の北側の工業国から成るが、第三世界の国の多くは南側にあり、工業化されていなかった。そこから、東西の対立に加えて、南北の格差という概念が生まれた。

南側諸国の努力にもかかわらず、南北格差を埋めるような世界経済の新たな秩序は実現しなかった

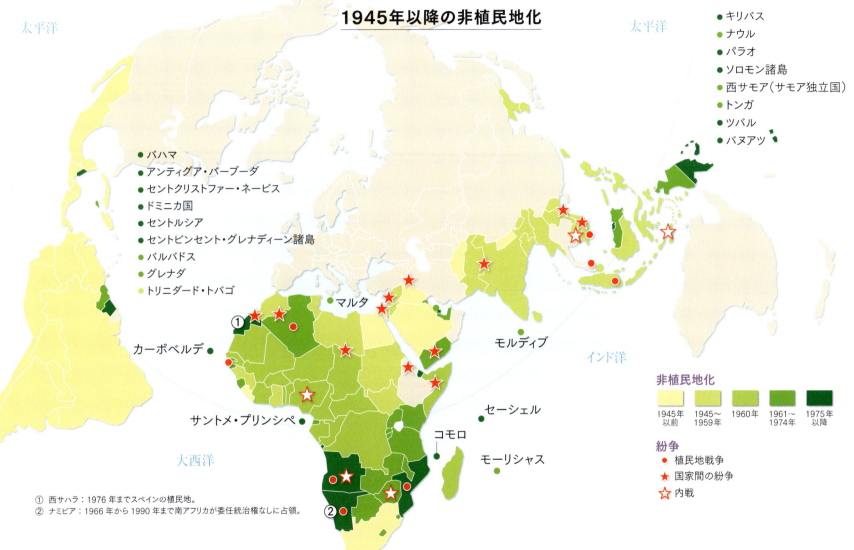

地図 011 — 1945年以降の非植民地化

05

PERSPECTIVES HISTORIQUES

歴史的視点 | 05

ソビエト帝国の崩壊

ミハイル・ゴルバチョフが1985年3月に
ソ連共産党書記長に選出されたとき、
ソ連はまだ超大国とみなされていた。
ワルシャワ条約加盟国を厳格に支配し
（主権を制限するブレジネフ・ドクトリン）、
アメリカととめどない軍拡競争を続け、
さらに第三世界で拡張政策を展開し、
アフガニスタンに侵攻した。

1989年11月9日には、ベルリンの壁崩壊を阻むものはもはや何もなかった

国際舞台におけるソ連の軟化

しかし、ロナルド・レーガン大統領の下で経済、技術、そして軍事で圧倒的優位に立つアメリカにソ連が追いつけないことを、ゴルバチョフは悟っていた。ソ連の経済再建に腐心し、西側諸国との関係悪化を避けようとしたゴルバチョフは、ブレジネフの外交政策と袂を分かつことを決意する。軍事費を削減し、国際問題への干渉を抑制し、強固に築き上げられてきたソビエトの地位の一部を放棄したのだ。

ソ連は中距離核戦力全廃条約に署名してSS-20を撤去し、ヨーロッパにおける通常兵力の均衡という考えを受け入れる。**国内事情からやむを得ず取られたその政策の目的は、自国のイメージを改善して共産主義を生まれ変わらせ、維持することだった。**

東ヨーロッパの解放

1940年代末からソ連のくびきに縛られていたワルシャワ条約加盟国は、力によるソ連の支配への拒絶を繰り返し表明してきた（1953年の東ベルリン暴動、1956年のハンガリー動乱、1968年のチェコスロバキアへの介入、1981年のポーランドの戒厳令）。

1987年にチェコスロバキアを訪れたゴルバチョフは、「欧州共通の家」構想を発表する。「ヨーロッパ人は、共に協力し合うことで［……］この家を守り［……］より良く、より安全にすることができるだろう」という見通しを示し、各国民が「自分らしく生き、自国の伝統に従う」ことを認めた。

1988年には国連で、民族に選択の自由が認められるべきだと言明した。この方針転換は、当初は東ヨーロッパ諸国や西側の国々から懐疑的に受け取られたものの、やがて東ヨーロッパの解放につながる。

1989年に事態は急展開する。ゴルバチョフは6月に、不干渉主義政策をとると表明し、社会改革は各国に任せると強調した。実際、8月にポーランドでヤルゼルスキ首相が自由選挙の実施をやむなく受け入れ、独立自主管理労働組合「連帯」が勝利して非共産党政権を樹立した際も、ソビエト政府は干渉しなかった。**東ヨーロッパにソ連が干渉する恐れは完全になくなったのだ。**

ソ連の憲兵を恐れる必要がなくなり、**東ヨーロッパ**のあらゆる大都市で、デモに参加する民衆の平和的圧力によって親ソ連政権は崩壊した。

9月には、ハンガリーが「鉄のカーテン」の裾を持ち上げる。何千人もの東ドイツ人が自国の「民主」ドイツを後にし、「兄弟国」を経由してもう1つのドイツへ向かった。ドイツ民主共和国（東ドイツ）の建国40周年記念日に、ミハイル・ゴルバチョフは、自ら改革を望まない者は歴史によって葬り去られると言明し、ホーネッカー政権にとどめを刺す。

1989年11月9日には、ベルリンの壁崩壊を阻むものはもはや何もなかった。

ポーランドに続いて、東ドイツ、チェコスロバキア、ハンガリーにも民主選挙で選ばれた議会が誕生する。ただし、ブルガリアとルーマニアにはさまざまな困難があり、元共産党員の「寝返り」組が数年間残ったものの、やはり「東風」には逆らえなかった。

ソ連が勢力圏を築いた時代の体制は、たちまち改められることとなった。1991年6月に開かれた経済相互援助会議（COMECON）の後、ワルシャワ条約は解消され（7月）、ソ連軍は段階的に東ヨーロッパのすべての国から撤退する。

アジアから中南米に至るソ連の撤退

アフガニスタン侵攻の失敗が最大の契機となり、ソ連は第三世界に対する政策を転換した。**第三世界は、もはやアメリカとの闘いやソ連の強さの誇示のための道具ではなく、ソ連にとって巨大な重荷と目されるようになる。**

発展を求める第三世界の期待に応える力がないことが露呈し、南側の国々の味方であり西側の帝国主義からの保護者であるというイメージがアフガニスタン侵攻により決定的に損なわれた今、ソ連は第三世界という重荷を下ろす道を選ぶ。

1986年2月、ゴルバチョフは、1979年の軍事侵攻以来アフガニスタンで泥沼にはまっていたソ連軍の撤退を表明する。1988年4月には、ソ連とアフガニスタン政府、パキスタン、アメリカの間で協定が成立した。

撤収は同年5月に始まり、1989年2月に完了した。さらに、ソ連政府の姿勢も根本的に変化した。ソ連は「民族解放運動」の支援と地域紛争の扇動から手を引いたのだ。政治、軍事、経済、財政に関するソ連の支援は見直され、劇的に減った。

中東では、ソ連はイスラエルとの軍事的均衡を保とうとするシリアへの支援を停止。ソ連内のユダヤ人の出国を認めたが、PLO（パレスチナ解放機構）による代償の求めには応じなかった。

とりわけ湾岸危機と湾岸戦争中には、1972年に結んだイラクとの友好協力条約を破棄し、軍事力行使を求める決議も含め、国連安全保障理事会のすべての決議で反イラク票を投じた。

アフリカでは、ソ連はことにポルトガルの植民地の独立を進めることで勢力を保ってきたが、ゴルバチョフは援助を大幅に減らし、あまり関与しなくなった。

この方針転換のあおりを受けて、1991年5月にはエチオピアのメンギスツ政権が崩壊する。同国は以前からエリトリア［1991年に独立を宣言］とティグレ地方の反乱に揺れていた。モザンビークとアンゴラも、ソ連の方針転換によって西側との関係を復活させ、紛争の悪循環からの脱出を模索し始める。

ラテンアメリカでは、ソ連政府がキューバへの援助を削減し、1993年にはこの島へのソ連軍の駐留に終止符を打った。ニカラグアではソ連の援助の削減がサンディニスタ政権の敗北を招く。

ラテンアメリカ全域で、東西対立の終結により、地域間・国家間の緊張の大半が次第に和らいで、協定が結ばれ、ゲリラが動員解除され、正規軍の規模が縮小し、真の複数政党制による選挙が実現に至った。

第三世界はもはやソ連にとって巨大な重荷と目されるようになる

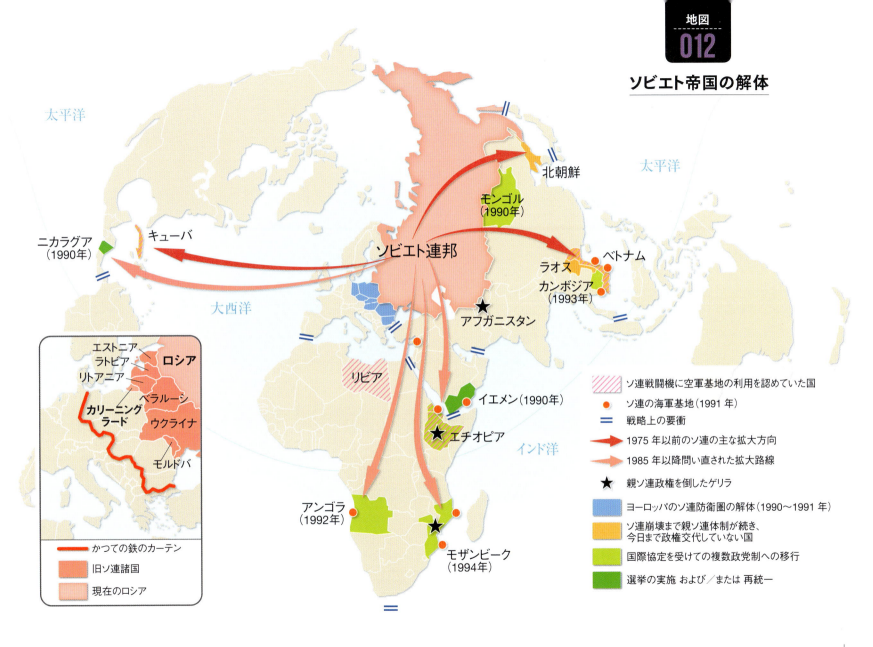

06
PERSPECTIVES HISTORIQUES

歴史的視点 | 06
1989年の戦略的状況

1945年から1989年の東西関係の歴史は、
一言で言えば、世界の覇権を争う米ソの闘いであり、
なりふり構わぬ争いだったものの、
直接的衝突には至らなかった。
ソ連の目標は、アメリカに追いつき追い越すことだった。
対するアメリカの目的はソ連の前進の阻止である。
いずれも、無敵の軍事大国を築き、可能な限り
最大の同盟国網を張り巡らすことを目指していた。
その結果、軍拡競争は消耗戦となっていった。

同盟国獲得と軍備拡張の競争が
アメリカとソビエトの経済を疲弊させていった

軍拡競争、同盟国獲得競争

ソ連は第二次世界大戦後にヨーロッパで唯一、領土を拡大した国だ。**1949年に中国で共産党が勝利したため、ソビエト陣営は著しく力を増す。面積でも人口でも「資本主義」陣営をしのぎ、勢いづいていた。**

対抗するアメリカは、「条約マニア」とも言える封じ込め政策をとる。ソ連の周辺に、クレムリンからの新たな圧力を押さえ込むことのできる同盟国網を張り巡らそうとしたのだ。こうして誕生したのが北大西洋条約機構（NATO）である。

また、ヨーロッパではフランコ政権下のスペインとアメリカの間に軍事協定が結ばれたことも付け加えるべきだろう。1955年2月24日にはバグダード条約が、トルコ、パキスタン、イラン、イラク、イギリスの間で結ばれ、1957年にはアメリカも加わった。この条約は中央条約機構（CENTO）と名称を改めたのち、1979年に解消される。1954年9月8日には、マニラ条約によって東南アジア条約機構（SEATO）が誕生し、アメリカ、フランス、イギリス、オーストラリア、ニュージーランド、パキスタン、フィリピン、タイが加盟する。この機構は1973年に活動を停止した。1957年にはオーストラリア、ニュージーランド、アメリカが太平洋安全保障条約（ANZUS）を結んだ。さらに、アメリカはアジアで、日本と韓国との間にそれぞれ二国間協定を結んでいる。

新たな競争の場

近東でヨーロッパの存在感が薄れ、アフリカで非植民地化が進み、インドシナからフランスが撤退した結果、アメリカとソ連の間に新たな競争の場が開かれた。**米ソの競い合いは、第三世界の多くの国々には利益をもたらすものとなる。**それらの国々は、アメリカやソ連と同盟関係を結ぶことを心から望んではいなかったにしても、どちらかを選ぶことはできた。そのため、米ソは思想信条にはあまりこだわらない振りをせざるを得なかった。

つまり、**ソ連は名ばかりの社会主義政権を支援し、アメリカは反共産主義闘争の名の下に、しばしば血まみれの独裁者たちと手を結んだのだ。**このような同盟国獲得と軍備拡張の競争が、アメリカとソビエトの経済を疲弊させていった。

その状況を、ポール・ケネディは『大国の興亡：1500年から2000年までの経済の変遷と軍事闘争』[1987年／邦訳1988、1993年]のなかで戦略的「過剰関与」と呼んだ。彼によれば、アメリカは経済が比較的好調だった時代に手を染めたさまざまな関与を引き継いでいる。それは「大雑把に言えば、帝国的拡大過剰のようなものだ［……］。アメリカの利害と関与は、今日では荷が重すぎ、すべてを同時に保つことは不可能だ」

東西関係の終焉

現実には、最初に崩壊したのはソ連だった。**ソ連経済は帝国の重荷をもはや負いきれなかった。**超大国ソ連は、土台の脆い巨像にすぎず、他国の恐れをかき立てることで政治、社会、経済の破綻を隠蔽していたのだ。

経済破綻の（唯一ではないが）主な原因は軍事を絶対的に優先させたことだった。1993年に出版された回想録で、ゴルバチョフは、ペレストロイカを成功させるためには「まったく維持不能で破壊的な域に達していた極端な軍事化」と「軍産複合体の支配と、同盟国や第三世界に対して超大国の地位を保つための法外

ソ連の消滅により、アメリカには匹敵するライバルがいなくなった

な出費といった重荷」を取り除かなくてはいけないことを、たちまち確信したと述べている。ソ連は「帝国的拡大過剰」に陥り、多大な戦略的関与にもはや耐えきれなくなっていた。

ソビエト連邦の崩壊は、規模の大きさと速さで世界を驚かせた。「ソ連の脅威」と、とりわけ東ヨーロッパに及ぼしていた支配は永遠に続くと思われていたからだ。1989年に、アメリカにとっては、1947年以来闘い続けてきた脅威が突如、消え失せた。**東西関係はもう過去のものである。**原因となった鉄のカーテンが消滅した今、対立ももう存在しなくなったのだ。

西側陣営はさまざまな機構（ワルシャワ条約機構の国々の大半を受け入れてむしろ拡大したNATO、ヨーロッパ共同体など）を保持し続けたが、東側陣営もソ連もワルシャワ条約機構も存在しなくなったため、**西ヨーロッパにとっての主要な脅威の源も消え失せた。**西ヨーロッパ周辺に、もはや敵はいなくなったのだ。ただし、それでヨーロッパが平和になったわけではない。ほどなくヨーロッパはバルカン半島の紛争に引きずり込まれることになる。

世界的な規模で見れば、紛争は変貌し、あるいは意味が変わった。ソ連の消滅により、アメリカには匹敵するライバルがいなくなった。しかし、アメリカが比類なき「超大国」であるにしても、世界が一極体制になったというわけではない。**グローバル化した世界では、いかなる国も、単独で力を揮うことはできない**からだ。

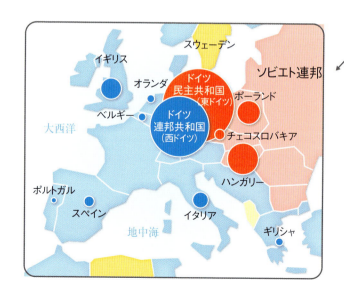

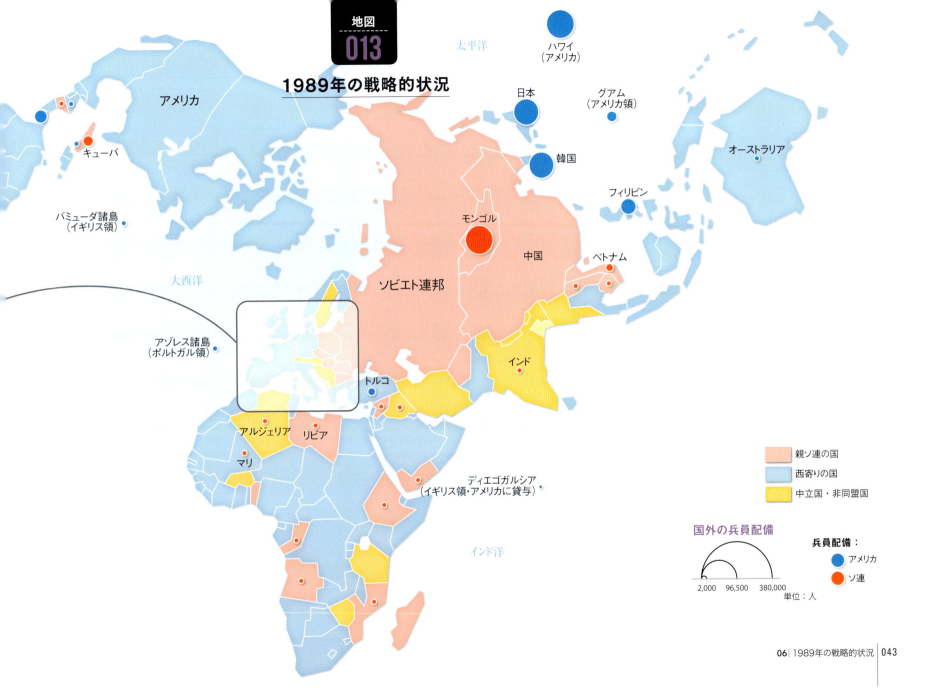

07

PERSPECTIVES HISTORIQUES

歴史的視点 | 07

第三世界の終焉と、西側による力の独占の終焉

「第三世界」という表現は、1952年に
フランスの経済人口学者アルフレッド・ソーヴィーが
発展途上国全体を指すために作り出した。
それらの国々は米ソが競い合う争点であり、
ソーヴィーはフランス革命前の第三身分との間に
類似性を見出したのだ。

発展途上国として北側の大国に対抗するため団結していた第三世界は、もう存在しない

「第三世界」

冷戦中には、アメリカとソ連の競い合いによる東西の溝だけでなく、**経済と政治に起因する南北の溝があった**ことを付け加えるべきだろう。東と西は、イデオロギーの違いこそあれ、いずれも工業化された先進国の集まりだった。**南の国々は北に搾取されて窮乏し、工業化されておらず、不平等貿易の犠牲者で、主要な資源である原料を安価で買いたたかれ、北の工業製品を高値で買わされていた。**

アルフレッド・ソーヴィーの見方は革新的で、地政学上の大きな変化をもたらすことになる。非植民地化は、第二次世界大戦後に最初のうねりが起き、1950年代末から1960年代初頭にかけて拡大した。**独立したての若い国家は、いずれも政治的・経済的要求を掲げた**。主権を全面的に認めさせること、国によっては高い代償を払って勝ち得た独立を、ヨーロッパの大国（新植民地主義者）や超大国（新帝国主義者）のもくろみによって脅かされないことを望んでいたのだ。不公平貿易とされる関係を転換し、原料の販売価格を上げて経済発展を成し遂げることが目標とされた。

「第三世界」の国々

ところが、第三世界の団結は次第に揺らいでいく。**東西の溝のせいで、南北にも溝ができていった。**非同盟国が自らの選択でソ連かアメリカの同盟国になることができたのが、その原因だった。

1964年に国連で創設された77カ国グループが、国連貿易開発会議（UNCTAD）において、南側の国々を結集させた。北側の国々に集団的圧力をかけるグループを目指し、今日では133カ国が参加しているが、もはや共通点はあまりない。新たな国際経済の秩序や、永続的主権や、天然資源などについての多種多様な宣言からは、各国が経てきた実に多様な道のりがうかがえる。1960年代にはまだ似通った点があったものの、1970年代に入るとそれぞれ違う道をたどり始めたのだ。**発展途上国として北側の大国に対抗するため団結していた第三世界は、もう存在しない。**

第三世界を構成していた国々は、新興工業国、虎や竜に比せられるアジアの新興国、人口の少ない産油国、経済の巨人であるインドと中国、ブラジルのような新興大国に分かれた。カタール、ブラジル、韓国、セネガル、ハイチ、ジンバブエ、アルゼンチンを、1960年代のように同じグループに入れることはもうできない。

とは言え、**第三世界の団結が粉砕されたのは、とりわけ経済発展に関してであった。**

国連開発計画（UNDP）も明らかにしたように、第三世界の国々は、先進国が1世紀かけて成し遂げた人類の進歩を30年で達成すると目されている。実際には、一口に第三世界と言っても、工業化された国、破綻国家、開発が遅れて貧困と不安定から抜け出せない国、そして西側の国々をしのぐ成長を続ける新興国などの間で、状況は大きく異なる。

BRICSと新興国

2001年、ゴールドマン・サックス銀行がBRIC（ブラジル、ロシア、インド、中国）という概念を生み出した。人口が多く経済成長の可能性が高い4カ国のことで、後には南アフリカを加えてBRICSとされる。

その目的は、2001年9月11日の悲劇的テロの後、市場の安定を図ることであった。

人為的に作られたグループではあったが、それらの

国々は現実に毎年首脳会議を開き、西側の大国とは一線を画すことを目指すようになる。だが、新興国はBRICSの他にも多数存在する。60カ国以上が力強い成長を続け、中間層を拡大し、経済的に自立した国家として国際舞台で発言力を強めている。

西側世界による力の独占の終焉

冷戦の終結（二極世界は40年間ほどしか続かなかった）よりもさらに大きな地政学上の変化は、西洋世界による力の独占の終わりである。西洋は15世紀末の大航海と「発見」の時代以来、力の独占を享受してきた。最初のグローバリゼーションは、実際にはヨーロッパが他の大陸の征服に乗り出した、世界の「ヨーロッパ化」である。20世紀初頭には、政治、戦略、知性、経済の各分野で世界はヨーロッパ人に支配されていた。自らが世界全体を戦火に巻き込んだ2度の世界大戦により、旧大陸は衰退していくが、それでも、1945年以降はアメリカが「自由世界のリーダー」（ハリー・トルーマン）としてバトンを受け継ぎ、西洋の覇権を長らえた。

今日、そうした**西洋の優位性は、他の国々の台頭とグローバリゼーションによって問い直されている。西洋世界はまだ力を失ってはいないものの、もはや独占状態にはない。**かといって、西洋は貧しくなってはいない。他の国々がより急速に豊かになったのだ。西洋は依然として最も多くの富と力を持つが、経済、戦略、政治面で、歴史上経験してこなかった競争に直面している。**この大きな変化により、5世紀以上前から定着してきた政治的・心理的図式が問い直され、危険な混乱に陥りかねない状況にある。**

西洋世界が新興世界の脅威を感じたとしても、その現実を認めずに新興国の台頭を抑えられると考えたり、いまだに保たれている戦略的・軍事的優位性を頼みにして無理に相手を従わせようとしたり、国際的な目標とルールを自ら設定できると考えたりすれば、ひどく失望する羽目になるだろう。成長する許可を西洋に求めたり、行動の指示を仰いだりする国はどこにもない。どんな国も、権利と行動の独立性を主張できる。世界は多極体制になっている。

後発開発途上国（LDC）

「後発開発途上国」（LDC）という概念は1971年に国連で生まれ、経済と社会の発展が最も遅れているために人間開発指数がきわめて低く、それゆえに国際社会の他の国々からの特別な支援を受ける必要がある国を表す。リストに載っている国は48カ国で、その主な地域はサブサハラ・アフリカ（34カ国）、南アジア（9カ国）、太平洋地域（4カ国）とカリブ海地域（1カ国）である。ボツワナ（1994年）、カーボベルデ（2007年）、モルディブ（2011年）、サモア（2014年）はこの呼称を首尾よく返上した。

成長する許可を西洋に求めたり、行動の指示を仰いだりする国はどこにもない

1986年と2016年の国民1人あたり国内総生産（GDP）

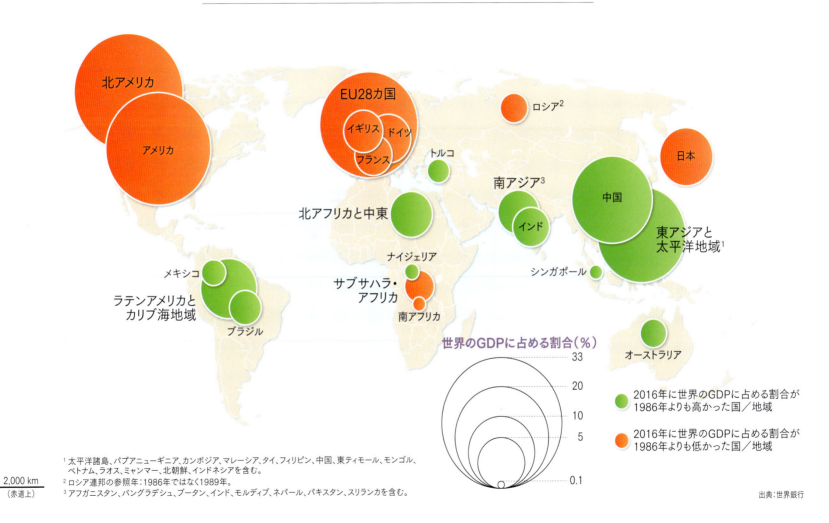

第2章

国際関係のプレイヤー

01

LES ACTEURS DES RELATIONS
INTERNATIONALES

国際関係のプレイヤー | 01

要となるプレイヤー、国家

国家は、国際関係を左右する
プレイヤーとしての資格をもう独占してはいない。
それでも、国際関係に欠かせない存在であり続ける。

国家を構成するものは3つある。政府、領土、国民だ

ウェストファリア体制の世界

1648年のウェストファリア条約締結によって誕生した国際秩序「ウェストファリア体制」で、国家の主権が承認された。国家を超越するものはなく（教皇も、神聖ローマ帝国皇帝も、自らの意志を押しつけることはできない）、すべての国家は互いに対等であるとされた。以来、国家は国際関係の鍵を握るプレイヤーであり続ける。

国家を構成するものは3つある。政府、領土、国民だ。政府の性質（君主制、共和制、民主制など）はまったく重要でない。実効性のみが決定的な基準である。**つまり、所有する領土で現実に国民を支配しているかどうかだ。**支配できない国家は、破綻しているということになる。

国家の境界線は、地上、海上（沖合12海里）、上空（領土上の大気圏）に存在し得る。領土の規模だけでは、国家の資格を否定する基準にはならない。「ミニ国家」も存在すれば、さほど規模の大きくない国家が地政学上重要な役割を果たすこともある。

国民は、その国の国籍を持つかどうかにかかわらず、同じ領土に暮らす人々すべてにより構成される。国籍を与える方法は各国家が自由に決められる。人口の多寡は重要でない。人口がきわめて少ない国家も存在し得る。

国家間の平等はむろん理論上のものにすぎない。国力にはどうしても幅があるからだ。それに、法の支配が完全でない世界では、力が何よりもものを言う。他の国々から認められなければ、国家が真に力量を発揮することはできない。

国家は国際情勢の要であり続ける

グローバリゼーションによって、国家の地位が問い直されている。他の国際的プレイヤーが多数登場してきたからだ。国境という概念は、情報網が拡大し、人や物の流れが盛んになるにつれ、薄れてきた。国家は小さなことには大き過ぎ、大きなことには小さ過ぎるとまで言われる。

国家数の飛躍的な増加（国連）

51カ国	99カ国	154カ国	185カ国	193カ国
1945年	1960年	1980年	1995年	2018年

しかしながら、結局、条約を締結し、国際舞台で先頭に立って行動するのは国家である。**他のプレイヤーとの対話の中心となるのは国家であり、そもそも「他のプレイヤー」とは、すべて国家との関係において定義づけられる「非国家主体」だ。**

　他のプレイヤーたちとの競合によって、国家は国際舞台の主役の座を独占できなくなったが、それでも国際社会の要であり続ける。他の国際的プレイヤーが活動を展開させたり、利害を訴えたり、要求を表明したりする際に働きかける相手は国家であり、多くの場合、判断を下すのは国家だ。**国家は依然として、さまざまな活動を調整する唯一の場である。**権限や協力（あるいは協力しないこと）をめぐる争いも、いまだに国家間の枠組みで行なわれ、国際的な決定がなされる。

　多様なプレイヤー間の力関係は変化していくが、それでも、国家の出番がなくなることはない。

結局、条約を締結し、国際舞台で先頭に立って行動するのは国家である

現状の大きな差異

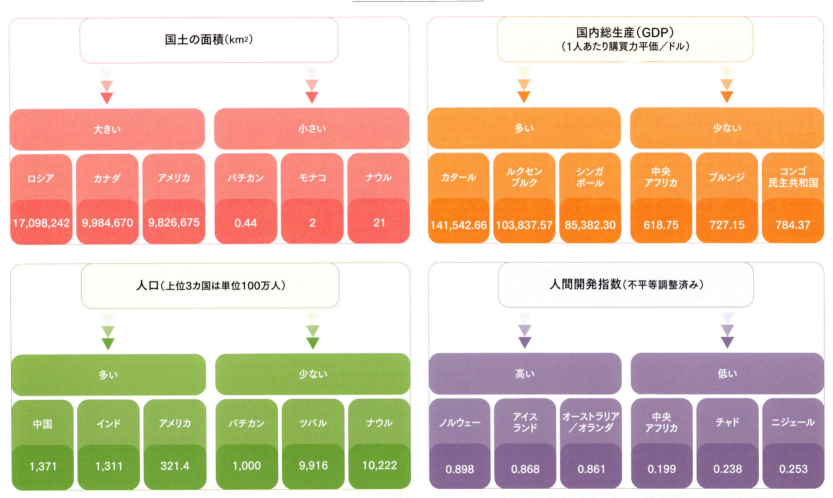

出典：『L'année stratégique 2018（2018年の戦略）』（パスカル・ボニファス著）、人間開発報告書2016（国連開発計画[UNDP]）

02

LES ACTEURS DES RELATIONS
INTERNATIONALES

国際関係のプレイヤー | 02

国連は世界を統治できるか？

国連は1945年にサンフランシスコ会議で
51カ国が署名した国連憲章によって創設された。
普遍的使命を帯びたこの総合的機関の加盟国は、
2017年末で193カ国を数える。

拒否権はシステムの妨げになり得るとは言え国連が存在するための条件である

国連の大志

国連は、平和の維持と国際間の安全保障を担う総合的機関として構想された。その使命のために掲げられる2つの目標が、平和の要因ともされる、経済と人権保護である。

集団的安全保障体制が機能するには、拒否権を持つ5つの常任理事国の合意が前提とされる。ところが、**冷戦によって合意は不可能となった。**両超大国がそれぞれの同盟国を保護したからだ。しかし、拒否権はシステムの妨げになり得るとは言え、国連が存在するための条件である。常任理事国のいずれも、ことにソ連とアメリカは、拒否権の確保なしには国連への加盟に同意しなかっただろう。

国連憲章が定めるとおり、集団的安全保障システムによって、加盟各国は紛争の平和的解決のために国連の支援を求めることができ、侵略された場合には国連の支持を受けられる。冷戦中はアメリカとソ連が対立したため、大規模な紛争は国連の枠外で繰り広げられた。国連のシステムが初めて真に活用されたのは1990年、イラクによるクウェート侵攻の際である。イラクはソ連の同盟国であったにもかかわらず、ミハイル・ゴルバチョフは国際法の重大な違反への制裁に同意した。安保理決議678は、1991年1月15日までにイラクがクウェートから撤退しない場合の武力行使を容認した。

つまり、湾岸戦争は合法的な国際警察活動であった。残念ながら、このとき称えられた新たな世界秩序は、ゴルバチョフの辞任とソビエト連邦の崩壊の後、定着しなかった。**現在も冷戦中のイデオロギーの対立に代わり、国家間の競い合いが国連のシステムの障害となり、真の集団的安全保障の成立を阻んでいる。**

国連の無力を批判するのは容易だが、国連がこれまでに果たし、現在も果たし続けている有益な役割にも目を向けるべきである。非植民地化の進展、南アフリカのアパルトヘイト廃止、民族大虐殺後のカンボジアの再建において国連は決定的な役割を果たした。日常的には、国家間の連絡の促進と紛争の予防措置を担う。**予防措置は目立たないこともあるが、現実に効果を上げている。**国連の専門機関は、国際社会に不可欠な機能を果たしている。

国連の機構

国連には5つの主要機関がある（各国が発言権を持つ総会、安全保障理事会、事務局、経済社会理事会、国際司法裁判所）。

安全保障理事会は15カ国から成り、そのうち5カ国（中国、アメリカ、フランス、イギリス、ロシア）が拒否権を持つ常任理事国で、非常任理事国10カ国は地理的根拠に基づき2年ごとに選出される。

国連には補助機関や専門機関もある。国連難民高等弁務官事務所（UNHCR）、国連児童基金（UNICEF）、国連開発計画（UNDP）、世界保健機関（WHO）などである。

国際的関心事に関するさまざまな活動と組織を通じ、経済と社会の発展を促進することも国連の責務である。そのために国際通貨基金（IMF）、国連食糧農業機関（FAO）、国際労働機関（ILO）などが生まれた。総会には諮問機関としての役割しかなく、安全保障理事会が真の決定権を持つ。決議が採択されて発効するためには、3分の2の賛成票と、常任理事国の反対票が1票もないことが必要とされる。

1945年の世界情勢を反映したままの安全保障理事会を拡大すべきだと考える人は多い。2006年には当時のコフィ・アナン事務総長が常任理事国に新たに5カ国（インド、日本、ドイツ、ブラジル、南アフリカ）を加える提案をした。しかし、その改革を実現するためには、現在の常任理事国5カ国の同意が不可欠だろう。アメリカと中国は国連に過大な権限を与えることを懸念し、この提案を支持しようとしなかった。

機関名	設立	正式名称
UNTSO	1948年5月設立	国連休戦監視機構（パレスチナ）
UNMOGIP	1949年1月設立	国連インド・パキスタン軍事監視団
UNFICYP	1964年3月設立	キプロス平和維持軍
UNDOF	1974年3月設立	国連兵力引き離し監視軍（ゴラン高原）
UNIFIL	1978年3月設立	国連レバノン暫定駐留軍
MINURSO	1991年4月設立	国連西サハラ住民投票ミッション
UNMIK	1999年6月設立	国連コソボ暫定行政ミッション
UNMIL	2003年9月設立	国連リベリア・ミッション
MINUSTAH	2004年6月設立	国連ハイチ安定化ミッション
UNAMID	2007年7月設立	国連アフリカ連合ダルフール派遣団（スーダン）
MONUSCO	2010年7月設立	国連コンゴ民主共和国安定化ミッション
UNISFA	2011年6月設立	国連アビエイ暫定治安部隊（スーダン）
UNMISS	2011年7月設立	国連南スーダン派遣団
MINUSMA	2013年4月設立	国連マリ多元統合安定化ミッション
MINUSCA	2014年4月設立	国連中央アフリカ共和国多面的統合安定化ミッション

地図 015

国連の加盟国と平和維持活動（2018年）

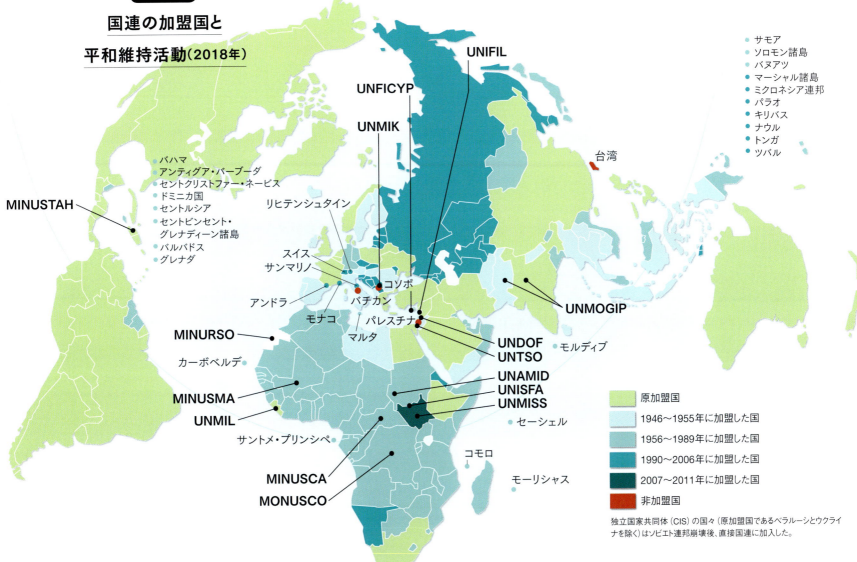

03

LES ACTEURS DES RELATIONS
INTERNATIONALES

国際関係のプレイヤー│03
国際機関は脇役か？

国際機関の役割は、国家間の協力体制を作り上げて
国際関係を円滑にすることだとみなされている。
国際機関は確かに国際関係のプレイヤーであるが、
国際機関を創設できるのは国家だけであり、
国家だけがメンバーになれる。
国際機関は、いったん設立されれば、
構成員である国家に対しても、ある程度の自主性を持つ。

専門機関は必要不可欠であり、国際社会が存在する状況そのものを生み出している

国家により設立される国際機関

　国際機関は、国家が結ぶ国際協定によって誕生する。設立された国際機関は独自の法人格を持ち、その結果、自立した存在となる。今日、国際機関の総数は300前後に上る。

　最初の国際機関が創られたのは、純粋に機能上の目的からだった。複数の国を貫いて流れる河川の交通と流れを規制し、円滑にするためである。1815年にライン川航行中央委員会が設立され、1856年にはドナウ川の航行を規制する機関が設立された。

　科学や通信の技術が進歩すると、複数の国に関わる問題が生じ、国境を越えた管理のための機関が創設された。1865年には万国電信連合、1874年には万国郵便連合、1883年には万国工業所有権保護同盟、1922年には鉄道連合が誕生した。
　つまり、**最初期の国際機関は、技術の進歩から生まれ、複数の国の領土にまたがる活動を国際的に規制することが目的だった。**

　さらに、やはり実用的な理由から、1944年には国際民間航空機関が空の交通を調整する唯一の手段として設立された。

政治的役割

　第一次世界大戦を経て、各国には同じような悲劇を繰り返さないために国家間の政治的関係を調整する必要があるという認識が芽生えた。
　1919年には国際連盟が誕生する。**目的は、加盟国同士の平和を確保し、集団的安全保障体制を構築することだった。**
　しかし、普遍主義と真の制裁力を欠いていたことから、この連盟は失敗に終わる。

　第二次世界大戦が終わると、国際連合が創設され、国際連盟の轍を踏まないことを目標とした。
　だが、戦勝国の意向に基づいた組織は、冷戦と、東西を二分する論理の登場によって砕け散ることになる。そのせいで、国連は世界の警察という役割をまともに果たせなくなった。ただ、成果は国連反対論者が非難するほど小さくはない。

　なお、**技術の発達、国家間の相互依存、非植民地化も、国際機関の多様化につながった。**多数の機関が地域レベルで生まれ、より実際的な協力体制と地理的な近さによって合意が得られやすくなると期待される。

　国際機関については、明確な評価は難しいようだ。専門機関は必要不可欠であり、国際社会が存在する状況そのものを生み出している。それは、国際的専門機関なしには実質的に不可能なことだ。
　政治的機関はあまり成果を上げていないが、それは加盟国の分裂と対立を反映しているにすぎない。

経済分野における地域的な国際組織

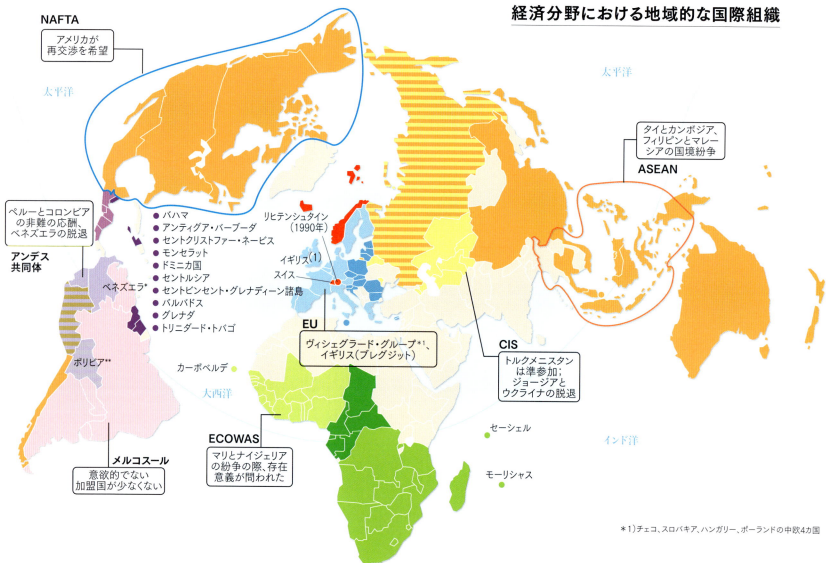

*1) チェコ、スロバキア、ハンガリー、ポーランドの中欧4カ国

主な経済機構（設立年）

- NAFTA 北米自由貿易協定（1994年）
- APECアジア太平洋経済協力会議（1989年）
- メルコスール（南アメリカ南部共同市場）（1991年）
  - ＊ 加盟保留国
  - ＊＊ 加盟予定国
- CARICOM カリブ共同体（1973年）
- CACM 中米共同市場（1960年）
- CAN アンデス共同体（1969年）
- ECOWAS 西アフリカ諸国経済共同体（1975年）
- SADC 南部アフリカ開発共同体（1992年）
- UDEAC 中部アフリカ関税経済同盟（1964年）
  CEMAC 中部アフリカ経済通貨共同体（1996年〜）

- ASEAN 東南アジア諸国連合（1967年）
- EFTA 欧州自由貿易連合（1960年）
- EU／欧州連合（1993年、EEC［欧州経済共同体］1957年）
- EUの新加盟国（2004、2007、2013年）　（1）ブレグジット（2016年）
- CIS 独立国家共同体（1991年）

地域国際機関の弱体化

国際機関内の機能不全

出典：各国際機関の公式ウェブサイト

04

LES ACTEURS DES RELATIONS
INTERNATIONALES

国際関係のプレイヤー | 04

NGOは新たなプレイヤーか？

非政府組織（NGO）は多国籍企業と違って営利を目的とせず、
国際機関と違って国家ではなく個人によって設立される。
それでも、多国籍企業と同様に、国際舞台で（と言うより国境を越えて）活動する。
グローバリゼーションのおかげで国際的視野を持つ人が増え、
時間と空間が縮んだために、統合、伝達、認識、動員が容易になって、NGOの数も増えた。
今では国際社会のあらゆる分野に浸透している。

NGOは大義を推進するための専門家と弁論家としての役割を同時にこなしている

多面的実情

　NGOという語の陰には、多面的な実情がある。NGOの数は非常に多く、特定するのが難しい。おそらく何万という数に上るだろう。

　最も知名度が高いのは連帯のためのNGOで、活動目的は人々の自由の擁護（アムネスティ・インターナショナル、ヒューマン・ライツ・ウォッチ）、紛争の被害者など苦境にある人々の救援（国境なき医師団、飢餓に対する行動、世界の医療団、ハンディキャップ・インターナショナル）、環境保護（グリーンピース、ワールドウォッチ研究所）などだ。

　そうした団体は世論における支持が高い。人間的な寛い心、他者への思いやり、全体の利益のための闘いを体現しているからだ。

　だが、**そうした闘う姿勢の陰には、確固としたプロ意識がある**。しっかりと組織され、何億ユーロもの予算を管理し、メディアと世論の活用法を心得て、政府の決定にも影響を与える。大義を推進するための専門家と弁論家としての役割を同時にこなしているのだ。

　戦闘的姿勢はとらないが、使命のために相当数の人員を結集し、国際社会の交流を盛んにするNGOもある。たとえば国際郵趣連盟（l'Union internationale des philatélistes）、ロータリークラブ、世界歴戦者連盟、国際学生連盟、国際オリンピック委員会、国際サッカー連盟などがそうで、枚挙にいとまがない。

　NGOが多くの支持を得ているため、NGOを装った組織を国家が広報のために創設する場合もある。そうした団体はCONGO（政府が運営する非政府組織）と呼ばれる。

市民社会の反映

　NGOの発展は、市民社会の国際レベルでの発展を反映している。NGOは、国際舞台で重要な役割を果たしているにもかかわらず、国際的な地位を与えられていない。そのため、結成された国それぞれの多様な国内法の管轄下に置かれている。

　連帯のためのNGOは必ずしも国家に敵対するわけではなく、逆に、状況によっては国家と協働することもある。**国家による人道支援のかなりの部分は、ことに緊急の場合、NGOを通して届けられる**。NGOのほうが柔軟かつ臨機応変に機能するとみなされているからだ。

　大きな力を持つNGOは、実効性と知名度の高さから、国際関係に不可欠なプレイヤーとして、国の組織にも匹敵するほど重要視される。人々の意識を高め、警告を発することができるのみならず、国際的プレイヤーたちの声を伝える術を知るオペレーターでもあるのだ。

主要NGO10団体

（2018年、NGOアドバイザー*1による）

4 スコール財団
- 人員：45人
- 資金：3200万ユーロ
- 設立：1999年
- 本部：アメリカ
- 目的：起業と社会変革
- 活動地域：世界
- 財源：付属の民間基金に基づく財政システム
- 備考：eBay社長が設立。

5 アショカ
- 人員：500人
- 資金：2400万ユーロ
- 設立：1981年
- 本部：アメリカ
- 目的：起業と社会変革
- 活動地域：世界

6 アキュメン
- 人員：104人
- 資金：2450万ユーロ
- 設立：2001年
- 本部：アメリカ
- 目的：貧困の根絶
- 活動地域：アメリカ、東西アフリカ、インドとパキスタン、ラテンアメリカ

7 マーシーコー
- 人員：5000人
- 資金：3億5500万ユーロ
- 設立：1979年
- 本部：アメリカ
- 目的：人道支援、緊急支援
- 活動地域：中央アジア、南アジア、東アジア、ラテンアメリカとカリブ海地域、アフリカ、中近東、ギリシャ、アメリカ

10 キュア・バイオレンス
- 人員：700人
- 資金：2350万ユーロ
- 設立：2000年
- 本部：アメリカ
- 目的：暴力との闘い
- 活動地域：アメリカ、ラテンアメリカ、中近東、アフリカ、イギリス
- 備考：世界保健機関の元理事により設立。

アメリカ

＊1）スイスに拠点を置くNGOの調査機関

⑨ オックスファム

- 👤 人員：**1万人**
- 📝 設立：**1942年**
- € 資金：**10億7000万ユーロ**
- 🌐 本部：**イギリス**
- **目的**：貧困と不平等との闘い、持続可能な発展
- **活動地域**：世界
- **財源**：38パーセントは公共機関による（うち17パーセントがEU、16パーセントが国連）。
- **備考**：2018年に性的虐待の不祥事が発覚。

③ デニッシュ・レフュジー・カウンシル

- 👤 人員：**7000人**
- € 資金：**3億8000万ユーロ**
- 📝 設立：**1956年**
- 🌐 本部：**デンマーク**
- **目的**：難民と避難民の保護
- **活動地域**：アジア、中東、ヨーロッパとカフカス（コーカサス）地方、東アフリカ、西アフリカ、北アフリカ、コロンビア
- **財源**：UNHCRから8600万ユーロ、ヨーロッパ諸国から7300万ユーロ、EUから7100万ユーロ。

⑧ ハンディキャップ・インターナショナル

- 👤 人員：**3200人**
- € 資金：**1億5000万ユーロ**
- 📝 設立：**1982年**
- 🌐 本部：**フランス**
- **目的**：障がい者の保護
- **活動地域**：アジア、中東、ヨーロッパとカフカス地方、北アフリカとサブサハラ・アフリカ、ラテンアメリカとカリブ海地域（60カ国）
- **財源**：予算の82パーセントが市民からの寄付。

② 国境なき医師団

- 👤 人員：**3万人**
- € 資金：**14億5000万ユーロ**
- 📝 設立：**1971年**
- 🌐 本部：**スイス**
- **目的**：医療支援
- **活動地域**：アフリカ、中南米、ヨーロッパ、中東、中央アジア、東南アジア、南アジア、太平洋地域
- **財源**：寄付の69.5パーセントを基礎研究分野から得ている。
- **備考**：1999年ノーベル平和賞受賞。

① バングラデシュ農村向上委員会

- 👤 人員：**11万8000人**
- € 資金：**6億3100万ユーロ**
- 📝 設立：**1972年**
- 🌐 本部：**バングラデシュ**
- **目的**：人道支援、開発
- **活動地域**：中央アジア、東南アジア、アフリカ

出典：NGOアドバイザーの2016年の資料の数値および各NGOのウェブサイトに基づく。

05

LES ACTEURS DES RELATIONS
INTERNATIONALES

国際関係のプレイヤー │ 05

多国籍企業は世界の新たな支配者か？

多国籍企業は営利を目的とし、複数の国家の領土にまたがって活動を展開する私企業である。
理論上は必ずしも大規模とは限らないが、実態は非常に大きな事業体である。
実際、多国籍企業と言われれば、すぐにいくつもの巨大企業が頭に浮かぶ。
それらはまさに国際関係のプレイヤーであり、
一部の国家の国内総生産を上回る取引高を誇る場合さえある。
また、グローバリゼーションの鍵となる要因の1つ、
外国直接投資の主要な供給者でもある。

多国籍企業はグローバリゼーションの最大の勝者である

主流プレイヤー

多国籍企業は国内外で政治的に重要な役割を果たす可能性がある。ただし、国境を越えて活動するとは言え、多国籍企業にも国籍はある。企業の利益は国家の利益を反映するとは限らないにしても、企業の活動は本部のある国にとって有益だ。

ある国家が他の国家に対して制裁を求めれば、その国に本部を置く多国籍企業の活動の妨げになりかねない。企業は租税回避地を求めたり、ときには制裁を免れようとしたりして、国家の利益に反する主張をするかもしれない。国家は、それでも企業が市場を得るのを助けるかもしれない。

このように、**多国籍企業は発祥国の国力と富に間接的に寄与する。**グローバリゼーションによって、多国籍企業の重要性と役割は増し、規制緩和と国境の消失により活動の可能性が広がった。

多国籍企業はグローバリゼーション以前から存在したが、グローバリゼーションの最大の勝者である。

対照的な役割

多国籍企業への批判は、多様なアイデンティティを破壊するとか、目先の利益ばかりを追うとか、活動を展開する国の国益には無頓着であるといったものだ。

また、人権を尊重しない政権にへつらうという非難もある。たとえ自社の利益のために独裁者の君臨を助けているわけではなくとも、独裁政権から操業を許可されていることがそもそも問題だというのだ。

実際、**多国籍企業は収益性と投資への見返りを最大限にするために、また、最も有利な税制を求めて、国家同士を競い合わせる。**

ただし、「最低価格での入札者」のみに引きつけられるわけではない。受け入れ国のインフラ(交通、通信、学校制度など)の質は常に決定的要因だ。

多国籍企業の擁護者は逆に、企業が雇用を創出し、進出国の近代化を促すと強調する。かつては多国籍企業と言えばもっぱらアメリカ発祥だったが、やがてヨーロッパと日本にも、そして、今では新興国にも誕生するようになった。世界経済の多極化の反映である。

新興国では、多国籍企業の数が10年で3倍に増えた。

多国籍企業にとって知名度は強みであるが、同時に弱みにもなり得る。企業はイメージを傷つけないよう気を配らなくてはいけない。世論のネガティブ・キャンペーンの標的になれば、計り知れない損害を被るからだ。そのため、企業の大半は財団を設立し、企業の社会的責任(CSR)の分野にも活動を広げている。

それでも、企業は最適化と、さらに租税回避を目指す。抱えている人材のおかげでその手段には事欠かないのだ。

国外へ向けられる投資

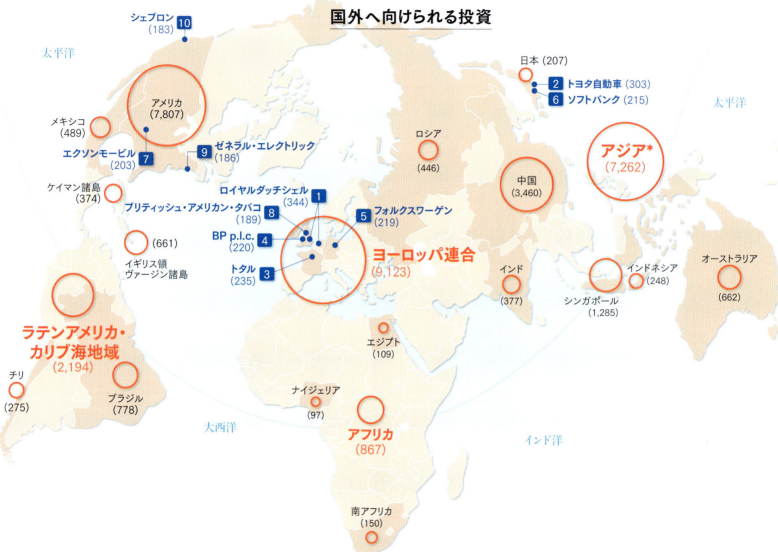

主要地域・国の外国直接投資保有高
（2017年、単位：10億ドル）

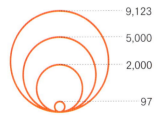

9,123
5,000
2,000
97

上位10位までの多国籍企業

1 順位

(235) 外国で得た資産の額（単位：10億ドル）

* 中東を含む。日本、ロシア、イスラエル、ニュージーランド、オーストラリアは含まない。
出典：UNCTAD（国連貿易開発会議）2018（数値は2017年）より、世界の投資に関する報告書

06
LES ACTEURS DES RELATIONS INTERNATIONALES

国際関係のプレイヤー｜06
力を増す世論

ソーシャルネットワークのおかげで、
程度の差こそあれ、誰でも
情報の受信者であると同時に発信者となった。
もはや政府が情報を独占している国は皆無に近い。

ほぼすべての国で市民社会が形成され
力を強めるなか、世論の重要性は高まるばかりである

世論の登場

「世論」という言葉は、18世紀にジャン=ジャック・ルソーによって（ダランベールへの手紙のなかで）初めて使われ、社会の持つ重要な力を意味したとされる。もちろん、**当時世論に関心を寄せたのは特権階級の下層エリートだけで、それもブルジョアの知識人たちの政治活動に影響を与えるためだった。**ブルジョアの知識人は、非識字の庶民とは違って見識があるとみなされていたのである。

識字教育、印刷術の発明、知識の普及、そして19世紀の新聞の普及によって、世論は重要視され、あるいは重要視すべきものとみなされるようになってきた。20世紀にはマスメディアの発達、世論調査の登場、ソーシャルネットワーク（フェイスブック、ツイッターなど）の普及により、1人1人が決定に参加するようになり、情報が行き渡り、動員が容易になった。**長年続いてきた政府による情報の独占は、もはや北朝鮮以外のどこにも存在しない。**

19世紀末には、ヨーロッパでレバノンのキリスト教徒の境遇への懸念から、あるいはオスマン帝国からのギリシャとセルビアの独立を支持するために、運動が起こった。アメリカでは新聞がキューバ国民の境遇に力点を置いてプレスキャンペーンを行ない、スペインによるキューバの植民地支配を終わらせるためにアメリカの介入を促そうとした。

第一次世界大戦は膨大な数の兵士を幅広く動員する機会となり、ヒトラーとムッソリーニの政権で、プロパガンダは頂点に達する。

冷戦中は米ソの直接的武力衝突には至らなかったものの、両国はプロパガンダと世論への影響力を競う闘いを大々的に繰り広げ、いずれも自らの政治体制の優位性を見せつけて人々の心と精神に訴えようとした。

政府と世論

アメリカの地政学者ズビグネフ・ブレジンスキーは早くも2008年にこう述べている。「世界史上初めて、人類全体が政治的に活発になっている」

政府は自らの外交政策の有効性を国内の世論に認めさせなければならないと同時に、他国の人々にも認めてもらわなくてはいけない。アメリカは超大国であるにもかかわらず、2003年のイラク戦争を率いたことで評判を落とし、孤立した。各国から指弾され、外交と経済において多大な代償を支払い、国のイメージ、ソフトパワー［国の文化、価値観、政策などへの好感度が高まることで得られる国際社会での発言力や影響力、魅力］を減じることになった。

ソーシャルネットワークを経由する世論

ミハイル・ゴルバチョフが1985年に政権の座に就いたとき、「ポリットゥビュロウ」すなわちソ連共産党政治局のメンバーの育成は、選ばれた外務省の専門家数人の検閲を経て行なわれた。**今日では、旧ソ連のように指導者の情報源が1つだけということはあり得ず、政治家は複数のテレビチャンネルに加えて、インターネットの無限の情報源を利用する。**

それは国民についても同じだ。中国は民主国家ではないものの、7億人のインターネット利用者がいるため、世論が存在し、それなりのやり方で表明されており、かつてのように共産党が市民の日常生活まで管理してはいない。

世論の重要性は世界中で認識されている。認識の程度はさまざまで、経済発展の水準（1日わずか1〜2ドルで暮らすしかない人々は生存するだけで精いっぱい

で、政治的要求はきわめて弱いか、そもそも存在しない）、識字水準（非識字の人々には政治的文化があまりない）、その国の歴史によって異なる。それでも、ほぼすべての国で市民社会が形成され、力を強めるなか、世論の重要性は高まるばかりである。

地図 019

ソーシャルネットワークが世論に及ぼす影響（2018年）

2016年11月の
アメリカ大統領選挙

各国で利用されている主要ソーシャルネットワーク

- フェイスブック（Facebook）
- アドナクラースニキ（Одноклассники）
- キューゾーン（Qzone）
- フ コンタクテ（ВКонтакте）
- インスタグラム（Instagram）

★ インターネットとソーシャルネットワークを通じた介入が疑われる選挙・投票

出典：Alexa.com; similarweb.com

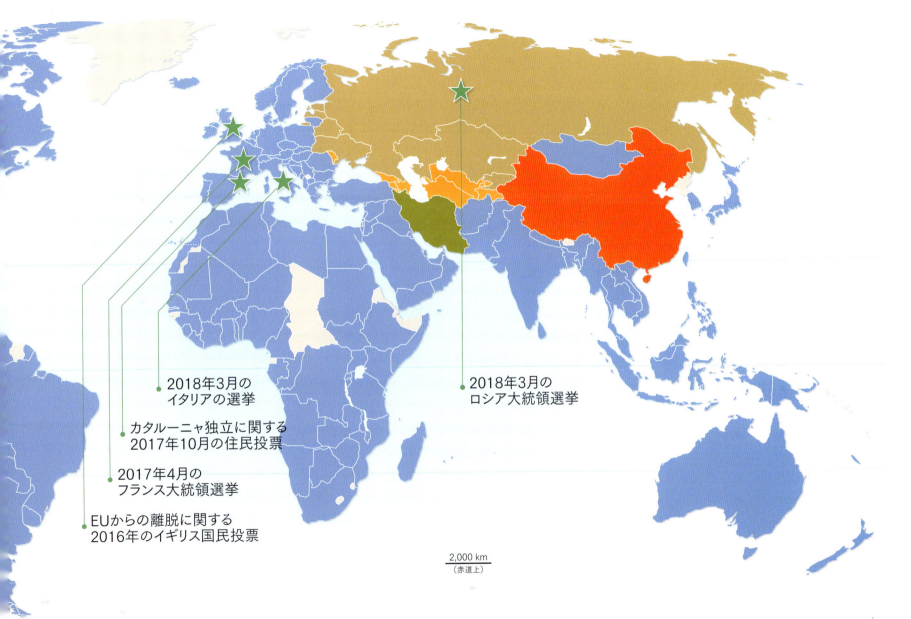

第3章 地球規模の課題

01

LES DÉFIS MONDIAUX

地球規模の課題 | 01

国際統治とは?

さまざまな国家と民族が「国際社会」を形成し、
国際社会が世界の公的事柄の運営を担うという考え方は、比較的新しい。
今日のようなグローバリゼーション時代には、
すべてが現実に相互依存の状態にあるだけに、
この考え方はますます支持を集めている。

多国間主義が危機に瀕している背景には互いの警戒心と、共通の意志の欠如がある

相対的な存在

　各国家は競い合い、主権を手放そうとしないため、国際統治の実現は常に困難だった。世界政府の設置など論外である。**よく引き合いに出される「国際社会」は、ほとんど具現化されていない。**そもそも、引き合いに出されるのは失敗続きを嘆く場合であり、目にすることが稀な成功を称えるためではない。

　第一次世界大戦を経て、地球規模の戦争で人類が再び多大な犠牲を強いられることのないよう、集団的安全保障を共に担う必要があるという認識が高まった。国際連盟は、まさにその目的のために設立された。
　しかし、イデオロギーの対立による分断が災いして理念を広められず、まったく無力になってしまう。**真の権限を欠いていたために、基本的使命を果たすことができなかったのだ。**

　1945年以降、第二次世界大戦の戦勝国は国際連盟の失敗から学ぼうと考え、国際連合を創設する。国連安全保障理事会は武力行使まで含む制裁の権限を持ち、集団的安全保障の主たる責任を負うことになった。
　ところが、残念ながら、**戦勝国の連帯に基づいて構築されたそのモデルは、冷戦中の東西分裂のあおりを受けて真っ二つに割れてしまう。**安保理は、常任理事国5カ国（ロシア、中国、アメリカ、フランス、イギリス）の特権である拒否権の発動により、膠着状態に陥った。
　拒否権は、この国際機関が存在するために、また、両大国が加盟するために欠かせないものだった。

絶対的な必要性

　1990年にイラクがクウェートを併合した後、新たな希望が生まれる。ミハイル・ゴルバチョフ率いるソ連が、イラクの同盟国であったにもかかわらず、戦略的連帯の法規範を尊重することに同意したのだ。
　ゴルバチョフは、国連が憲章に定めた力を発揮できる新たな世界秩序の構築を目指し、イラクが1991年1月15日までにクウェートから撤退しなければ武力行使に踏み切るという決議に賛成票を投じた。**湾岸戦争は、国際社会の名において行なわれた初めての軍事行動であった。**

　しかし、この成功の後、1991年7月のG7サミットで、アメリカはゴルバチョフに対して経済支援を拒むことになる。アメリカはソ連の崩壊後、新たな世界秩序の構築者となるよりも冷戦の勝者でいたかったのだ。それは20世紀に失われた3度目の歴史的機会だった。

　こうして、**国家間の競争と、一極世界構築を目指すアメリカの信念によって、真の集団的安全保障の実現は妨げられた。**

　人類に突きつけられた課題は世界規模であり、力を合わせなければ解決できない。しかし、多国間主義は危機に瀕し、その背景には互いの警戒心と、共通の意志の欠如がある。
　2015年12月のパリ協定調印はきわめて稀な例外だった。世界のほぼすべての国が、経済・エネルギー事情の大きな違いにもかかわらず、気候温暖化との闘いという最優先課題のために同じ会議で一堂に会したのだ。

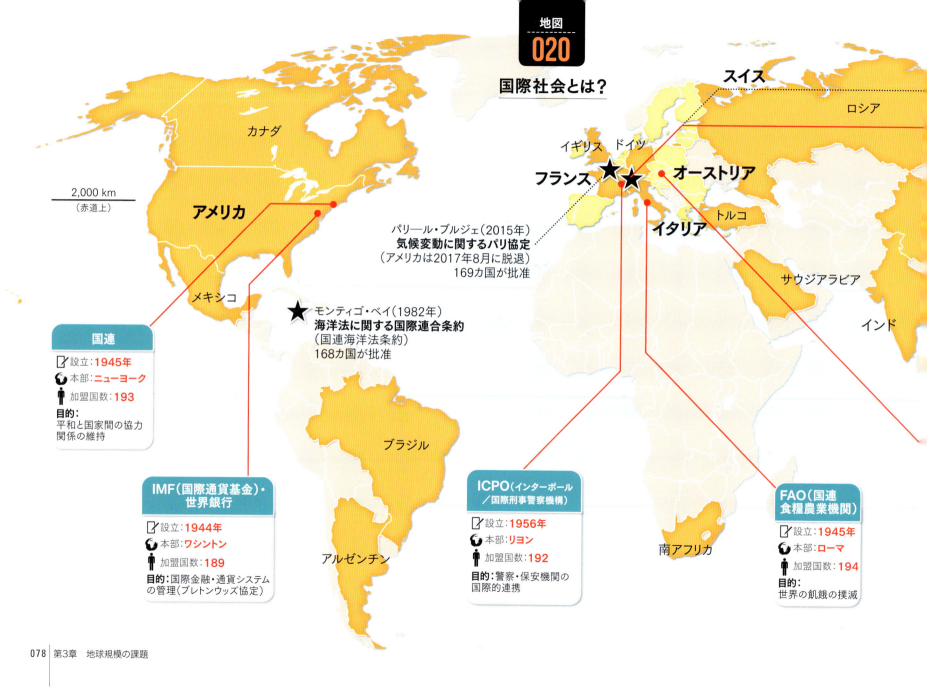

ジュネーヴ（1949年および1977年）
国際人道法に関するジュネーヴ諸条約
196カ国が4条約を批准
174カ国が第1追加議定書を批准
168カ国が第2追加議定書を批准

WTO（世界貿易機関）・ILO（国際労働機関）・WHO（世界保健機関）
- 設立：1994・1919・1948年
- 本部：ジュネーヴ
- 加盟国数：164・183・194
- 目的：経済・社会システムの管理

中国　韓国　日本
インドネシア
オーストラリア

IAEA（国際原子力機関）
- 設立：1957年
- 本部：ウィーン
- 加盟国数：169
- 目的：核拡散の防止

世界的使命を持つ機関

| 機関名 |
| 設立年　本部 |
| 加盟国数 |
| 機関の目的 |

G20のメンバーである国と機関

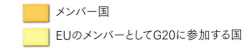

メンバー国
EUのメンバーとしてG20に参加する国

出典：ICRC（赤十字国際委員会）、国際連合のウェブサイト

LES DÉFIS MONDIAUX

地球規模の課題 | 02

経済発展

世界の富は空前の規模に達している。
極端な貧困は激減したものの、不平等は増加し、
貧困から抜け出せない仕組みが残る。

経済的不平等は著しく、基本的サービスが利用しにくいか、まったく存在しない場所がある

経済成長と不平等

グローバリゼーションは世界の富の増加を引き起こした。特に、世界の貧困率は著しく下がっている。1980年には最貧困ライン以下の人々は20億人だったが、今日では、世界の人口は増加したにもかかわらず、「わずか」8億人だ。とは言え、経済的不平等は著しく、基本的サービス（水、保健、教育）が利用しにくいか、まったく存在しない場所があるのはきわめて遺憾である。

世界規模の経済成長は、必ずしも平等ではない。 NGOオックスファムの2017年の試算によれば、世界の経済成長分の83パーセントが、全人口の1パーセントにあたる人々の懐に入っている。

南北格差

1960年代の非植民地化の波の後、「先進」国と「発展途上」国が対比されるようになる。途上国の大半は全面的主権を手に入れたばかりで、フランス革命前の第三身分に比して「第三世界」（フランスの経済人口学者アルフレッド・ソーヴィーの造語）と呼ばれた。この区分は南北の格差から生まれたもので、東西（いずれも「北」の国のみで構成される）の違いとは異なる。富裕国と、やがて「発展途上国」と呼ばれるようになる国との格差を縮める最善の方法について、経済学者たちの意見は分かれた。

政府開発援助（ODA）が行なわれたのは、さまざまな「倫理的配慮」のためだったが、それは同時に、米ソの競い合いを反映した「戦略的配慮」でもあった。また、ODA以外では国境の開放と自由貿易が、貧困国が遅れを取り戻す唯一の方法だと考える人々もいた。

今や、第三世界は均質な集合体ではない。 工業国の仲間入りをした国、原料をうまく管理して豊かになった国があるいっぽう、いまだ開発が中程度に留まっている国もある。開発が遅れた「後進国」もあれば、腐敗した無能な政権によって国家体制が崩壊し、内戦が起き、きわめて悲惨な状況の破綻国家もある。

経済成長をどう測るか？

国内総生産（GDP）という概念は、1934年にサイモン・クズネッツにより考案され、1年間にその国で生産された富全体を指す。国民の数で割る場合もあれば、物価の差異を勘案するために購買力平価（PPP）で計算する場合もある。人間開発指数（HDI）は質的な面の測定法で、基準とするのは平均余命、就学、国民1人あたりGDPの3つである。

2017年に、世界の政府開発援助額は1470億ドルに達した。しかし、**国連が先進国に対して定めた、GDPの0.7パーセントを政府開発援助に充てるという目標を達成した国は、ヨーロッパの5カ国しかない**（スウェーデン、ルクセンブルク、ノルウェー、イギリス、デンマーク）。

国連は2000年にミレニアム開発目標（MDGs）を発表し、2015年には持続可能な開発目標（SDGs）を採択して、2030年までに極端な貧困をなくし、不平等を減らし、気候温暖化を抑制することを目指している。

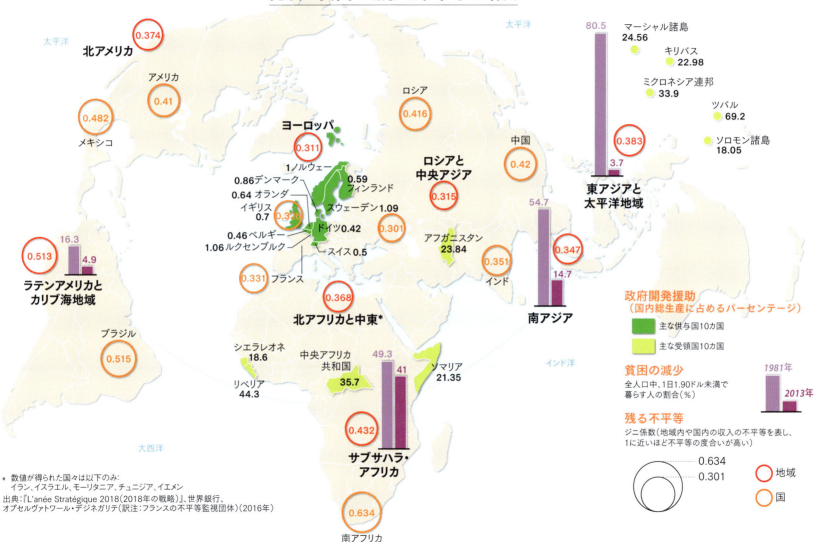

03
LES DÉFIS MONDIAUX

地球規模の課題 | 03

気候温暖化：戦略上の重大な脅威

最初の産業革命が起きたとき、それがやがて
環境に及ぼすであろう害については考慮されなかった。
当時優先されたのは、飢餓の脅威を遠ざけるため、
少しでも多くの人々が消費の機会を持てるようにすることだった。
その後、1970年代に工業国で大半の人々の
基本的需要が満たされ始めると、環境が意識されるようになる。
ただで手に入るもの——空気、水、大地——は
無尽蔵ではないと気づき始めたのだ。

地球上で今後も生きていくために人類に何ができるかが、今問われている

戦略上の脅威

　非再生可能エネルギーの希少化、生物多様性の危機、気候温暖化は、重大な脅威と認識されるようになった。生態系にとっての深刻な危機も、意識が高まるきっかけとなった。そして、アントワーヌ・ド・サンテグジュペリの名言「地球は祖先からの遺産ではなく、子孫からの借り物である」が再びもてはやされている。

　1987年に、国連は持続可能な開発という概念を打ち出し、こう定義した。「今日の必要に応えつつ、将来の世代の必要に応える力を損なわない開発」

　これに対し、南側の国々は、生態系を懸念するのは富裕国だけの贅沢と受け止めていた。**環境破壊は先進国の経済成長の直接的結果であり、途上国の発展に足枷をかける口実として環境が利用されているとみなしたのだ。**

　1992年以降、国連は「地球サミット」を開催し、関心をある程度高めることができたものの、取り組みの割り当てに関して合意に至らず、拘束力のある措置にはつながらなかった。

　1988年には気候変動に関する政府間パネル（IPCC）が誕生し、意識の高まりに大きな役割を果たす。同パネルは2007年のノーベル平和賞を元アメリカ副大統領アル・ゴアと共同受賞し、地球温暖化の戦略上の重要性を証明した。

地球上で今後も生きていくために人類に何ができるかが、今問われている。

国際社会は行動しているか？

　地球上の氷河が融解すれば、海面が上昇し、水面上に出ている土地が水没するため、まだ入手可能な資源をめぐって熾烈な争いが繰り広げられることになった。

　1997年には初の国際的協定が京都で調印されたが、世界最大の汚染物質排出国であるアメリカと中国が参加を見送ったため、京都議定書の実効性は大きく損なわれる。

　2015年12月12日、今度は気候に関する歴史的協定がパリで結ばれた。この協定が定める措置では不十分だとする意見もあったものの、**「国際社会」を形成するすべての国が初めて共に大きな課題の解決に向けて足並みを揃え、差異を超えて同意に至った**のだ。

　パリ協定の主な目的は気温の上昇を2100年までに1.5度以内に抑えることと、緑の気候基金を設立し、2020年までに年間最高1000億ドルを発展途上国の目標達成の援助に充てることである。今回は中国とアメリカも合意した。しかし、アメリカのドナルド・トランプ大統領は就任後まもなく、この協定からの脱退を表明する。

　環境保護は長年、経済成長の足枷とみなされてきたが、今日では必要不可欠なだけでなく、むしろ成長の源となる可能性が認められている。

意識の高まりは持続可能か？

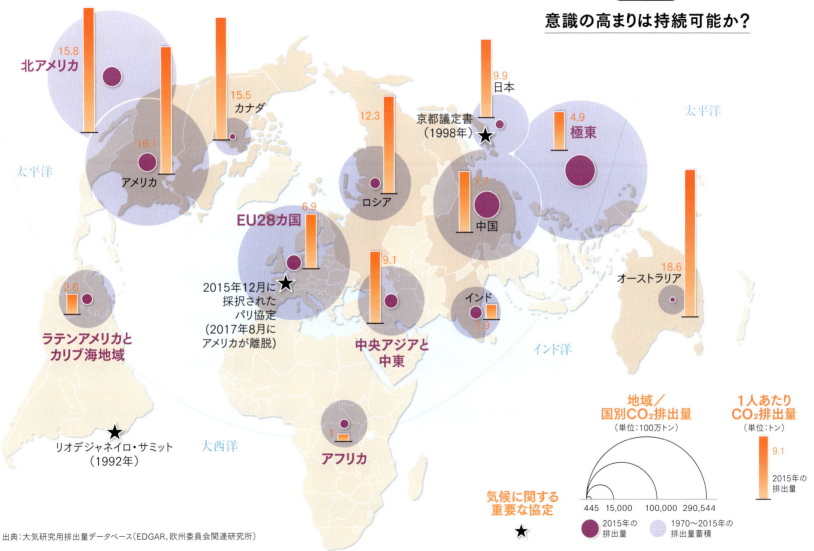

LES DÉFIS MONDIAUX

地球規模の課題 | 04

人口増加は抑制できるか？

人口動態は国家にとって、切り札にも足枷にもなり得る。
切り札になるのは、人口が国力を生むからであり、
足枷となるのは、人口を抑制できなければ
経済成長が妨げられ、発展が遅れがちになるからだ。

現在のような消費のあり方は見直さざるを得ない

強みか弱みか？

トマス・マルサスが1798年に『人口論』[斉藤悦則訳、光文社、2011年ほか]を著した頃、世界の人口は10億人にすぎなかった。

彼が当時予測したのは、**人口のあまりに急激な増加（等比級数的変化）が食糧生産の増加（等差級数的変化）に見合わず、いずれ飢餓が起きるのは避けられない**ということだった。

それとは対照的に、ジャン・ボダン[1530-1596、フランスの経済・法学者]にとっては「人間こそが富」であった。

しかし、**技術の進歩と、衛生状態の改善のおかげで、地球が養うことのできる人間の数は増え続けた**。世界の人口は現在76億人で、今世紀半ばには100億人前後で落ち着くと見られる。

とは言え、人口の変化は地域によって異なる。先進国、特にヨーロッパ、日本、ロシアは人口減少期に入り、アジアは増加を続け、そして、アフリカは「人口爆発」に直面するだろう。

豊かな国々では人口の大部分が高齢化するが、ロボット化が進むことで、人手不足の問題は解決できるかもしれない。

アフリカでは教育機会と雇用の不足が、水と土地の不足と共にますます深刻化する恐れがある。

同じ地球で人口を増やし、貧困を減らすには

人口が多ければ国力が増すという考えは、動員可能な兵員数と軍の力がもともと密接に結びついていたことから生まれた。農業の伝統においても、生産高は使える人手の数に左右されていた。

また、かつては乳幼児死亡率が高かったため、必然的に出生率も高かったが、科学と医学の進歩のおかげで、死亡率は低下した。

しかし、**国が教育と保健と雇用を供給できないとき、出生率は国家にとって足枷となる**。膨大な人口を抱える中国は、経済発展を促す目的で意図的に出生数を抑制した（1980年代から実施された1人っ子政策）。だが、経済発展が達成され、高齢化問題に直面する今日では、世帯あたり2人の子供を認めている。

このように、経済成長と人口増加の連動は大きな問題を生む。人口が減って消費が増えた世界で、地球は人間の基本的な必要をどのようにして満たし続けられるだろう？　現在のような消費のあり方は、見直さざるを得ないはずだ。貧困層の30億人が温室効果ガス全体の7パーセントしか消費していないのに対し、世界の人口のうち最も富裕な7パーセントの人々が、50パーセントを消費しているのだから……。

世界の各地域圏の人口動態（単位：100万人）

大陸	1900 人口	1900 世界の人口に占める割合	1950 人口	1950 世界の人口に占める割合	2014 人口	2014 世界の人口に占める割合	2050 人口	2050 世界の人口に占める割合
アフリカ	130	8%	230	8.90%	1138	15.71%	2431	24.99%
ラテンアメリカ	75	4.50%	168	6.60%	623	8.7%	779	8.02%
北アメリカ	80	5%	170	6.60%	358	4.94%	448	4.62%
アジア	950	57.50%	1400	60%	4342	59.95%	5284	54.32%
ヨーロッパ	400	25%	549	22%	742	10.26%	726	7.46%
オセアニア	6	0.40%	13	0.50%	37	0.53%	57	0.59%

出典：ポピュレーション・レファレンス・ビューロー「2015年世界人口数値表」。
パスカル・ボニファス編『Comprendre le monde（世界を理解する）』（Armand Colin, 2017年）より引用。

2015～2050年の人口動態
（平均的予測。単位：2015年の人口に対するパーセンテージ）

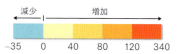

減少 ← | → 増加
−35　0　40　80　120　340

予測数値なし

2015～2050年の人口増加
人口の変化（単位：100万人）

350
200
50

この期間の5000万人を超える増加のみを表示

2015年の各地域の人口と今後の見通し

969　2015年の人口（単位：100万人）
60.4　平均余命（2016年）
4.8　女性1人が生む子供の数（2016年）

出典：国際連合経済社会局（UNDESA）人口推計。世界銀行の世界人口予測2017年改訂版に基づく。

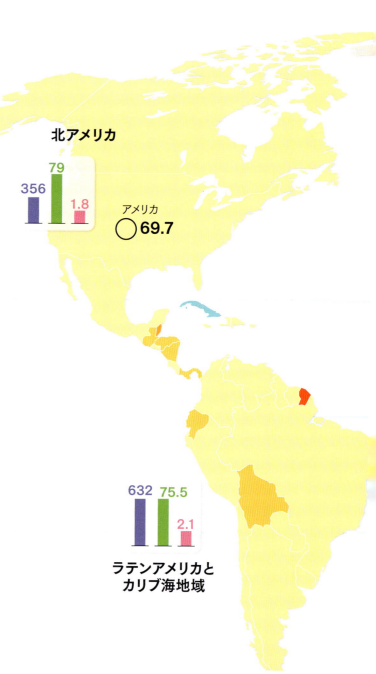

北アメリカ
356　79　1.8
アメリカ ○69.7

ラテンアメリカとカリブ海地域
632　75.5　2.1

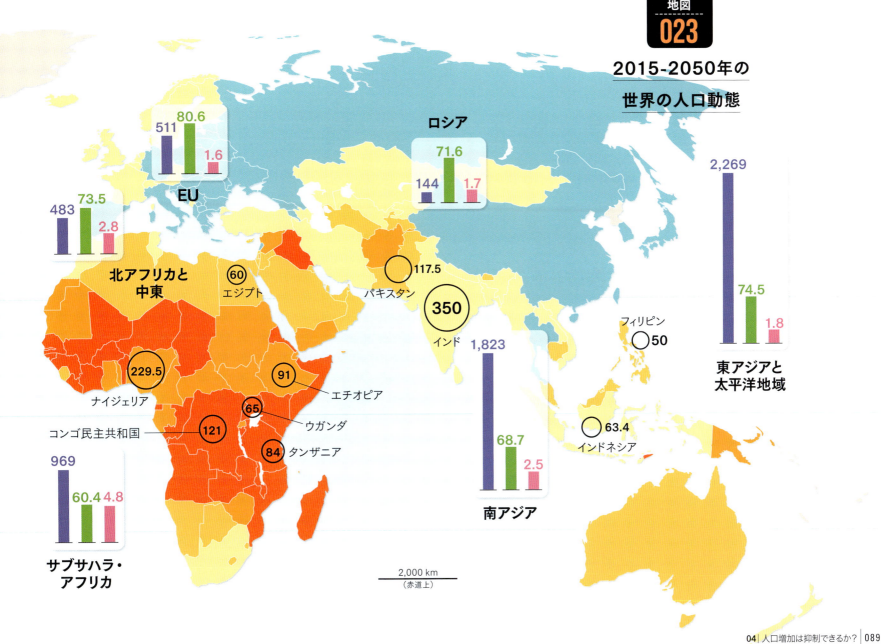

05

LES DÉFIS MONDIAUX

地球規模の課題 | 05

移民の動きは制御不能か？

居住地を去って新たな場所に継続的に住む人はすべて、移民とみなされる。
移民には、国内（同じ国に留まる）移民と、
国際（外国へ出国する）移民がある。

現在の移民の流れの大半を受け入れているのは世界の北側ではない

古い壁、新しい壁

　かつて、国境は何よりも国民の出国を妨げるために設けられた。それは特に共産体制と独裁体制で著しく、「鉄のカーテン」やベルリンの壁はその厳然たる象徴だった。

グローバリゼーションによって国境の概念が徐々に薄れた今日では、当時とは反対に、起こりうる入国を予防あるいは阻止するための国境が復活している。

　多くの事例のなかでことに目を引くのは、トランプ大統領がメキシコ国境に建設しようとしている壁や、スペインの飛び地セウタとメリリャのモロッコ国境に張り巡らされた巨大な柵だ。

　国際移民の数は1975年の7700万人から1995年には1億2000万人となった。現在は2億6000万人、世界人口の3.4パーセントに上ると見られる。

　一般に信じられているのとは逆に、現在の移民の流れの大半を受け入れているのは世界の北側ではない。**国際移住機関（IOM）によれば、南から南への移住は、南から北への移住に比べて増え続けてきた。現に**2015年には南への移民が9020万人だったのに対し、北への移民は8530万人だった。

　移住の動きの増大には、複数の要因がある。

・グローバリゼーションと、厳重な国境管理にもかかわらず移動が容易になったことに加えて、**多数の情報経路を通じて外国のライフスタイルを知る機会が増えたこと。**

・豊かな国と貧しい国の差が縮まらないこと。富裕国は高齢化しつつあり、国民が避けたがる仕事を低賃金で担う労働力を必要とする場合が少なくない。**発展途上国では若者の多くが将来性を求めている。**

・シリア、イラク、リビアなどにおける内戦の勃発と継続と、サブサハラ・アフリカで維持されるきわめて抑圧的な体制（**政府を変える力がない国民は、別の国に住もうとする**）。

移民と難民

　難民は、人種、宗教、所属する社会的集団、政治的見解などに起因する迫害を恐れて出国する。

　そのなかには「政治」難民と「経済」難民がいる。国連難民高等弁務官事務所（UNHCR）によれば、難民は2016年末には2250万人で、移住者全体の約8パーセント、世界人口の0.3パーセントに上るという。現在、難民10人のうち8人近くが発展途上国に定住している。

移民の動きは一部の国々に閉鎖的な反応や拒絶を引き起こし、極右政治団体や、無党派の急進的愛国主義運動の台頭を招いている。

　それでも、先進国が一部の限られた移民に門戸を大きく開く動きは止まらない。それは専門職の移民で、移民の出身国にとっては嘆かわしい「頭脳流出」となる。

　なお、国境を越えるのが難しいと、犯罪組織とつながりのある密航仲介業が生まれる。

地図 024

世界の人口の移動

主要10カ国
- 出発国
- 目的国

移民
主な流れ（単位：1000人）
4,000　10,000　24,000　40,000〜60,000

○ 外国で暮らす国民の数（単位：1000人）　　圏内の流れ　　移民阻止のための壁

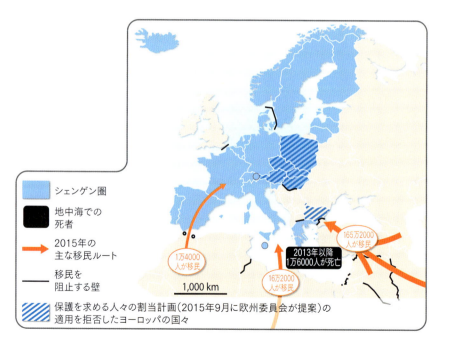

凡例：
- シェンゲン圏
- 地中海での死者
- 2015年の主な移民ルート
- 移民を阻止する壁
- 保護を求める人々の割当計画（2015年9月に欧州委員会が提案）の適用を拒否したヨーロッパの国々

1万4000人が移民／165万2000人が移民／16万2000人が移民／2013年以降1万6000人が死亡
1,000 km

北アメリカ 4,341

ラテンアメリカとカリブ海地域 34,561

太平洋／大西洋

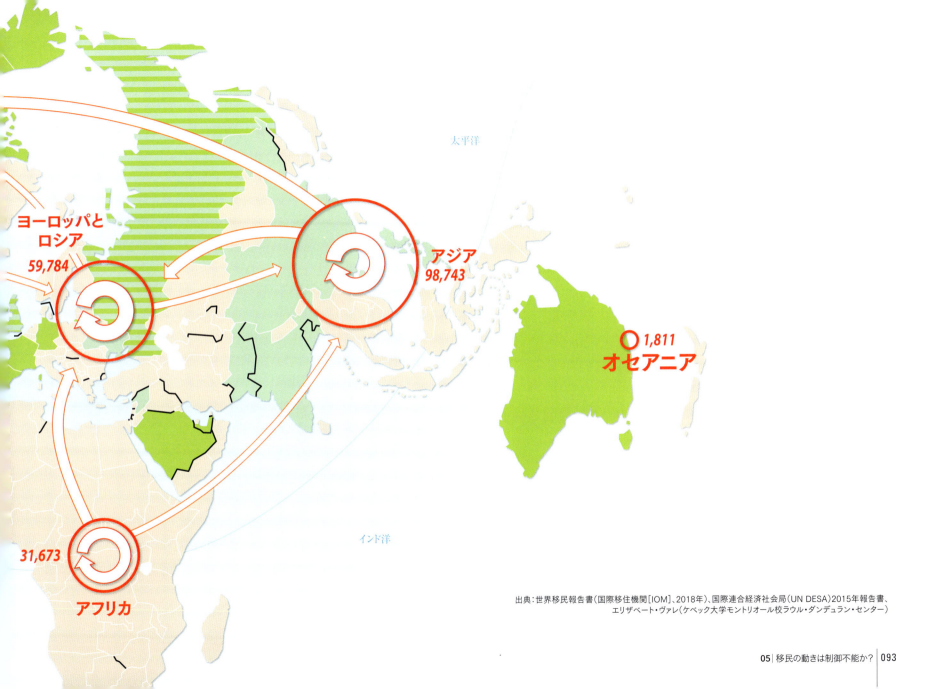

06
LES DÉFIS MONDIAUX

地球規模の課題 | 06

テロリズムは生存にかかわる脅威か？

2001年9月11日の同時多発テロ以来、テロリズムは
世界の安全を脅かす最大の脅威とされることが少なくない。
犠牲者数と物的被害以上に（テロ事件による死者数は
現在続いている紛争や内戦の大半の死者数よりも少ない）、
心理面に大きな影を落とし、メディア、世論、政治指導者に影響を及ぼしている。

未解決の紛争に政治的決着をつけなければ闘いの元を断つことはできない

テロリズムの定義は？

テロリズムは欧米の国々の脆弱な一面を突く脅威である。実際、軍事面で優位に立つ欧米の国々は、独立や主権を脅かす昔ながらの脅威とは無縁だと思っている。安全だと信じられている日常生活の場（交通機関、公道、大型店舗、役所、学校、カフェのテラス、コンサート会場など）で市民を無差別に攻撃するテロ行為は、恐怖心を引き起こし、首謀者はそれを利用して持続的な圧力を行使する。すると、特にメディアや政治指導者や専門家によって、テロの脅威が日々叫ばれ、国内外の安全を脅かす大きな懸念材料とされる。

テロリズムについて異論のない定義をするのは今なお難しいが、明らかな特徴をいくつか挙げることはできる。政治的行為である（犯罪的あるいは経済的動機とは一線を画す）こと、武器を使った暴力に訴える（宣伝行為とは異なる）こと、市民が標的である（抵抗運動の場合は治安部隊や占領軍のみを狙う）こと。

ただし、ここで大きな争点が残る。**国内のグループによる行為だけを指すのか、それとも国家による行為（一般市民に対する爆撃）をも指すのか**、という点だ。

近年、テロの主な（唯一のではない）首謀者はイスラム教を旗印とする組織であるが、歴史的には多種多様な領域の集団がこの手法で行動を起こしてきた。ニヒリストの無政府主義者、バルカンの民族主義者、シオニズム運動の闘士、シク教徒、アイルランド人、バスク人などである。それでも、テロ行為の犠牲者が最も多い国々はイスラム圏のイラク、パキスタン、シリア、アフガニスタン、ナイジェリアだ。死者を出す襲撃事件を極右派が起こすこともある（2011年に77人を殺害したノルウェーのブレイヴィクなど）。アメリカでは、極右とつながりのある場合が多い大量殺人（集団銃撃）事件は、テロ事件ほどの反応を引き起こさない。

影響を和らげるために原因に対処する

テロ行為を利用しても、政治や外交面でさほど具体的な成果が上がるわけではない。無辜の民を攻撃するテロ行為が国際的世論に受け入れられるのは、至難の業だ。とは言え、テロは、政治的解決を訴える陣営を弱体化させる働きもする。

危険なのは、テロ攻撃と抑圧が互いに高じていく悪循環に陥る恐れがあることだ。**テロの正当性を認めたくないあまり、原因について考えようとしなかったり、もっぱら武力によって闘おうとしたりするのは、効果的とは言えない。未解決の紛争に政治的決着をつけなければ、闘いの元を断つことはできないからだ。**

2011年にウサマ・ビン・ラディンが死んでも、テロはなくならなかった。2018年にイスラム国（IS）組織の拠点が失われても、やはりテロを根絶できない恐れがある。それでも、武力による報復には慎重であるべきだ。イラク戦争は、テロをなくすどころか促す働きをしたからである。

危険をなくそうとして、逆に危険を増す恐れがある。**テロとの闘いは、短期的には軍、警察、司法、情報に頼ることになるが、長期的には、原因である紛争に政治的手段を用いる必要がある。2つのアプローチはどちらも不可欠で、切り離せない。**

1970年代から今日までのテロリズム

テロ攻撃の集中度と激しさ

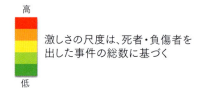

激しさの尺度は、死者・負傷者を出した事件の総数に基づく

現在の主なテロ集団

1970〜2016年のテロ事件の犠牲者数

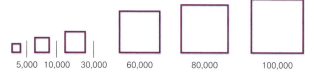

AQIM： イスラム・マグレブ諸国のアルカイダ（旧「説教と戦闘のためのサラフィー主義者集団」）
AQAP： アラビア半島のアルカイダ（イエメンとサウジアラビアのアルカイダが統合）
MUJAO： 西アフリカ統一ジハード運動

出典：『ル・モンド・ディプロマティーク』紙（2015年）；グローバル・テロリズム・データベース（2016年）

096 | 第3章　地球規模の課題

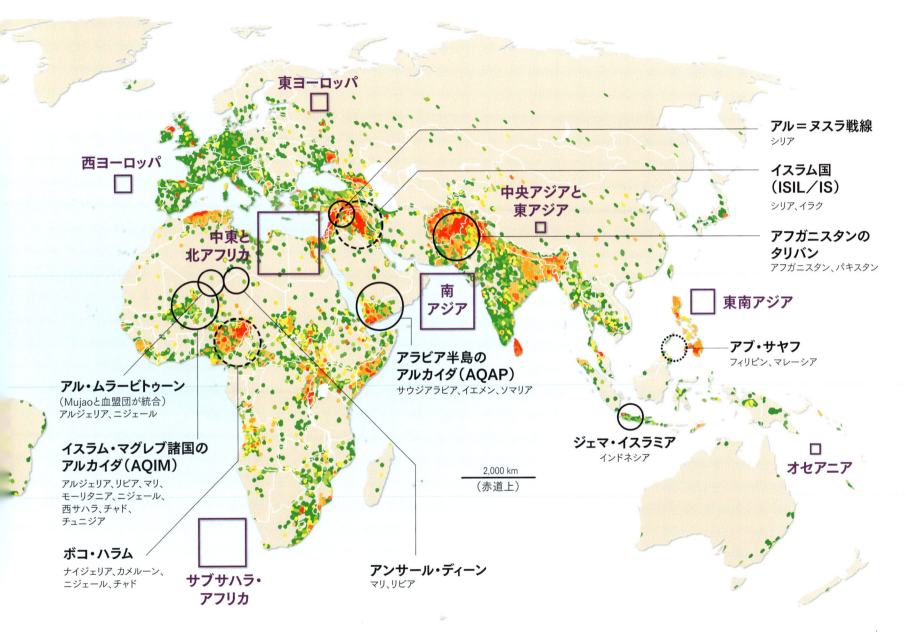

LES DÉFIS MONDIAUX

地球規模の課題 | 07

核拡散は避けられないか？

1945年8月6日、爆撃機エノラ・ゲイが
「リトル・ボーイ」と名づけられた爆弾を広島上空に落とし、
同年末までに14万人が死亡した。
8月9日には2個目の爆弾「ファット・マン」が長崎上空で爆発、
73,884人の命を奪った。
昭和天皇は8月14日、日本の降伏を表明した。

核兵器不拡散条約(NPT)は、義務を形式的に定めて均衡を保っているだけのように見える

比類なき力

こうして核兵器は比類なき破壊力を証明した。1950年代に入ると、核抑止力という概念が定着していく。**奇妙なパラドックスだが、原子の破壊力によって平和が確保されるということである。**核兵器が引き起こす損害はあまりに甚大であるため、攻撃しようという漠然とした意志を萎えさせる。核保有国が相手では、紛争に踏み出す前に損得勘定をすることさえできない。「核時代にあっては、安全は恐怖から生まれた丈夫な子供であり、生存と絶滅は双子の兄弟だ」とチャーチルは言った。

ソビエト連邦は1949年に初の核実験を行なった。アメリカとソ連は、その後核軍備競争に突入するが、**やがて双方の兵力は戦略上必要な規模をはるかに超えていく。**

この競争に歯止めをかけるため、両国は軍備管理を進め、予知不能性にまつわるリスクの抑制を目指して1972年にSALT(戦略兵器制限交渉)合意に至り、双方の兵器保有の上限を、その合意に従って管理することになった。

拡散の阻止

ところが、核兵器は2つの超大国の独占物ではなくなった。1952年にイギリスが核保有国の仲間入りをし、続いてフランスが1960年に、中国が1964年に核保有国となったからである。

核兵器拡散を阻止するために、両超大国は国際社会に核兵器不拡散条約(NPT)を提案し、1968年に国連総会で調印に至った。

NPTの構造は一見単純で、義務を形式的に定めて均衡を保っているだけのようにも見える。第1条によれば、核保有国(1967年までに核実験を行なった国)は非核保有国に核兵器を移転してはいけない。この条項は、実は核兵器保有国の意志に沿ったもので、拘束力を伴わなかった。第2条では、非核保有国による核兵器の取得と製造を禁じている。

その後、NPTに署名しなかった3つの国が核兵器を持つに至った。イスラエル、インド、パキスタンである。南アフリカは小型核兵器を保有していたものの、アパルトヘイト廃止後に廃棄した。NPT署名国であるイラクが秘密裏に核開発を計画していたことが1990年の湾岸戦争後に発覚したが、計画は破棄される。

2003年には北朝鮮がNPTから脱退した。それ以降、同国は挑発と交渉を交互に繰り返している。青息吐息の政権にとっては、核兵器が生き残りの保障となるのだ。

いっぽう、イランは核の軍事利用計画を疑われながら否定してきたが、2015年7月、ウィーンで結ばれたイラン核合意によって、核兵器保有に至らないよう入念な査察が実施されることになった。2018年5月、ドナルド・トランプはこの合意からの離脱を表明している。

1995年5月12日、(25年の期限つきで締結されていた)NPTは、無期限の延長が178カ国によって決定された。そのなかには公式核保有国5カ国も含まれている。この条約は現存する最も普遍的な条約の1つである。

一部の専門家が指摘する新たな懸念は、今後、テロ組織が核兵器を手に入れるかもしれないことだ。逆に、そうした集団には攻撃の手段が他にもあるため、核兵器には手を出さないと見る専門家もいる。

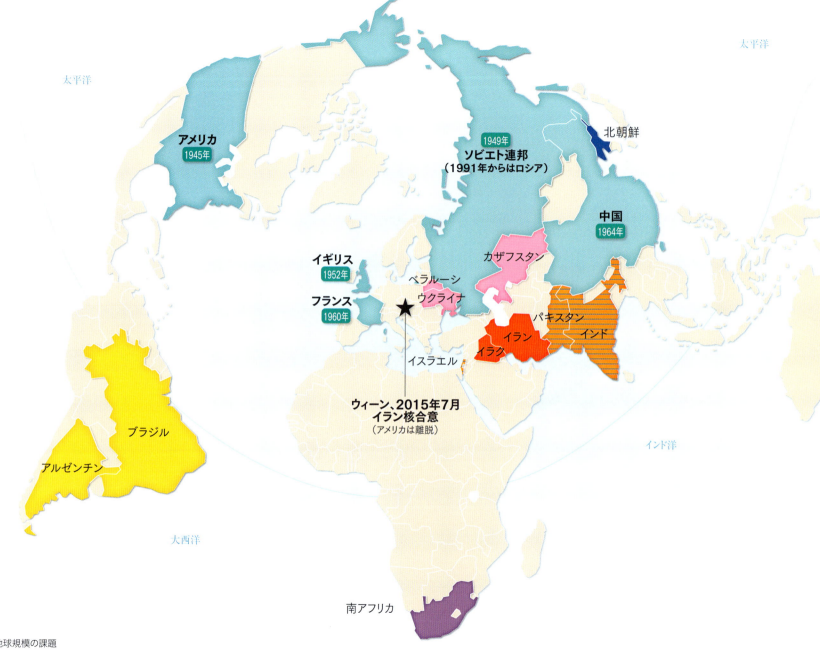

地図 026

核拡散

1945年	核保有国の仲間入りをした年
■	公式核保有国
■	非公式の核保有能力を持つ国
■	1990年代に核兵器開発を断念した国
■	旧ソ連から独立した国で、核兵器をかつて領土内に保有していたが、その後廃棄した国
■	NPT加盟国であるにもかかわらず核兵器開発を望んでいた国
■	秘密裏に保有していた核兵器を廃棄した国
□	その他のNPT加盟国
■	2003年にNPTから脱退した国
≡	NPT非加盟国

LES DÉFIS MONDIAUX

地球規模の課題 | 08

組織犯罪とマフィア

組織犯罪もグローバリゼーションに適応してきた。
グローバリゼーションのおかげで、犯罪組織は
国家権力に挑むかのように活動範囲と市場を拡大している。
各国は力を合わせてこれに立ち向かわなければいけない。

組織犯罪の被害者数はテロのそれとは比べものにならないほど多い

組織犯罪の変容

犯罪組織の活動基盤は、禁止された行為である。すなわち、ありとあらゆる種類の不正取引（麻薬、人身、ダイヤモンド等々）、恐喝、模造品製造、通貨偽造、絶滅危惧種や厳しく規制されている生物種の取引、タバコ、ギャンブル、スポーツ賭博などだ。その取引高は性質上、見積もりが難しいが、世界の国内総生産の1.5〜5パーセントに相当するとされる。

192カ国が加盟する国際刑事警察機構（ICPO）は、組織犯罪・犯罪組織の定義を「営利を第一目的とし、国境を考慮せずに継続的違法行為に携わる事業あるいは集団」としている。つまり、組織犯罪を行なうのは国家以外の非合法的行為者であり、テロ組織も含まれる。

組織犯罪が金銭目的のために行なわれ、テロが政治的目的のために行なわれるにしても、犯罪とテロの相互作用は強まるいっぽうだ。

この現象を表す新語が「犯罪のハイブリッド化」[ジャン＝フランソワ・ゲロー『Théories des hybrides.』「Terrorisme et crime organisé』〔CNRS Éditions、2018年〕] である。

実際、ゲリラ、民兵、大規模カルテル、マフィアの区別は曖昧になっている。また、テロ組織のなかには、犯罪組織に変貌したものもある（ペルーのセンデロ・ルミノソ、コロンビア革命軍［FARC］、アフガニスタンのタリバン、スリランカのタミルの虎、イスラム・マグレブ諸国のアルカイダ）。麻薬の密売は依然として、アフガニスタンでも、アフリカのサヘル地域（サハラ砂漠南縁部）でも、ラテンアメリカでも、テロ組織と組織犯罪に最も強く結びついた犯罪活動だ。そのため、「ナルコ（麻薬）テロリズム」「ナルコゲリラ」といった言葉が生まれている。

戦略上の難題

違法性の他にも、組織犯罪は国際社会に複数の難題を突きつけている。たとえば、**すでに疲弊した国家の資源を奪い、さらなる損害を与えている**のだ。組織犯罪行為には一般に役人の腐敗がつきものであり、ときには政治指導者さえ無縁ではない。腐敗によって犯罪集団はますます収益を上げ、国家は弱体化する。

2016年、世界全体では56万件の殺人があったが、そのうちの68パーセントは犯罪がらみの暴力に関連しており、18パーセントが戦争に関連している（2018年4月6日付『エコノミスト』紙）。

それらの数字から、**組織犯罪の被害者数はテロのそれとは比べものにならないほど多いことがわかる。**にもかかわらず、メディアの反応はあまりにも鈍い。

なお、犯罪発生率の高い世界の50都市のうち、43都市がラテンアメリカに位置する。カラカス、サンペドロスーラ（ホンジュラス）、サンサルバドルの殺人件数は人口10万人あたりそれぞれ120、112、108件で、ヨーロッパ平均のおよそ100倍に上る。

ヨーロッパでは、伝統的なイタリアマフィア以外の犯罪組織は主にバルカン半島とカフカス（コーカサス）地方の国々から生まれ、旧ユーゴスラビアとソ連の解体後の混乱がその温床となった。

西アフリカは麻薬輸送の中継点として利用され、特に南米産のコカインがヨーロッパへ送られる際の経由地となっている。

また、独裁政治、貧困、内戦から逃れてヨーロッパを目指す難民の流れも、大規模な人身売買シンジケートが生まれる原因となっている。

犯罪の種類	推定年間取引額（単位：ドル）
模造品製造	9230億～1兆1300億
麻薬密売	4260億～6520億
人身売買	1502億
森林の違法伐採	520億～1570億
密漁	155億～364億
鉱山の違法採掘	120億～480億
石油の違法採掘	52億～119億
野生動物の密売	50億～230億
小型兵器・軽火器の密売	17億～35億
文化財の違法取引	12億～16億
臓器の不正売買	8億4000万～17億

出典：グローバル・フィナンシャル・インテグリティ2017年報告書
『Argent Sale（汚れた金）』（Eyrolles, 2018年）中のシルヴィ・マテリー、
キャロル・ゴメスによる引用。

コカイン製造
■ 主な生産地
➡ コカインの経路

ヘロイン製造
■ 主な生産地
➡ ヘロインの経路

海賊行為
■ 2017年の発生海域

コンゴ民主共和国東部からの密輸
● → 金
● ┅→ 錫石

人身売買
―― 目的地域内で発見された被害者全体の5パーセント以上が通った経路
■ 関係国

最も犯罪発生率が高い3都市
❶ カラカス（ベネズエラ）
❷ サンペドロスーラ（ホンジュラス）
❸ サンサルバドル（エルサルバドル）

出典：国連薬物犯罪事務所（UNODC）2014年報告書、「Seguridad Justicia y Paz」報告書
（2016年1月、メキシコConsejo Ciudadano para la Seguridad Pública y Justica Penal）、国際商工会議所（ICC）商事犯罪情報サービス（CCS）

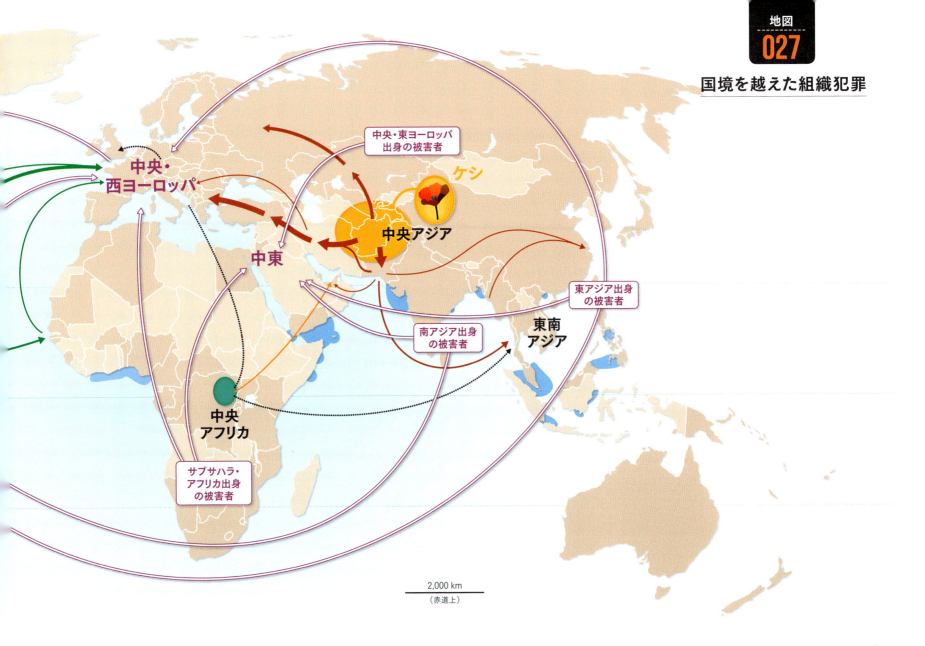

LES DÉFIS MONDIAUX

地球規模の課題 | 09

スポーツ外交

スポーツは単なる娯楽、見せ物、競争ではない。
スポーツ大会はメディアと社会の
注目の的となるため、戦略的な性格も帯びる。
優勝すれば、「世界村」のなかで名を上げられるからだ。

人々は熱狂すらしながら
嬉々として征服されていった

戦略上の争点としてのスポーツ

　スポーツは、国家同士が規律ある平和な形で対峙する新たな場となる。

　国際オリンピック委員会（IOC）と国際サッカー連盟（FIFA）の求心力は非常に大きいため、双方と疎遠になりたい国はないだろう。中国と台湾、イスラエルとパレスチナの共存も、国連が実現できていないにもかかわらず、IOCとFIFAは首尾よく成し遂げている。実際に、211の協会が加盟するFIFAは、国連（193カ国）よりも多くのメンバーを擁する。

　大会では、優勝争いのみならず、開催地をめぐる競争も熾烈になりがちだ。当初、オリンピック開催地はヨーロッパと北米が、サッカーワールドカップ開催地はヨーロッパと南米が独占していた。

　いずれも今日では多極化しているものの、オリンピックはアフリカ大陸ではまだ開かれていない。

サッカーとグローバリゼーション

　サッカーは世界的なスポーツであり、グローバリゼーションの象徴の1つと言えるかもしれない。市場経済や民主主義のみならず、インターネットさえ及ばないほど世界中に広まっている。**サッカー帝国はまさに「日が沈むことのない帝国」で、その勢力範囲はカール5世の神聖ローマ帝国をもしのぐ。**

　この帝国は1世紀あまりの間にまったく平和なやり方で領土を広げた。人々は熱狂すらしながら、嬉々として征服されていったのだ。

　これは地政学上稀な現象である。勝者は敬意と憧れをかき立てるばかりで、拒絶反応を引き起こさなかったのだから。

　イギリス生まれのサッカーは、まず海路を通じて広まり（初期のプロ・クラブはルアーヴル、ハンブルク、ジェノヴァ、バルセロナ、ビルバオといった港湾都市から生まれた）、1930年代からは鉄道を通じて普及していった。やがてラジオと、1960年代からはテレビが、このスポーツの普及を補完した。

スポーツとアイデンティティ

　スポーツ全般、ことにサッカーは集団的アイデンティティへの帰属意識を高め、明らかにする。グローバリゼーションは国民のアイデンティティを薄れさせる現象と捉えられるが、世界規模のスポーツ大会は、アイデンティティを強化する。**サッカーのナショナルチームやオリンピックの代表は、平和的な愛国心を呼び起こし、国民としての自覚を確認または再確認させる存在だ。**

　イメージが国際力の大きな構成要素である今日、優勝者はその業績によって自国の国際的名声を高めることに貢献できる。小国にとっては、国際舞台で存在を示す、あるいは単に世界の人々の目に触れるためのまたとない方法であるし、国民の一体感が弱い国では、多くの場合、サッカーナショナルチームへの応援が、民族や宗教や社会の溝を越える働きをする。

サッカーワールドカップ

　FIFAは1904年にベルギー、デンマーク、スペイン、フランス、オランダ、スウェーデン、スイスの代表によって設立された。イギリス人にとっては、あまり面白くない出来事である。

　第1回ワールドカップは1930年にウルグアイで開催された。2週間にも及ぶ旅行ができないチームも多

く、ヨーロッパからの4チームとアメリカ大陸の9チームだけが参加した。それが、今日では211の協会が予選大会に参加し、本大会で闘う32チーム（2026年には48チームとなる）に入るために熾烈な争いを繰り広げている。

ヨーロッパとラテンアメリカ以外で開催された最初のワールドカップは、1994年のアメリカ大会だ。目的は、アメリカにおけるサッカーの振興である。

2002年にはアジアで初めての大会を日本と韓国が共同開催し、競い合ってきた両国が否応なく力を合わせることになった。2010年には、アフリカ大陸での初の大会が南アフリカで開かれ、2018年にはロシアで初開催されている。また、来る2022年にはカタールで、2026年には北米（カナダ、アメリカ、メキシコ）で開催される予定である。

しかし、**開催地の多様さとは対照的に、優勝はこれまでヨーロッパと南米のみが分け合ってきた**（ブラジルが5回、イタリアとドイツが4回、アルゼンチンとフランスとウルグアイが2回、イギリスとスペインが1回）。

オリンピックは世界の変化を反映する

オリンピックは、あらゆる競技とあらゆる国が一堂に会する普遍的な機会だ。参加者の1人1人が、この舞台で活躍することを目指す。

当初は参加国が限られていた（1896年には14カ国、選手数は241人だった）が、今では国際社会の主要な行事となった。開会式では代表団が（国旗を先頭に）行進し、勝てば国歌が演奏される。

そして、開催都市の決定は常に次のような地政学上の力学を反映してきた。

- 第二次世界大戦以前、開催できたのはヨーロッパとアメリカだけであった。
- 1964年に東京が選ばれたのは、第二次世界大戦後に復興した日本の近代化を象徴した。
- 1968年にはメキシコでの開催を通じて第三世界も認知された。
- 1972年のミュンヘン大会はドイツが大国として返り咲いたことを告げた。
- 雪どけの間に開催が決まった1980年のモスクワ大会に関しては、ソ連のアフガニスタン侵攻を受けてアメリカと西側諸国の一部がボイコットしたことが特筆される。
- 戦略とイデオロギーにおける東西の競争はメダル獲得合戦にも及び、アメリカとソ連はオリンピックでの勝利によって体制の優位性を示そうとした。
- 21世紀初頭には、北京大会（2008年）とリオデジャネイロ大会（2016年）により、新興国の台頭が認識された。

開催都市の決定は常に
地政学上の力学を反映してきた

夏季オリンピック大会開催都市

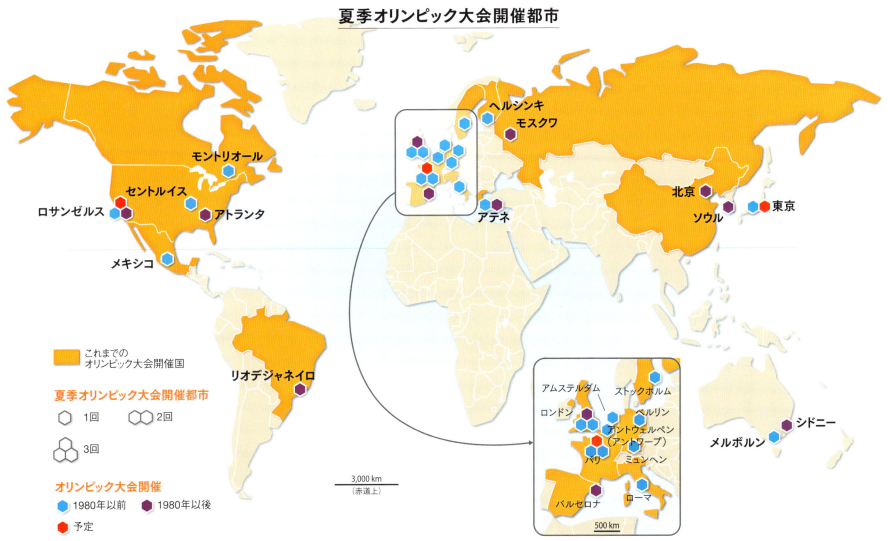

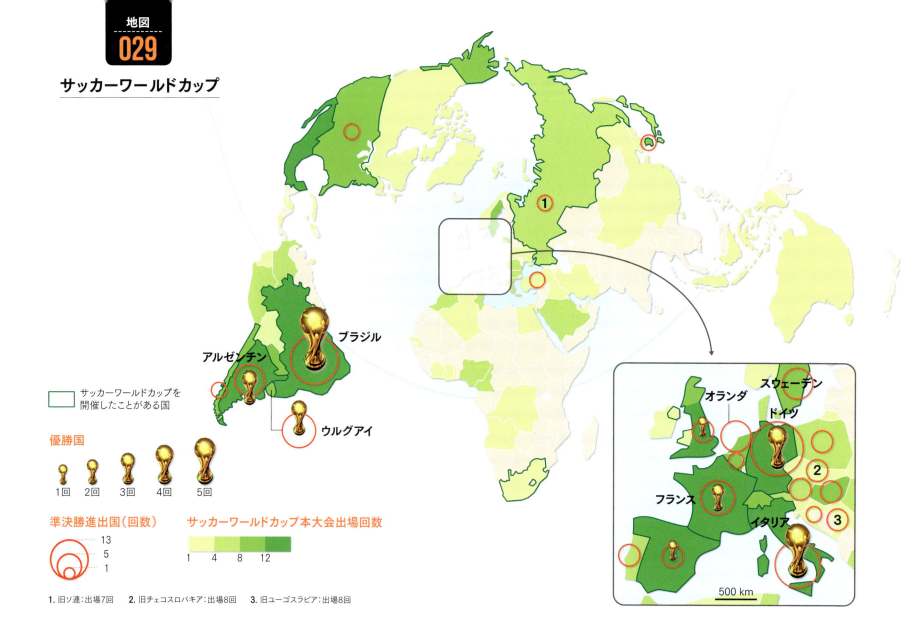

LES DÉFIS MONDIAUX

地球規模の課題 | 10

国際的司法機関は夢物語にすぎない？

世界政府や、真の世界警察や、本当の集団的安全が
存在しないのと同様に、真の意味での国際的司法機関は存在しない。
国家主権の原則と、国家が他国によって裁かれることは、相容れないからだ。
ただし、国際社会が設けた司法の枠組みは不完全だとしても、
それが存在し、進化を続けることには利点がある。

不完全な裁判所があるよりも裁判所がないほうがましなのか？

制約のある司法：国際司法裁判所の場合

1945年、国際司法裁判所（ICJ）が、15人の裁判官で構成される国連の機関として設立された。しかし、ICJは非加盟国が関わる紛争を自ら提訴することも、解決することもできない。そのため、**権限には限界があるものの、司法による平和的手段で一部の紛争の激化を阻止する役割は果たしている。**

そして、冷戦後のさまざまな衝突の後、戦争犯罪、人道に対する犯罪、集団殺害といった重大な犯罪を裁くための特別法廷の設置が次々に決められた。ルワンダで集団殺害が起き、ヨーロッパ（旧ユーゴスラビア）でも戦争犯罪が行なわれたが、それでも、統合が進むヨーロッパには、世界平和への希望が込められていた。

やがて、**紛争終結後に臨時法廷を設置するだけでは不十分であり、「勝者の正義」に傾く恐れもある**とするNGOの圧力を受けて、1998年に常設の国際刑事裁判所（ICC）が設立された。この裁判所は、処罰の役割と共に予防的役割も持つ。オランダのハーグに設置され、2018年の時点で123カ国が加盟している。

普遍性の欠如：国際刑事裁判所の場合

国際刑事裁判所が裁くことができるのは、締約国内で犯された犯罪および締約国出身者により犯された犯罪と、国連安全保障理事会（拒否権を行使できる常任理事国5カ国のうち、フランスとイギリスだけがICC締約国である）が提訴した案件である。**遡及力はなく、重大な犯罪──戦争犯罪、人道に対する犯罪、集団殺害、侵略犯罪──のみを裁く。**また、国際刑事裁判所は国連安保理による提訴と共に、加盟国や検事自身による提訴も受け付ける。アメリカ、中国、ロシア、インド、アラブ諸国の大半、イスラエルは加盟していない。

2009年、安保理の提訴により、国際刑事裁判所はダルフールにおける人道に対する犯罪に関して、スーダンのオマル・バシール大統領に対する逮捕状を発行した。国家元首が初めて訴追されたことは進歩と見られたものの、ほどなく、裁判所に召喚されるのがアフリカの指導者だけであることが指摘される。そのうえ、当のオマル・バシールは相変わらずアフリカ諸国に迎えられ、北京とモスクワへの公式訪問さえ行なった。

ジョージ・W・ブッシュやトニー・ブレアがイラク戦争とその破滅的な結末を引き起こしたにもかかわらず、国際刑事裁判所に召喚されないことを嘆く声もある。ただ、現在、イギリスが予備調査の対象となっていることは記しておこう。

2016年、南アフリカを含むアフリカの数カ国は脱退を示唆し、以下のような議論の端緒を開いた。すべてのメンバーを同等に扱わない（**大国はその立場を利用して最も法を犯しがちなのに責任を免れている**）ならば、不完全な裁判所があるよりも、裁判所がないほうがましではないか？

国際刑事裁判所の設立以来、訴追されたのはアフリカの9カ国（ウガンダ、コンゴ民主共和国、スーダン、中央アフリカ共和国、ケニア、リビア、コートジボワール、マリ、ブルンジ）と、アフリカ以外ではジョージアのみである。

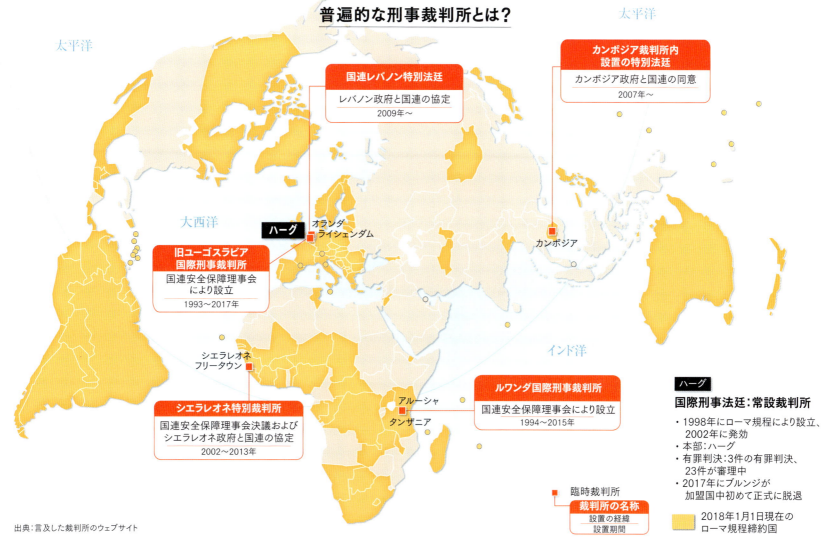

LES DÉFIS MONDIAUX

地球規模の課題 | 11

民主主義と人権は広まっているか？

冷戦は、西側諸国にとっては、共産圏の全体主義体制に対する民主主義の戦争であった。
確かに、西側諸国では自由が当たり前だったのに対し、共産主義国家には自由がなかった。
しかし、西側の国々は、残虐で血まみれであることも
少なくなかった独裁体制を臆面もなく支持し、政権に就かせてもいる。
ソ連やその同盟国と闘うという目的を優先するあまり、
第三世界から目を背け、ヨーロッパ大陸のなかですら
ポルトガルとスペインの独裁者を容認した。
それと同様に、反ソ連という枠組みのなかで、
西側世界は長年南アフリカのアパルトヘイトを支持してきた。

民主主義は外からの干渉によってではなく 常に内部で進展するものである

民主主義の拡大

　1980年代には、民主主義が勢力範囲を拡大し始める。まずラテンアメリカで独裁政権が次々と倒れ、それからアジアの韓国と台湾で、**経済成長と足並みを揃えるように、弾圧の激しかった独裁体制に代わって民主主義体制が確立された。**ソビエト連邦が崩壊したおかげで、東ヨーロッパ全域にも民主主義が普及する。アフリカ大陸もこの波に乗るだろうという希望が1990年代には抱かれた。

　結局、期待されたようなドミノ効果で大陸全体に定着するには至らなかったが、**今ではアフリカにも、武器ではなく選挙によって政権が獲得され、政権交代が実現する国々が存在する。**

　アラブ世界では、チュニジアとエジプトの独裁政権を倒した「アラブの春」と呼ばれる運動によって民主化が進むと思われたものの、その希望はすぐに消えてしまう。イエメンとシリアで内戦が激化し、エジプトでは軍による激しい弾圧が行なわれたためである。

民主主義と法治国家

　民主主義は普遍的な規範になっていないにしても、大きく進展し、すべての大陸に存在する。しかしもちろん、選挙さえ実施すれば民主国家になれるわけではない。独裁体制では、形だけの選挙が慣例化している。**本物の民主主義が基盤とすべきなのは、真の競争がある選挙であり、野党、少数派、表現や宗教や思想や国民の往来の自由が尊重される、法治国家である。**なかには「不自由」な民主国家も存在する。形式的な選挙が実施されるだけで、政権の権威主義が改まらない国である。

　2003年のイラク戦争は、表向きは民主主義を確立するために始められた。もちろん、その陰に戦略的野心が隠されていたのは言うまでもない。民主主義は輸出品ではないし、ましてや戦争の産物ではない。民主主義の定着を旗印とした数々の軍事介入の失敗（リビアなど）がそれを証明している。

　それでも、市民社会の確立につながる全体的な動きはある。**民主主義は外からの干渉によってではなく、常に内部で進展するものである。**長い時間を要し、後戻りすることもあり得る。決め手となるのは3つの要因だ。

　まず、歴史的・戦略的遺伝子。どの民族にも歴史があり、歴史によって反応も異なるからだ。

　次に、生活水準。中間層の厚さが鍵となる（1人あたりの収入が1日1.9ドル未満しかなければ、政治的要求は二の次となる）。

　そして、一定の識字率。文字が読めない国民は、たやすく支配されてしまうからだ。

地図 031

人権への脅威

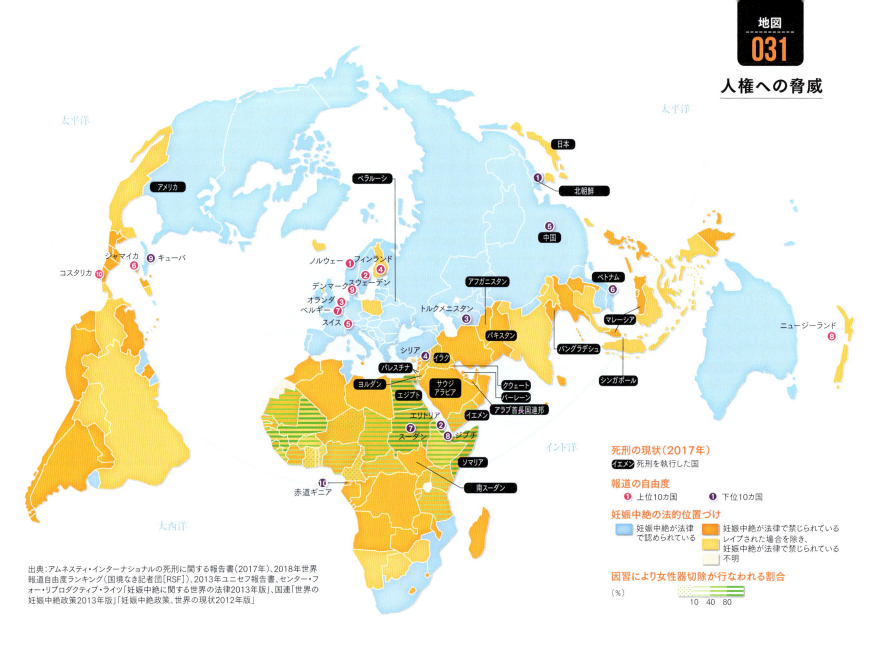

116　第3章　地球規模の課題

LES DÉFIS MONDIAUX

地球規模の課題 | 12

文明の衝突へ？

冷戦が終わると、戦略の変化によって、
大きく異なる2つの考え方が、
いずれもアメリカから生まれた。

衝突はけっして不可避ではないが どんな政策がとられるかにかかっている

相反する2つの見通し

第1の見通しは楽観的だ。フランシス・フクヤマが提唱した「歴史の終わり」説である。この説によれば、ヘーゲル哲学的な「歴史」、すなわち対立と、対立から生じる衝突のリスクによって作られていく歴史はもう終わり、今やどの国も少なくとも理論上は民主主義と市場経済に与している。

第2は警告的な見通しである。1993年にサミュエル・ハンチントンが構想した「文明の衝突」が起きるという説だ。ハンチントンによれば、紛争はかつては王族間の争いであり、それからフランス革命後に国民同士の争いとなって、死者数は劇的に増えた。そして、**最終的に「イデオロギー」間の対立となる。**ナチズム・ファシズムと民主主義、その後は共産主義と西側の民主主義の対立である。ハンチントンは、冷戦の終焉が意味するのは戦争の終わりではなく、変容だと述べている。**今後、対立していくのは文明だ。**文明は客観的要素（共通の歴史、宗教、言語）と同時に主観的要素（同じ集団への帰属意識など）によって作られる。イデオロギーを変えることはできても、文明を変えることはできない。そして、対立はより深刻になっている。彼は8種の文明を定義している。**西洋、正教、イスラム、ヒンドゥー、アフリカ、日本、ラテンアメリカ、儒教の文明**だ。

ハンチントンによれば、文明の衝突は避けられない。**支配的であるが減速している西洋文明と、支配されているが拡大しつつあるイスラム文明、それに儒教文明すなわち中国との衝突が起きる**というのだ。

文明間の戦争か、文明内の戦争か？

サミュエル・ハンチントンの説の根拠となったのは、冷戦が終わって世界平和への希望が生まれた途端に始まった、1991年の湾岸戦争と、バルカン半島の紛争だ。彼の説は国際問題をめぐる議論の下敷きとなり、2001年9月11日の同時多発テロ後、再び強調されるようになる。

とは言え、湾岸戦争は、当初はアラブ国家同士であるイラクとクウェートの争いであった。**大きな紛争は総じて、文明間よりも文明内部で起きている。**血で血を洗う内戦の数々がアフリカで起き、そのなかにはルワンダの虐殺もあった（1994年）。国家間の深刻な対立は同じ文明内で繰り広げられているのである（中国／台湾、南北朝鮮）。

歴史は予め書かれることはない

ハンチントンの説は、冷戦後のアメリカの戦略的目標に合致している。西側のリーダーに留まり、イスラム圏での支配力を保ちつつ、中国の挑戦も受けて立つという目標である。**彼の説の利点は、紛争を読み解く万能の鍵を与えてくれることだ。**だからといって、この説が必ずしも適切というわけではない。彼の説は決定論的で、文明は必ず対立することを前提とする。

しかし、確かに対立はあり得なくないが、不可避というわけでもない。実際、歴史は予め書かれることはないのだ。**ハンチントンは文明の衝突を予言してはいるが、奨励しているわけではない。**そもそも、彼は2003年のイラク戦争には反対した。この戦争によってそうした衝突が生まれる恐れがあると見たからだ。新保守主義者とイスラム過激派は、衝突は不可避だという見方をする。実際には、衝突はけっして不可避ではない。ただし、すべてはどんな政策がとられるかにかかっている。

ハンチントン説を事実により検証する

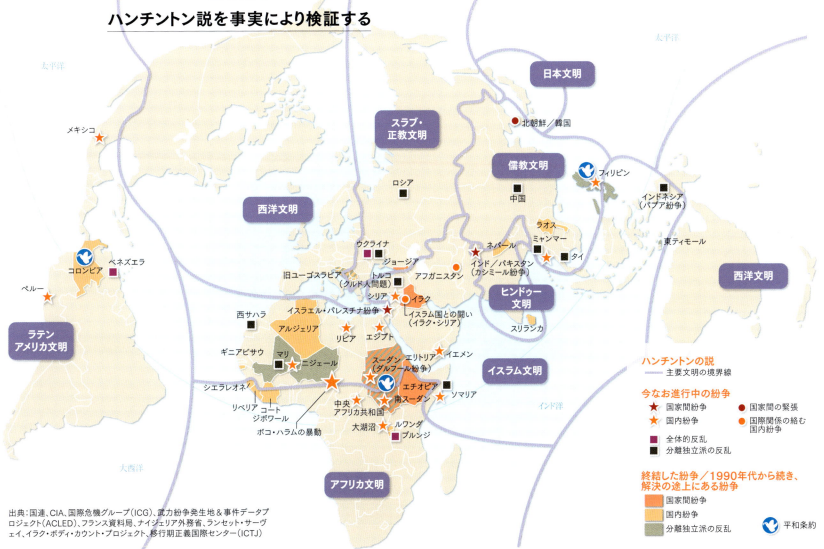

第4章

歴史上の重大な危機と戦争

LES CRISES ET GUERRES MAJEURES

歴史上の重大な危機と戦争 | 01

ドイツの分断とベルリン危機

ナチス・ドイツの降伏後、ドイツは連合国の共同管理下に置かれた。
ドイツ全土が米英仏ソの4カ国によって分割占領され、
ソ連占領地域内にあるベルリンも4分割された。
ドイツの扱いをめぐっては1945年から1947年にかけて
戦勝国間で議論が重ねられたが、合意に達することはなかった。
これが冷戦の幕開けとなった。

西ベルリンへのアクセス

この壁は、ドイツの分断ばかりでなく
ヨーロッパの東西対立を具現化し、象徴した

ソ連による封鎖

　1946年8月、アメリカ、フランス、イギリスはそれぞれの占領地域を統合し、1948年6月には新通貨ドイツ・マルクを導入して、新生ドイツの基盤を固めた。

　いっぽうのソ連は1948年6月23日、ベルリン西側地域の封鎖を宣言する。西側諸国から西ドイツにつながるすべての道路と鉄道は封鎖された。西ベルリンは陸の孤島と化し、西側諸国はソ連が西ベルリンを併合するのではないかと恐れた。

　そこで展開されたのが、1年近くにわたり250万の西ベルリン市民に空輸による物資補給を行なうという「空の架け橋作戦」である。この作戦は当時の航空技術の水準からすると、かなりの危険を伴ったが、西側との直接対決に出るかどうかをソ連に決めさせる巧妙な政治的駆け引きだった。ソ連はアメリカの空輸機への攻撃は行なわず、やがて封鎖を続けても無意味だと悟った。

　こうして1949年5月12日、封鎖は解除される。

ベルリン封鎖の深刻な影響

　かつてプロイセンの軍国主義の象徴だったベルリンは、西側陣営にとって「自由への闘い」の象徴となる。**ドイツの政治的再建は西側から始まったが、それには国家の分断という犠牲が伴った。**分断の原因は米ソの対立であるにしても、西ドイツは、自由でいられるのはアメリカ軍の庇護あってこそだということを理解していた。

　1949年5月8日、西側の占領地域は1つの連邦国家となり、ドイツ連邦共和国（西ドイツ）が誕生する。これに対し、ソ連占領地域は独自の憲法を制定し、ドイツ民主共和国（東ドイツ）となった。

　こうしてドイツは、一方は西側陣営に、もう一方は東側陣営に属する2つの国家に分断された。1954年、西ドイツは主権を完全に回復し、北大西洋条約機構（NATO）に加盟した。これに反発したソ連は、1955年にワルシャワ条約機構を結成する。

ベルリンの壁の建設と崩壊

　東ドイツに囲まれたベルリンは西側陣営にとって最大の懸念事項であったが、東側のワルシャワ条約機構にとってもアキレス腱となった。ベルリンは東ドイツと西ドイツの中継地点である。その証拠に、1949年から1961年にかけて273万9千人もの東ドイツの住民が「自由を選ぶ」ためにこの地を通過して西ドイツへ向かった。

　この人口流出は東ドイツの体制の不人気と脆弱さを晒すものであり、東ドイツ当局も次第に看過できなくなる。

　1961年8月15日夜、東ドイツは東西ベルリンのあらゆる往来を妨げる壁を作った。**「恥辱の壁」とも呼ばれたこの壁は、ドイツの分断ばかりでなく、ヨーロッパの東西対立を具現化し、象徴した。**

　建国から40年を経ても、西ドイツへの亡命希望者は後を絶たず、東ドイツ政府にはもうこれを抑える術がなかった。1989年11月9日夜から10日にかけて、ベルリンの壁は崩壊する。それは東西分裂とヨーロッパの分断の終焉を象徴した。

4カ国のベルリン占領地域（1945年）

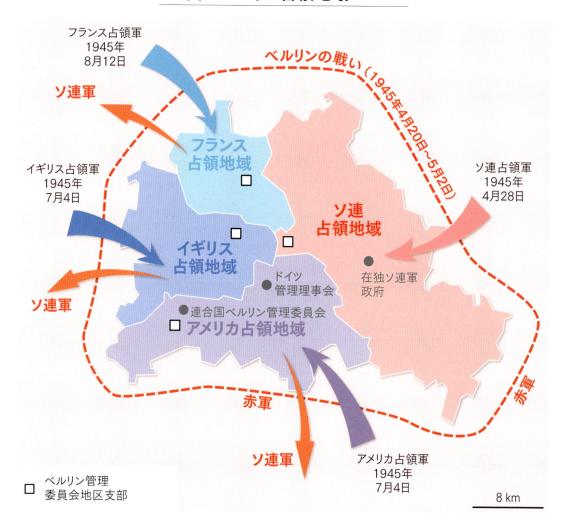

124　第4章　歴史上の重大な危機と戦争

02

LES CRISES ET GUERRES MAJEURES

歴史上の重大な危機と戦争 | 02

朝鮮戦争

朝鮮戦争は冷戦が頂点に達して起きた軍事衝突とみなされている。
戦争の舞台となったのは、ソ連もアメリカもさほど
関心を示してこなかった国だった。

核の時代になって初めて起きた
この戦争の被害は甚大だった

2つの朝鮮

　朝鮮半島が1910年以来の日本の植民地支配から解放された途端、北緯38度線の一方からソ連軍が、もう一方から米軍が進駐した。南では親米勢力が、北では親ソ派勢力が、徐々に国家としての形を整えていく。1949年初めにソ連とアメリカは軍を撤収させるが、暫定的境界線にすぎなかった38度線は「アジアの鉄のカーテン」となった。

　1950年1月20日、アメリカのディーン・アチソン国務長官は、アメリカの「防衛圏」は北はアリューシャン列島から日本、そして南は沖縄とフィリピンまでだと宣言するが、そこに朝鮮は含まれていなかった。さらにアチソンは「他の地域の軍事的安全保障が脅かされない限り、軍事攻撃に対する安全保障をするつもりはないことを明確にしておく」とした。

　この発言から、北朝鮮は、いかなる軍事行動を起こしてもアメリカは介入しないだろうと結論づける。 1950年6月25日、北朝鮮軍はやすやすと38度線を突破した。

　アメリカは直ちに国連安全保障理事会の招集を求めた。折しもソ連は、国連の中国代表権が中華人民共和国政府（北京）ではなく中華民国政府（台湾）に与えられていることに異議を唱え、安全保障理事会をボイコットしていた。**ソ連の欠席に乗じて、アメリカは自らが国連平和維持軍の指揮を執るという決議を採択させる。** インドのネルー首相は仲介役としてスターリンとトルーマンに交渉を持ちかけた。しかし、中国政府（北京）に国連の中国代表権を認める代わりに朝鮮戦争を回避するというネルーの提案は、アメリカに一蹴されてしまう。

紛争の惨禍

　1950年10月7日、米軍を中心とする国連軍は、38度線を越えて攻勢に出る。中国政府は、政権の正当性を問われるのを恐れて「志願軍」として何万もの兵を派兵し、北朝鮮を支援した。そのため、**国連軍は撤退を余儀なくされ、ソウルは北朝鮮の手に落ちる。**

　アメリカ（国連軍）を率いる第二次世界大戦の英雄マッカーサー将軍は、11月時点ではアメリカ軍兵士にクリスマスには家に帰れると確約していた。ところが、中国と北朝鮮の思いがけない反撃に驚いた彼は、中国国内への爆撃や核兵器の使用すら政府に進言するようになる。

　1951年4月10日、トルーマン大統領はマッカーサーの全指揮権を剥奪し、**軍部はあくまで政府の命令に従うべきであること、「地域紛争」を東西の全面核戦争に拡大する意志がないことを明示した。** 国連軍は38度線まで引き返したが、今度はそれを越えて北朝鮮内に侵攻することはなかった。

　1951年6月、停戦交渉が始まり、交渉は2年がかりとなる。1953年7月27日、板門店で停戦協定が結ばれた。今日に至るまで、両国は非武装地帯によって隔てられている。アメリカは韓国に軍事的・経済的援助を行ない、ソ連は北朝鮮を援助した。

　核の時代になって初めて起きたこの戦争の被害は甚大だった。 西側陣営では、この戦争を、ソ連が西ヨーロッパへの攻撃を容易にするためにアジアで行なった牽制、もしくはアメリカの意図を探るための予行演習と考えた。

　この戦争の結果、アメリカでは反共産主義運動（マッカーシズム）が激化する。また、共産勢力の封じ込めを目的とした政治・軍事機構である北大西洋条約機構（NATO）への西ドイツの加盟が早まった。

朝鮮戦争（1950-53年）

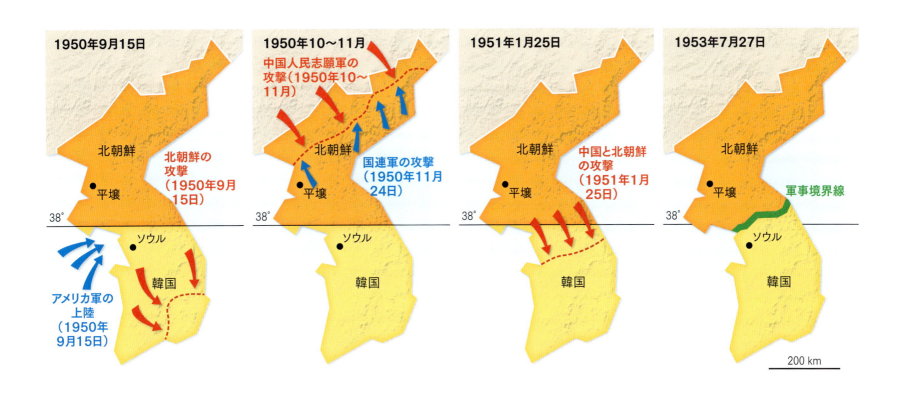

03

LES CRISES ET GUERRES MAJEURES

歴史上の重大な危機と戦争 | 03

スエズ戦争（第二次中東戦争）

ソ連とアメリカが初めて平和共存外交の姿勢を示した
スエズ戦争は、史上最短の戦争の1つに数えられる。
だが、その影響は長く尾を引いた。
フランスとイギリスは戦闘では勝利を収めたとは言え、
政治的には屈辱的な敗北を喫する。
この戦争を機に、第三世界が国際政治の舞台に登場した。

アメリカは有事に際し同盟国をあっさりと見限って、結果的にソ連側に与した

スエズ運河の国有化

1952年、アラブ民族主義を標榜するナセルがエジプトの政権を掌握する。アメリカから武器の供給を拒まれたナセルはソ連に接近し、ソ連は近東での地歩固めのためにこれを利用した。

この動きに対し、アメリカは報復としてアスワン・ハイ・ダム建設資金援助の約束を撤回する。ナセルはアメリカの圧力には屈しない姿勢を示すため、1956年7月26日にスエズ運河を国有化した。

この国有化によって主に損害を被ったのは、スエズ運河の筆頭株主であったフランスと、運河を最も頻繁に利用するイギリスであった。

エジプトの軍事力の高まりを警戒するイスラエルは、イギリスとフランスにある計画を持ちかける。そして同年10月29日、フランスから軍事的援助を受けたイスラエルはエジプトに侵攻した。

イギリスとフランスは、運河の安全が脅かされているという口実でエジプトとイスラエルに撤兵を求め、撤兵しない場合は運河一帯を占拠すると通告した。

これは実質的には、運河を占拠していたエジプト軍に撤退を求めるための通告であった。しかし、撤退すれば、エジプト領であるシナイ半島がイスラエル軍に占拠されたままになるため、エジプトにとってはとうてい受け入れられない話であった。

そして通告どおり、イギリスとフランスは、エジプトに侵攻する。

ソ連とアメリカの介入

アメリカのアイゼンハワー大統領は、そもそもこの軍事作戦には反対で、アメリカが蚊帳の外に置かれたことも快く思わなかった。

アラブとアジアの諸国は、この戦争を植民地主義の表れと受け取った。

逆に、ハンガリーの民主革命に軍事介入していたソ連は、国際世論の目をハンガリーから逸らしてくれるこの戦争を、歓迎した。ソ連は西側の植民地主義からエジプトと第三世界諸国を守る庇護者としての立場を確立する。

11月5日、ソ連のブルガーニン首相はイギリス、フランス、イスラエルの首相宛に書簡を送り、エジプトから軍隊を撤退させなければ、ソ連はあらゆる形の近代的破壊兵器を用いる準備があると威嚇した。**核兵器使用の可能性をはっきりと示唆したのだ。**

アイゼンハワーはイギリスとフランスに対し、アメリカによる安全保障をあてにしてはいけないと明言し、両国を愕然とさせる。さらに同国は為替市場に介入し、これまで買い支えていたポンドを手放して、ポンドの大暴落を招いた。そのため、ポートサイドに上陸したのも束の間、英仏艦隊はすごすごと引き上げざるを得なかった。

中東の警察官を引き受けるつもりでいたイギリスとフランスの面目は丸つぶれで、その役割はアメリカの手に渡ることになった。**アメリカは有事に際し同盟国をあっさりと見限って、結果的にソ連側に与したのである。**

これが平和共存外交の始まりであった。対立しながらも、両国の利益が共通する場合もあったということだ。

フランスはこの失敗によって、アメリカに全面的に頼るわけにはいかないことを思い知る。ソ連の脅威の前に完全に無力であるうえにアメリカに見捨てられた

ことが、フランスが核兵器保有を目指す大きな動機となった。

イギリスは対照的に、他国への重大な介入は、アメリカの支援もしくは賛同なしに進めるべきではないという結論に至った。

第三世界は国際政治の舞台でその存在感を示し、アラブ民族主義はさらに勢いづく。西側諸国の前哨基地と見られたイスラエルは、中東で決定的に孤立することになった。

スエズ戦争（1956年）

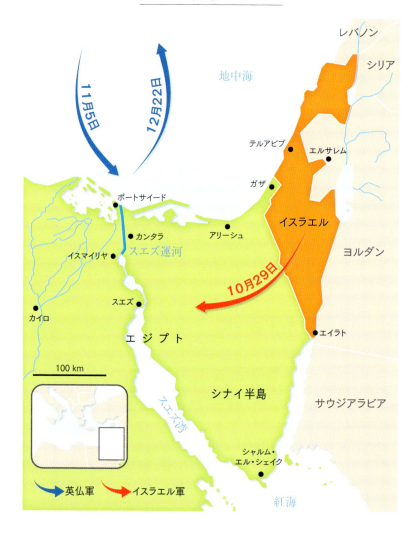

04

LES CRISES ET GUERRES MAJEURES

歴史上の重大な危機と戦争 | 04

キューバ危機

キューバ危機ほど、人類が核戦争に近づいたことはなかった。
ところが、この危機が雪どけ（デタント）の端緒を開く。
2つの大国は、立場こそ違え、
何より大切な共通の利害があることに気づいた。
核戦争の回避である。

アメリカによる軍事行動は2大国の直接対決を引き起こしかねなかった

危機の前段階

1959年に政権を掌握したキューバのフィデル・カストロは、国益優先の政策を実施し、それまでキューバを属国とみなしていたアメリカの反発を招く。**国有化によって、キューバに進出していたアメリカ企業が利権をほとんど失うと、1960年10月、アメリカ政府はキューバに対する禁輸に踏み切った。**

1961年4月17日、CIAは反カストロ勢力をピッグス湾に上陸させる。しかし、この上陸作戦は完全な失敗に終わる。マルクス・レーニン主義を掲げてソ連との関係を強化していたカストロの下、人民が一丸となって戦ったからだ。

1962年10月、アメリカの偵察機U2がキューバを撮影し、ミサイル発射台が発見される。フロリダの150キロメートル先に設置された核ミサイルを黙って見過ごすべきか、介入すべきかで、アメリカはジレンマに陥る。どうすれば、ソ連にミサイルを撤去させられるだろう？ 軍事行動も検討されたが、それはこれまで慎重に回避されてきた2大国の直接対決を引き起こしかねない。結局、キューバの海上封鎖を行ない、ソ連が核兵器を運び込むのを阻止すると同時に、既存の設備の撤去を求める最後通告をするという方針が固まった。

世界の存亡の危機

1962年10月22日、ケネディは劇的なテレビ演説を行なう。**キューバにミサイルがあることを国民に明らかにし、ミサイルの脅威に断固として立ち向かうと述べ、「全面戦争のリスク」についても言及した。**ヨーロッパの西側諸国のみならず、ラテンアメリカ諸国もアメリカを支持した。翌日、ソ連のフルシチョフはアメリカの海上封鎖を国際法違反であると糾弾し、「我が国はもはや力にものを言わせて屈服させられる国ではない。**もし侵略者が戦争の火蓋を切るならば、最も恐ろしい報復を行なうだろう**」と警告した。一方で、ソ連は戦争を望んではおらず、国外の軍事基地をすべて撤去することを提案した。つまり、キューバのミサイル基地を撤去させたければ、アメリカもヨーロッパとアジアの安全保障システムを解体しなければな

キューバ危機（1962年）

らないというのだ。それはできない相談であった。フルシチョフは、アメリカ軍との衝突を避けるため、ソ連の輸送船にUターンを命じたが、キューバにすでに配置されていたミサイルの問題はそのまま残された。

ソ連とアメリカの間で秘密裏に交渉が重ねられた結果、ケネディが妥協案を提示する。 ソ連がミサイルを撤去すれば、アメリカは海上封鎖を解除し、キューバへの侵攻も行なわないとする案だ。フルシチョフは同意したものの、アメリカにもミサイルの撤去を求めた。イギリスとトルコに配備し、ソ連を射程内に収めるミサイル、ソーとジュピターの撤去である。こうしてケネディとフルシチョフの間で交渉がまとまったが、ソ連の同盟国キューバは完全に蚊帳の外に置かれた。カストロはこれに憤慨し、1970年までソ連とキューバの関係は冷え切ったものとなる。ただ、アメリカがこれに乗じてキューバとの関係改善に乗り出すこともなかった。

一見したところ、危機の勝者は、不退転の決意で臨み、危機の回避に成功したケネディのように見える。いっぽう、フルシチョフは冒険主義に走ったことを政府内部から批判された。しかし、**実質的な勝者はソ連である。** アメリカがキューバを侵攻せず、ヨーロッパに配備されていたミサイルを撤去することになったからだ。

 キューバ国内のソ連ミサイル基地
 ソ連のミサイル射程範囲
 半円形に配置された183隻のアメリカ艦隊

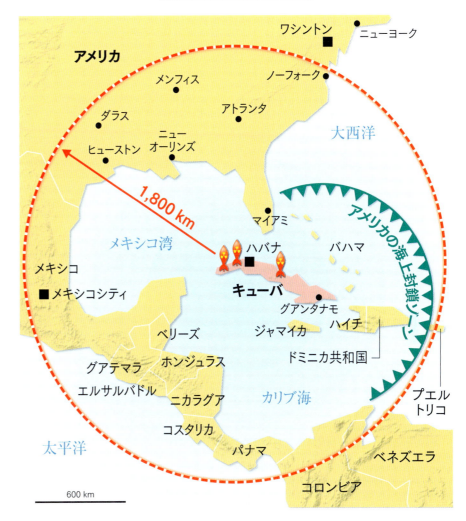

05

LES CRISES ET GUERRES MAJEURES

歴史上の重大な危機と戦争 | 05

ベトナム戦争

ディエンビエンフーの戦いに敗れたフランスは、
1954年7月のジュネーヴ協定に基づき
インドシナ半島から撤退する。
ベトナムは事実上2つの国に分断された。

ベトナムの戦況（1967年11月）

アメリカは、今や新植民地主義の代表であり独立を目指して果敢に戦う弱小民族の敵であった

分断された国

　北緯17度線以北はホーチミン率いる共産党が支配し、これを中国とソ連が支援していた。南ではゴ・ディン・ディエムが反共独裁体制を率いたが、同体制は北ベトナム共産党の支援する南ベトナム解放民族戦線（ベトコン）の反乱にたちまち直面する。

　1958年以降、南ベトナム軍にはアメリカから軍事顧問団が派遣され、支援を始めていた。アメリカは、南ベトナムを砦として共産主義が世界中に広まるのを阻止しようとしていたのである。「ドミノ理論」に従ってアジアの国々が連鎖的にソ連や中国の支配下に入るのは、何としても防がなければならなかった。しかし、1965年には27万5000人、1969年には51万8000人の米兵がベトナムに配備されていたにもかかわらず、戦況は膠着状態となっていた。**これだけの兵力と最新鋭の武器をもってしても、ソ連と中国の支援するベトナムの抵抗勢力との戦闘には決着がつかなかった。**

ベトナムの泥沼にはまったアメリカ

　米軍による一般市民への空襲は、ベトナム人のアメリカに対する闘志を打ち砕くどころか、ますます激しいものにした。とりわけ、ナパーム弾を使用したことで、国際社会からも非難の声が高まり、アメリカの威光は傷ついた。

　「自由の国」アメリカ、ナチスからの解放者だったアメリカは、今や新植民地主義の代表であり、独立を目指して果敢に戦う弱小民族の敵であった。

　この戦争はアメリカ国内でさえ支持を失い、前線に送られる若者の兵役拒否が相次ぐ。アメリカはそれでもなお共産主義との戦いを「道義的目的」として掲げ、ベトナムでの暴虐行為の正当化を続けたが、この頃には、そうした詭弁を真に受けるアメリカ人はもういなかった。しかも戦費は莫大な額に上っていた（1日あたり5000万ドル）。**アメリカは、ベトナムの泥沼にはまってしまった。**

　戦略的にあまり意味のないこの国は、東西対立の象

徴だった。それで、アメリカは、これほどの年月を戦いに費やした挙げ句に紛争から手を引くことで面目を失いたくなかったのだ。

1969年に政権の座に就いたニクソンはこの戦争に決着をつけるべく、方針を変更する。キッシンジャー国務長官共々、**勝ち目のない戦争を続けるのはアメリカのためにならない**と考えたのだ。交渉が行なわれ、1973年1月23日、パリで、キッシンジャーと北ベトナムの指導者レ・ドク・トとの間で和平合意が調印された。

戦争の傷跡

この戦争では、アメリカ側だけでも5万6277人が死亡し、2211人が消息を絶った（戦闘中行方不明）。「ベトナム症候群」はその後も長い間アメリカを苦しめ、以後アメリカは国外への軍事介入に慎重になる。

1975年4月の米軍撤退後、パリ協定は反故にされ、北ベトナム軍はサイゴンを占領してホーチミン市とした。隣のラオスは民主共和国となり、カンボジアではクメール・ルージュが政権を握る。ベトナムの共産政権は極端な独裁体制だったため、多くのベトナム人がボート・ピープルとなって密出国した。1989年11月のベルリンの壁崩壊の後、ベトナムは手探りで自由化と西側への開放を進めていくことになる。

以後アメリカは
国外への軍事介入に慎重になる

06
LES CRISES ET GUERRES MAJEURES

歴史上の重大な危機と戦争 | 06
アフガニスタン紛争（ソ連）

ソビエト連邦の支援を受けたアフガニスタン共産党は、1978年のクーデタの後、政権を掌握する。
しかし、党の支持基盤はカブールの知識階級に限られ、地方ではほとんど支持されていなかった。
新政権が無理に進めようとした改革は大きな混乱を招き、
そのうえ、共産党は穏健派と急進派に分裂していた。武装蜂起はやがて全土に広まる。
アフガニスタンと2500キロメートルの国境線を共有するソ連は、
暴動がソ連のイスラム教徒の間に広がることを恐れると共に、
アフガニスタンで影響力が低下したせいで、他の共産国家もソ連に反旗を翻すのではないかと懸念した。
このような経緯から、ソ連はアフガニスタン共産党の穏健派を支援するため、アフガニスタンに侵攻する。

第三世界におけるソ連の信用は地に墜ちた

国際社会の糾弾

1979年12月24日、ソ連の落下傘兵5000人がカブール空港を占拠し、同時に2個師団が国境を越えてアフガニスタンに侵攻した。

こうして翌年には5万、翌々年には12万の兵がアフガニスタンに駐留する。

だが、**ソ連指導部はやがて、この侵攻が国際社会に与える影響についても、アフガニスタンの抵抗の規模についても、見通しが甘かったことを思い知らされる。**ソ連はアメリカの帝国主義に対抗する第三世界の味方を標榜していながら、発展途上国を侵攻したのである。

1980年1月14日、国連総会は、104対18でソ連の侵攻を糾弾する決議を採択した。第三世界におけるソ連の信用は地に墜ちた。特にイスラム諸国はソ連を手厳しく批判した。

さらに、**この侵攻によって米ソ間の雪どけにも終止符が打たれる。**ソ連がアフガニスタンから湾岸地帯にまで手を伸ばそうとしているのではないかと疑われたからだ。

ソ連軍とアフガニスタン政府軍は、カブールを除くほぼ全土を実効支配する抵抗勢力と戦った。抵抗勢力ムジャヒディンは、パキスタンを介してアメリカから、さらに中国とイスラム諸国からも支援を受けていた。当時、西側諸国は、イスラム原理主義の闘士が抱く過激思想に対して、まだほとんど警戒心を抱いていなかったのである。

アフガニスタンの複雑な地形と外国からの援助のおかげで、ムジャヒディンはソ連と互角に戦った。ソ連軍による大規模攻撃も、大規模空襲も、化学兵器の使用すらものともせず、抵抗は続いた。

ソ連はアフガニスタンの「泥沼」にはまっていく。戦費はかさみ、ソ連国内の支持も得られていなかった。

政治的、経済的、人的代償の大きさと共に、勝算のなさを悟ったゴルバチョフは、1988年2月、アフガニスタンからの撤退を決める。

終わらない紛争

しかし、ソ連の撤退後も、アフガニスタンではさまざまな派閥同士が戦闘を続けていた。国全体が、終わりのない混迷にはまり込んでいた。

こうした状況下で、1994年にアフガニスタン南部でイスラム原理主義の過激派組織タリバンが生まれる。タリバンは国内の全都市を制圧し、1996年にはカブールも手中に収める。

ところが、対抗勢力はマスード将軍率いる「北部同盟」のもとに結集し、タリバンに立ち向かった。マスードとタリバンは、かつては侵略者ソ連に対して共同戦線を張っていた仲だが、ソ連撤退直後から対立していた。

マスードは結局タリバンとの対立の犠牲となり、2001年9月11日の同時多発テロの直前にビン・ラディン配下の者に暗殺される。

ソ連のアフガニスタン侵攻（1979-80年の状況）

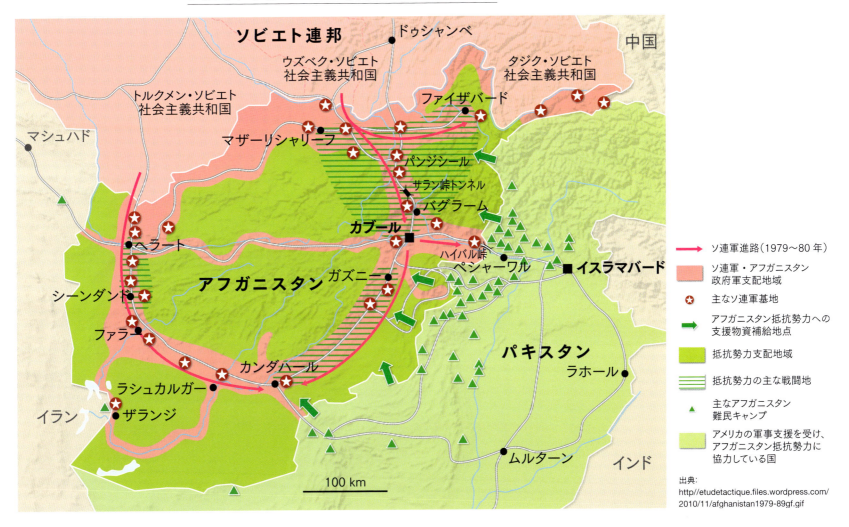

07

LES CRISES ET GUERRES MAJEURES

歴史上の重大な危機と戦争 | 07

アフガニスタン紛争（NATO）

1996年にカブールを制圧したタリバンは、
1980年代にソ連と戦ったビン・ラディンを庇護する。
それから2年後の1998年、アメリカは
アルカイダが関与したとされるケニアとタンザニアの
アメリカ大使館爆破の報復として、
アフガニスタン東部のアルカイダ訓練基地を
巡航ミサイルで攻撃した。

次第に外国軍への信頼は失われ
それに乗じたタリバンが勢力を拡大していった

アメリカの正当防衛

　2001年9月11日のテロ事件の後、アメリカはタリバンに対してビン・ラディンの引き渡しを要求するが、この要求は拒否される。**翌9月12日、国連安全保障理事会は全会一致で決議1368を採択し、アメリカに正当防衛の権利を認めた。**アメリカは10月7日に「不朽の自由」作戦を開始する。この作戦は当然の正当防衛とみなされ、国際社会からも広く支持された。米軍は、9月11日のテロの48時間前に殺害されたマスード将軍が率いた反タリバン勢力「北部同盟」と手を組む。タリバンは2001年12月6日のカンダハール陥落の後、決定的な敗北を喫したが、ムハンマド・オマルとビン・ラディンは捕まらなかった。

法治国家の建設

　2001年12月20日、安保理は決議1386を採択し、国際治安支援部隊（ISAF）をカブールに設立することを決める。
　2003年、NATOがISAFの司令部となり、活動領域を全国に広げる。その目的は、アフガニスタンにおけるテロとの戦いと、法治国家の建設であった。しかし、アメリカの関心はすぐにイラクに移ってしまう。アフガニスタンはもはや優先事項とみなされなくなった。**後にバラク・オバマは「必要な戦争」（アフガニスタン）と「オプションの戦争」（イラク）を対比したうえで、イラク戦争はすべきでなかったと、ジョージ・W・ブッシュを批判する。**アメリカの関心が薄れたとは言え、NATOは徐々に兵力を増強し、最終的には15万人の兵士がアフガニスタンに配備される。その3分の2はアメリカ兵であった。

疑われる欧米軍駐留の正当性

　タリバンは1度は敗北したものの、徐々に勢力を盛り返し、自爆テロや道路への地雷設置など比較的小規模なものから、次第に殺傷力の高い大規模なテロを行なうようになっていった。2005年以降は、国土のほとんどが再びタリバンの支配下にあった。カブール以外の地域を支配できずにいたカルザイ大統領とアフガニスタン政府軍は、タリバン討伐のため部族長たちと手を組む。しかし、1990年代にアフガニスタンを内戦の泥沼に引きずり込んだのはそもそも部族長たちであったため、政府は国民の支持を完全に失ってしまう。**カルザイはもはや、アメリカの傀儡としか見られなくなったのである。**外国軍も、初めのうちこそ歓迎されたが、やがて占領軍として警戒されるようになる。アメリカ兵の態度が住民にとって乱暴で横柄だと感じられたためだ。実際に住民を巻き込む事故や不祥事も相次いだため、次第に外国軍への信頼は失われ、それに乗じたタリバンが勢力を拡大していった。

　2011年5月2日、ビン・ラディンは潜伏先のパキスタンで実行された作戦により殺害されたが、アフガニスタンの戦争は終わらなかった。**西側から最大の援助を受けていたにもかかわらず、アフガニスタンは国家として破綻したままであった。**そのうえ欧米軍と住民の断絶は、もはや回復不能に見えた。欧米軍兵士たちは住民を避けて基地に閉じこもり、自分たちが訓練するはずだった兵士や軍人たちからの襲撃に怯えていたし、タリバンは依然として国のほぼ全域を制圧していた。2014年12月28日、ISAFは13年に及ぶ活動を終える。後を引き継いだ「確固たる支援任務（Resolute Support Mission）」は、NATO軍の1万3000人を投入し、テロとの戦いの支援と訓練を行なっている。

アフガニスタンにおける国際治安支援部隊(ISAF)の展開(2012年)

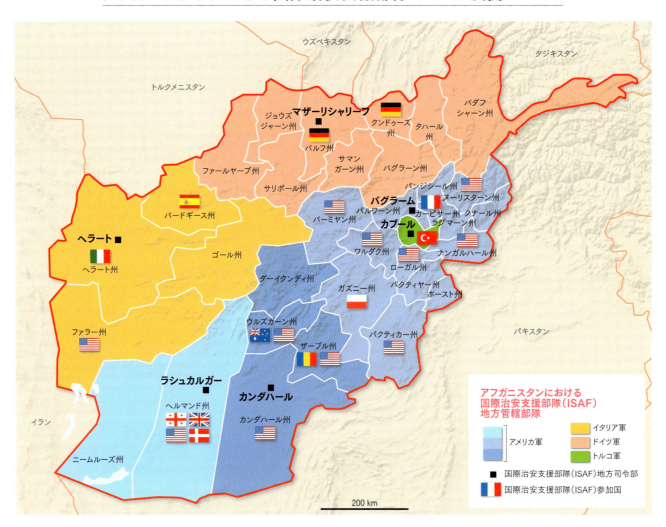

08

LES CRISES ET GUERRES MAJEURES

歴史上の重大な危機と戦争｜08

湾岸戦争

1990年8月2日夜、イラクの戦車数百両が
クウェートに侵攻し、8月8日、サダム・フセインは
イラクとクウェートの併合を宣言する。

湾岸戦争を通じて明らかになったのは アメリカの外交的、軍事的、技術的優位であった

紛争の起源

1932年に独立国家となったイラクは、1938年以来、クウェートの主権はイラクのものだと主張していた。クウェートは、1899年にイギリスの保護領となったが、1961年に独立を果たし、1963年にはイラクもクウェートの独立を承認している。

イラン・イラク戦争は1988年に終わったが、フセインはこの戦争を、敵対するペルシャ人勢力からアラブ人国家を守るための戦いと捉えていた。

非難から介入へ

クウェート侵攻には、国際世論からたちまち非難の声が上がった。アメリカとクウェートは直ちに国連安全保障理事会に提訴し、ソ連の支持も取り付けた。1990年8月6日、安保理は決議661を採択し、イラクとの軍事的・商業的・経済的活動のボイコットを決定する。アメリカはまた、サウジアラビアに米軍駐留も認めさせた（「砂漠の盾」作戦）。

サダム・フセインは国際世論を分裂させて対イラク勢力の一枚岩を崩そうとしたが、その企ては失敗に終わる。クウェート併合をパレスチナ占領に例えてイスラエルを糾弾したり、西側に対する「聖戦」を呼びかけたりしたものの、アラブ諸国を味方に引き入れることはできなかった。

侵攻から6カ月後、対イラク多国籍軍には29カ国から70万人の兵士が集まった。そのうち40万人以上が米兵である。

さまざまな調停工作が行なわれたが、フセインは受け付けず、11月29日、安保理決議678によって、イラクが翌年1月15日までにクウェートから撤退しない場合、「必要なあらゆる手段」を用いることが認められた。

撤退期限の翌日の16日、「砂漠の嵐」作戦が開始された。

紛争の推移

当時、イラクは世界第4位の軍事力を誇るとされていたが、それは正しくなかった。1991年1月17日から2月23日まで、多国籍軍はイラクに戦意と戦力を喪失させるべく爆撃を行ない、物流インフラと交通の要衝を徹底的に破壊した。報復のため、イラクはイスラエルとサウジアラビアにミサイル攻撃を行ない、心理的影響を多少与えたものの、実質的な損害はほとんど与えられなかった。

地上戦も短期間行なわれた末に、イラクは3月2日に安保理の提示する停戦条件（決議686）を受け入れることを余儀なくされる。**クウェートの完全な領土回復という安保理の目的は果たされた。**

湾岸戦争を通じて明らかになったのは、アメリカの外交的、軍事的、技術的優位であった。**バラバラな多国籍軍をかき集め、まとめたのがアメリカの手腕なら、国連安保理からイラクへの武力介入の承認を取り付けたのもアメリカである。**クウェートやサウジアラビアからだけでなく、戦闘不参加のドイツと日本からも経済支援を引き出した。中東におけるアメリカの指導的立場は不動のものとなった。

湾岸戦争

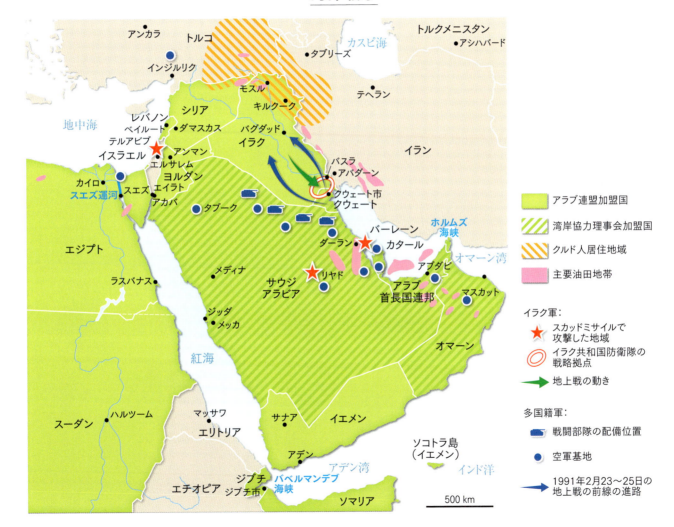

LES CRISES ET GUERRES MAJEURES

歴史上の重大な危機と戦争 | 09
ルワンダ虐殺

ドイツの植民地だったルワンダとブルンジは、
第一次世界大戦後、ベルギーの支配地域となる。
この地域に住んでいたのは、共通の言語と歴史を持つ
フツとツチという2つの民族であった。

「特権階級」となったツチに対して
フツは怨恨と復讐願望を募らせた

意図的に作られた溝

2つの民族の違いはもともとは民族的というより社会的なものだった。**牧畜民のツチは農耕民のフツより社会的地位が上だったが、この違いは固定的なものではなかった。**家畜を手に入れたフツはやがてツチとみなされたからだ。

ベルギーの植民地支配者は少数派のツチを優遇し、ツチの優秀な子供を学校へ通わせるいっぽう、フツには全般的に学校教育を受けさせなかった。**ツチは「特権階級」となり、フツはツチに対する怨恨と復讐願望を募らせた。**1950年代、知識層のツチはベルギーの植民地支配に疑いを抱くようになるが、二重の差別を受けていたフツがベルギーに楯突くことはなかった。

やがて、ルワンダとブルンジはそれぞれに独立を果たす。1965年、1969年、1972年、1988年、1991年、1993年にブルンジで起きた民族間の虐殺ではツチが主に犠牲となり、大半がウガンダへ逃れた。ブルンジで圧倒的多数派だったのはフツだが、それはルワンダでも同じであった(人口の85パーセントがフツ)。**1990年、ツチ勢力はウガンダを拠点としてルワンダで武力によるクーデタを試みるが、フランス・ベルギー連合軍の介入によって沈静化される。**フランスなどが後押ししてアルーシャ和平協定が結ばれ、少数派のツチの権利を守る選挙制度の導入によって、ツチとフツの武力衝突も終わるものと思われた。

新たな虐殺

ルワンダのハビャリマナ大統領は協定を受け入れたが、その融和姿勢が過激派フツの反発を招いた。1994年4月6日、大統領の乗った飛行機が撃墜される。犯人は特定されず、過激派フツとも、ルワンダ愛国戦線のポール・カガメの配下の者とも言われた。

過激派フツはツチと穏健派フツを標的として虐殺を始め、わずか3カ月ほどの間に、80万人以上の住民が、想像を絶する暴虐によって殺害された。折しも、アメリカが紛争に巻き込まれることを望まなかったため、現地に展開していた国連平和維持部隊は撤退したばかりであった。

フランスは虐殺を食い止めるため「トルコ石作戦」を開始するが、過激派フツを擁護しているとしてツチから非難を受ける。やがて、ウガンダの支援を得て、ポール・カガメはフツ政権を倒し、政権を掌握する。カガメは、虐殺に加担したとしてフランスを批判した。

これに対し、フランス政府は以下のように反論する。フランスの尽力によってアルーシャ和平協定が締結され、紛争が終わるはずだったのに、ハビャリマナ大統領の暗殺が大虐殺の引き金となった、と。

紛争はその後も、何十万人ものフツが難民となってたどり着いたコンゴ民主共和国(RDC)に場所を変えて続いた。難民のなかには虐殺に手を染めた者も紛れていたため、それを口実にカガメ大統領はコンゴ民主共和国への軍事介入を行なった。

この軍事介入に乗じてルワンダは、コンゴ民主共和国の天然資源の一部を手中に収める。ザイールから名称を改めたコンゴ民主共和国は、国家としては機能停止の状態にあった。同国の紛争では、内戦と近隣諸国による軍事介入の結果、1994年から2002年の間に400万人が命を落とした。カガメ大統領は強権支配によって反対勢力を抑え込むいっぽう、汚職を追放し、ルワンダに真の経済成長をもたらした。2017年には対立候補不在の選挙で3選を果たしている。

ルワンダ虐殺

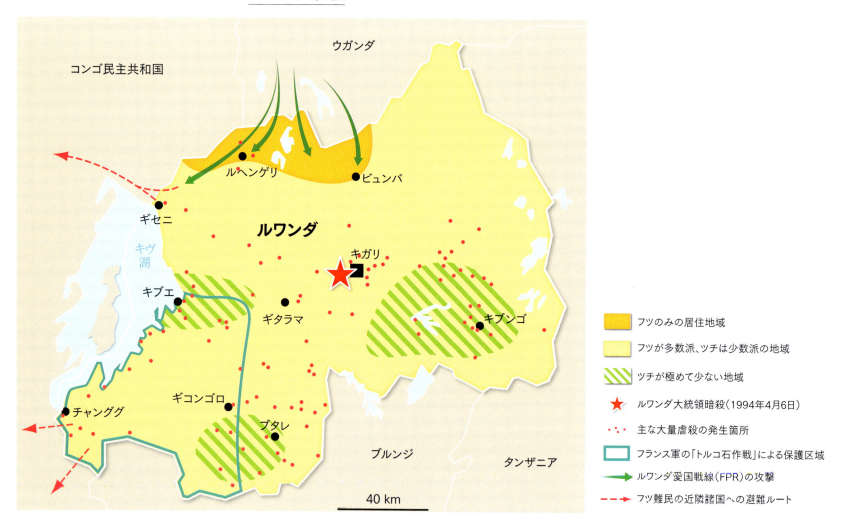

10

LES CRISES ET GUERRES MAJEURES

歴史上の重大な危機と戦争 | 10

バルカン半島の紛争

冷戦による対立にようやく
終止符が打たれたと思われた矢先、
血で血を洗う紛争がヨーロッパで勃発する。

実効支配地（1992年夏）

凡例:
- セルビア人支配地域
- クロアチア人支配地域
- クロアチア人とボスニアのボシュニャク人支配地域

ユーゴスラビア連邦の崩壊

　多民族国家ユーゴスラビア連邦は、1991年6月25日のクロアチアとスロベニアの独立宣言以後、崩壊の道をたどる。折しもヨーロッパ各国はマーストリヒト条約の下、共通の外交・安全保障政策策定に向けて動き出したところだったが、解決できない紛争に直面することになる。

　1945年、チトーの主導により、セルビア、クロアチア、スロベニア、モンテネグロ、マケドニア、ボスニア・ヘルツェゴビナの6共和国からなる連邦国家が誕生した。ほどなく、比較的豊かだったクロアチアとスロベニアでは自治拡大の機運が高まるが、1980年にチトーが死去するまで、その要求は抑え込まれていた。

　1987年にセルビア共和国の政権を握ったミロシェヴィッチは、民族主義を煽って勢力基盤を固める。**ソ連の脅威なき後、ユーゴスラビアの各共和国は同じ連邦内に留まる必要を感じていなかった**。しかも連邦内では1980年代初めから深刻な経済危機が続いており、スロベニアとクロアチアは、セルビアの支配するユーゴ連邦を離れたほうが景気が回復すると考えていた。ユーゴスラビア市場をもはや必要としていなかったのだ。

スロベニアは1990年12月の住民投票の結果、独立を宣言し、翌年7月には連邦政府もこれを承認する。

クロアチアのトゥジマン大統領は1990年5月の就任以来、ボスニア・ヘルツェゴビナを含むクロアチアの分離独立の機会をうかがっていたが、450万人のクロアチア国民のうち60万人を占めるセルビア系住民に対しては何の配慮もしなかった。

やがてセルビア系住民は、第二次世界大戦下の悪夢が繰り返されるのではないかという不安に突き動かされる。 1991年5月に行なわれた住民投票の結果、クロアチアは6月25日に正式に独立した。9月19日、ヨーロッパ共同体（EC）は、ユーゴスラビアへの平和維持軍派兵というフランスとドイツの提案を却下する。1992年1月、ECはスロベニアとクロアチアの分離独立を承認した。

紛争は、まずクロアチアで始まった。セルビア共和国に支援された少数派のセルビア系住民とクロアチア政府の間に内戦が勃発したのだ。クロアチアがユーゴスラビア連邦政府に対して求めたのと同様に、セルビア系住民はクロアチア政府に独立を求めた。**やがて、セルビアによるクロアチア都市部への空襲が始まり、これまで共存を続けてきたセルビア人とクロアチア人が殺し合う事態となった。** 1992年4月7日、ECはボスニア・ヘルツェゴビナの分離独立を承認する。

国際社会介入の限界

国際社会は国連を通じて平和維持軍の派兵に踏み切ったものの、戦闘を終結に導くことはできず、主にボシュニャク人（ムスリム人）[オスマン帝国支配下でイスラム教に改宗した南スラブ人の末裔] などへの人道支援を行なうに留まった。国連平和維持部隊の保護下にあった飛び地スレブレニツァでは、1995年7月、8000人のイスラム教徒がセルビア人に虐殺される事件が起き、世界中から非難の声が上がった。

ボスニア・ヘルツェゴビナの建国

1995年夏、クロアチア軍がセルビア系住民の居住地を奪還するいっぽう、アメリカ軍が大規模な空爆に踏み切った結果、ついにデイトン合意にこぎつけた。和平協議には、クロアチアのトゥジマン大統領、ボスニア・ヘルツェゴビナのイゼトベゴヴィッチ大統領、セルビアのミロシェヴィッチ大統領が参加した。

停戦後、ボスニア・ヘルツェゴビナは表向きは統一国家として存続することとなったが、クロアチア共和国とセル

デイトン合意に基づく和平案
（1995年11月21日）

これまで共存を続けてきたセルビア人とクロアチア人が殺し合う事態となった

ユーゴスラビア連邦から旧ユーゴスラビアへ

ビア共和国に挟まれたこの土地は事実上、クロアチア人、ボシュニャク人、セルビア人から成る3構成体に分かれていた。クロアチア系とボシュニャク系の地域は合併して国土の51パーセントを、セルビア系は49パーセントを領土とすることが認められた。和平実施のため、多国籍部隊（平和安定化部隊SFOR）が駐留するほか、行政上は多国籍和平履行評議会の管轄下にあるため、ボスニア・ヘルツェゴビナは実質的には保護国となっている。

ボスニア・ヘルツェゴビナは依然として分裂の危機にある。コソボは、1999年の紛争後、2008年に独立を宣言した。クロアチア共和国は2013年にEUに加盟し、セルビア共和国は現在、EU正式加盟候補となっている。

第4章　歴史上の重大な危機と戦争

11

LES CRISES ET GUERRES MAJEURES

歴史上の重大な危機と戦争 | 11

コソボ紛争

ボスニア・ヘルツェゴビナの内戦に
終止符が打たれたいっぽう、今度はコソボで紛争が始まった。
コソボはセルビア共和国の自治州であったが、
住民はアルバニア語を母語とするボシュニャク人であり、
セルビア政府から厳しく差別されていた。

域内への攻撃や脅威はなかったにもかかわらず
NATOは設立以来初めて戦争をすることになった

紛争の発端

1996年2月、コソボ解放軍（UCK）は一連の爆弾テロを実行し、犯行声明を出した。ユーゴスラビア軍とセルビア共和国警察は、報復として直ちにコソボの村を多数破壊する。これを受けて、米英仏独伊露の代表からなるコンタクト・グループ（折衝団）は、コソボへの攻撃を停止するようユーゴスラビアに勧告した。1998年3月、穏健派のイブラヒム・ルゴヴァがコソボ大統領に選出されたが、この選挙はセルビア政府によって無効とされる。

3月31日、安保理は決議1160を採択し、ユーゴスラビアへの武器供給を全面的に禁止し、9月23日には決議1199によって、セルビア人部隊のコソボからの撤退と和平交渉開始を求める。

それでも衝突は止まらなかった。そこで、フランスとイギリスは当事者全員をパリ郊外のランブイエ城の会議に招集する。これはアメリカに主導されたデイトン合意のヨーロッパ版とも言える措置だった。

ところが、3月19日、**セルビア側はNATO平和維持部隊がユーゴスラビア領内のコソボで停戦監視を行なうことを拒否し、交渉は失敗に終わる。**欧米諸国はコソボにおけるユーゴスラビアの主権に異を唱えることはできなかった。しかし、ユーゴ紛争時の暴虐ぶりからしても、ミロシェヴィッチが「累犯」となるのは明らかだった。果たして、ミロシェヴィッチはコソボでの民族浄化に乗り出した。このままではヨーロッパもアメリカも面目を失いかねない。ヨーロッパは、欧州の安全をうたう言説を具現化してみせる必要があったし、アメリカは、設立から50年になるNATOがソ連崩壊後も存在意義があることを証明する必要があった。こうした思惑により、**NATOは域内への攻撃や脅威はなかったにもかかわらず、設立以来初めて、戦争をすることになった。**

NATO軍の介入

1999年3月23日、NATO軍はユーゴスラビアに対して「アライド・フォース（連合軍）」作戦を開始したが、国連安保理の投票は経ていなかった。中国とロシアが拒否権を発動させるのを恐れたからである。そして、ベオグラードはNATO軍の空爆を受けた。ユーゴスラビア軍による報復攻撃が激しくなり、コソボの住民が難民となって近隣諸国へと流出し始めると、ヨーロッパではこの戦争を支持する声が高まった。**この対等ではない戦闘は78日間続いたが、1999年6月3日、ミロシェヴィッチは降伏を余儀なくされる。**コソボにはNATO軍が進駐した。

1999年6月10日、安保理決議1244により、コソボはセルビア共和国に属したまま、暫定的に国際機構の管理下に置かれることとなり、最終的な決着は保留された。多数派のアルバニア系住民は独立を望んだが、再び緊張が高まることを恐れた国際社会は、これを認めようとしなかった。2000年10月、ミロシェヴィッチは選挙でヴォイスラヴ・コシュトニツァに敗れる。そして、翌2001年4月には逮捕されて旧ユーゴスラビア国際戦犯法廷に送られた。すると、今度はコソボのセルビア系住民が弾圧を受け、その多くが難民となってセルビアへ逃れた。

コソボの独立へ

アメリカは、コソボの独立を支持した。コソボが独立すれば、アメリカに忠誠を誓う国がまた増えると考えてのことだ。

対するヨーロッパは仕方なく独立を認めることになる。コソボの治安維持部隊の費用がかさむうえに、独立を支持しなければ、現地の駐留軍がコソボ独立派の標的になりかねなかったからだ。

セルビアはむろん独立には反対の立場だったが、影響力もなく、孤立していた。同じく反対の立場をとったのはロシアで、独立を認めれば、分離独立を求める動きが他の地域にも波及するというリスクを強調した。

　2008年2月17日、コソボは独立を宣言し、アメリカ、フランス、イギリスなどから正式に承認された。**それから10年が経つが、ロシアやセルビアだけでなく、スペインをはじめ、この新しい国家を認めていないヨーロッパの国々もある。**コソボの経済は外国からの援助に依存しているうえに、組織犯罪が横行している。

凡例：
- 1998年の主要戦闘地域
- コソボの一方的独立宣言（2008年2月17日）以降のセルビアとコソボの国境
- アルバニア語圏
- セルビア語圏

コソボ治安維持部隊（KFOR）各国軍管理地域
- フランス軍
- イギリス軍
- アメリカ軍
- ドイツ軍
- イタリア軍

11｜コソボ紛争

LES CRISES ET GUERRES MAJEURES

歴史上の重大な危機と戦争 | 12

イラン、アメリカ、イスラエル

1951年、イランのモハンマド・モサッデク首相は
石油国有化を断行したが、2年後にCIA主導のクーデタにより失脚する。
その後は1941年に即位したパーレビ国王が実権を握り、戦略的な親米路線をとった。
国王はイスラエルを承認しただけでなく、同国に石油まで供給し、
近隣アラブ諸国の強い反発を招いた。

アメリカはイランに対し政治的・経済的制裁を行ない ほとんどの国が対イラン制裁に加わった

イランの孤立

パーレビ国王は脱イスラム化により国を近代化するいっぽう、1973年のオイルショック以降は、潤沢な資金を元に秘密警察（SAVAK）による厳しい弾圧を行なった。**アメリカはイランを湾岸地帯の最重要同盟国とみなし、イランが周辺のアラブ諸国に睨みを利かせることを期待した。**したがって、国王の反対勢力はほとんどが反米派であった。

反対勢力のなかには保守的な聖職者もいれば、リベラル派もいた。そして1979年、革命によってパーレビは国王の座を追われる。**指導者となったホメイニ師は、アメリカが国王の復位を画策するのではないかという危機感から（カーター米大統領にはその意図はなかったが）、反米を掲げ、イスラエルと国交断絶した。**さらに、ホメイニ支持勢力の過激派によるテヘランのアメリカ大使館占拠事件が起きるが、これは国際法に対する重大な侵犯であった。

両国の断絶は決定的になった。**アメリカはイランに対し政治的・経済的制裁を行ない、ほとんどの国が対イラン制裁に加わった。**イラクはイランの苦境に乗じることをもくろみ、イランに宣戦布告する。

こうして始まった戦争は1980年から1988年まで続き、イラクを疲弊させた。イランは戦争と制裁措置によって孤立し荒廃したものの、ホメイニ師による支配体制はますます強固になっていった。同師はイスラム原理主義に基づく神権政治を行ない、反対勢力を徹底して弾圧し、戦争の報道すら認めなかった。

やがてイランは核開発に乗り出すが、目的は軍事利用ではないかと疑われた。1979年のイスラエルとの国交断絶以来、イランはパレスチナ支持を表明しているが、これは国内のアラブ系住民の支持を得るための政治的発言である。イランの指導者は一貫して強硬な反イスラエル・反米の姿勢を崩していない。

接近と制裁

1990年代後半、アメリカのビル・クリントン大統領とイランのモハンマド・ハタミ大統領は徐々に歩み寄ったものの、ジョージ・W・ブッシュが政権に就くと、両国の関係は疎遠になった。**2002年1月、ブッシュ大統領は演説のなかで、イランをイラクと北朝鮮と並ぶ「悪の枢軸」と位置づける。**

2003年のイラク戦争の後、イランはアメリカの次の軍事介入の標的となることを警戒した。2005年にマフムード・アフマディネジャドが大統領に就任すると、体制はさらに強権的な性格を強め、イスラエルとアメリカに対する非難を支持基盤固めに利用した。

これに対し、イスラエルは、イランの核兵器開発を防ぐためにイランを攻撃すべきだと主張した。

アメリカと西側諸国は対イラン制裁を強化し、のちにロシアと中国もこれに加わる。そして、イラン国民は、開放的な新体制を望むようになった。

2013年、穏健派のハッサン・ロウハニが大統領に就任してからは、イランは孤立状態を解消するために経済の再建を図っている。

2015年7月、イランの核開発抑止を条件に、制裁緩和と国際社会への復帰を認めるイラン核合意が結ばれた。バラク・オバマ米大統領は、イランとの和解に舵を切ったことになるが、これに対しイスラエルとサウジアラビアは、イランは現実的な脅威であるとして、強く反発した。ドナルド・トランプが政権に就くと、アメリカとイランの関係改善の試みは頓挫し、アメリカは核合意の破棄を通告した。

共通の敵、イラン

13

LES CRISES ET GUERRES MAJEURES

歴史上の重大な危機と戦争 | 13

イスラエル・アラブ紛争

1896年、テオドール・ヘルツル著『ユダヤ人国家』*¹ が出版された。
ヘルツルは、ドレフュス事件の後もヨーロッパで
反ユダヤ主義がはびこることを予見し、
ユダヤ人が安全に暮らせる国民国家の建設を説いた。
1917年、イギリスの外務大臣バルフォアは、
対独戦略の一環としてユダヤ人コミュニティを取り込むため、
イギリスがパレスチナでのユダヤ人国家建設を支援すると明言した。
「土地なき民に民なき土地を与える」という発想である。

＊1）佐藤康彦訳、法政大学出版局、2011年他

大勢のユダヤ人が理想を追い迫害から逃れて移り住んだ

パレスチナ分割案の変遷

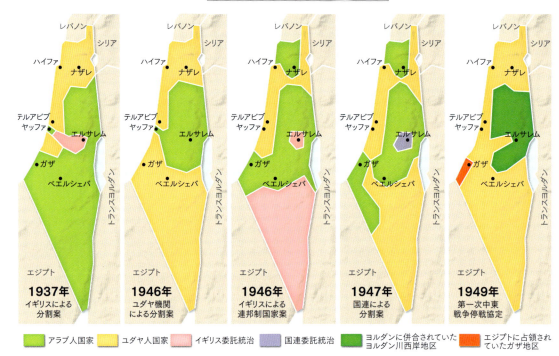

1つの土地に2つの民族

ところが、パレスチナは第一次世界大戦後イギリスの委任統治領となっていたものの、民なき土地ではなかったし、しかも住民の9割はアラブ人だった。

第一次世界大戦後、第二次世界大戦が終わるまでに、大勢のユダヤ人が、ユダヤ人国家建設の理想を追い、あるいは迫害から逃れて、パレスチナに移り住んだ。**もともと住民の1割にすぎなかったユダヤ人の人口割合は3割にまで膨れ上がり、アラブ系住民との摩擦が起こり始める。**

第二次世界大戦後、国連にこのパレスチナ問題が提訴される。2つの民族が共存する1つの国家を建設すべきか、ユダヤ人国家とアラブ人国家を別々に建設すべきかで意見が分かれたが、最終的には後者が採択された。

アラブ諸国は、パレスチナの領土の55パーセントを占めることになるユダヤ人国家イスラエルの承認を拒んだが、1948年に始まった第一次中東戦争ではイスラエルが勝利し、領土をパレスチナの78パーセントまで拡大した。

これにともない60万人から80万人のアラブ系住民がこの地から逃れ、あるいは追い出された。**パレスチナ人にとっての「ナクバ（大災厄）」である。**結局、アラブ人国家は建設されなかった。ヨルダン川西岸と東エルサレムはヨルダンに、ガザ地区はエジプトに占領されたからである。

1956年のスエズ戦争（第二次中東戦争）に続く1967年の第三次中東戦争、通称六日戦争では、イスラエルが奇襲によって一方的な勝利を収め、東エルサレムを含むパレスチナ全土のみならず、シナイ半島、シリア領ゴラン高原まで占領した。**アラブ諸国はこの耐えがたい屈辱から、イスラエルに「和平せず、承認せず、交渉せず」の3原則を突きつけた。**

こうした経緯を経て1973年、第四次中東戦争、通称ヨム・キプール（贖罪の日）戦争が起きる。開戦直後はエジプト軍とシリア軍が優勢であったものの、イスラエル軍が巻き返した結果、情勢は開戦前の状態に戻っただけだった。エジプトは、単独でイスラエルとの和平を選んでアメリカと接近するいっぽう、ソ連と対立した。1978年のキャンプ・デービッド合意によって、エジプトはシナイ半島を取り戻したが、アラブ連盟からは追放される。

イスラエル・アラブ紛争から
イスラエル・パレスチナ紛争へ

　パレスチナ解放機構（PLO）は1964年に設立された。1982年、イスラエルはレバノン国内のPLO基地を破壊するため、「ガリラヤの平和」作戦を展開する。同じ年、レバノンでもキリスト教民兵がサブラーとシャティーラのパレスチナ難民キャンプを襲い、難民たちを虐殺した。このときイスラエル軍の介入はなかったが、国際社会には大きな波紋が広がった。
　1987年、ヨルダン川西岸のアラブ系住民による蜂起「インティファーダ（石の蜂起）」が始まるが、こ のときのイスラエル軍によるパレスチナ市民の弾圧は、イスラエルのイメージを大きく損なっていく。
　冷戦の終結に伴い、アメリカの同盟国としてのイスラエルの立場も危うくなりつつあった。イスラエルのイツハク・ラビン首相はアラブ側との和平交渉を受け入れ、1993年のオスロ合意にこぎつける。**PLOがイスラエルを国家として承認し、イスラエルがパレスチナ自治政府を承認したうえで、イスラエル占領地域を部分的に明け渡すことが決まった**のである。
　パレスチナの和平への期待が高まるなか、1995年、この和平プロセスに反対する過激派ユダヤ人によってラビン首相が暗殺されたため、希望は絶たれてしまう。2001年、和平反対派のアリエル・シャロンがイスラエルの首相の座に就くと、インティファーダが再開し、弾圧と攻撃の果てしない応酬が続くことになった。

イスラエル軍によるパレスチナ市民の弾圧は
同国のイメージを大きく損なっていく

アラブ世界に囲まれたイスラエル

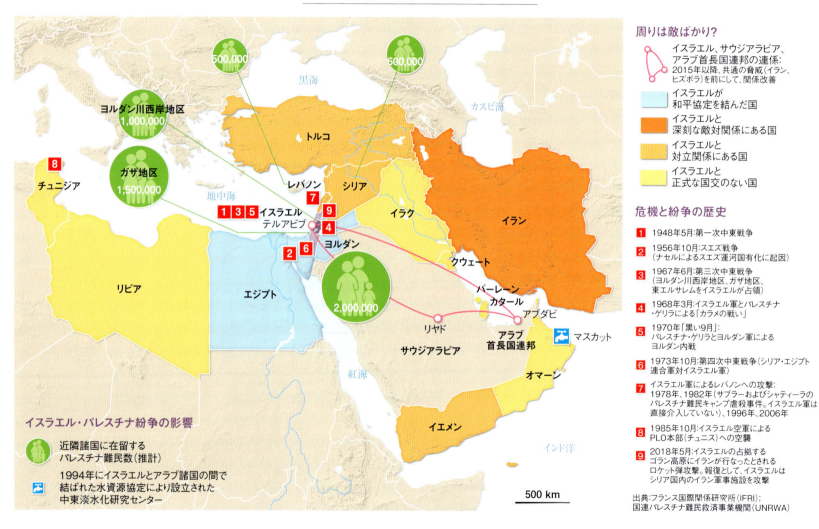

# 14

LES CRISES ET GUERRES MAJEURES

歴史上の重大な危機と戦争 | 14

イラク戦争

2003年3月19日夜から20日未明にかけての
一連のバグダッド空襲により、「イラクの自由」作戦が始まった。
この軍事介入によって、サダム・フセイン政権はたちまち崩壊する。
5月22日、国連安保理決議1483が採択され、
イラクは正式にアメリカの占領統治下に入った。
イラクの正式政府が発足し、アメリカ主導の有志連合が
完全に権限を委譲するのは2006年5月、
最後の米軍部隊がイラクから撤収するのは、
2011年12月18日のことである。

イラクの民族と宗教の分布

アメリカはイラクに対する追及の手を緩めようとはしなかった

予告されていた紛争

アメリカとイギリスの主導によるこのイラク侵攻は、1991年の湾岸戦争以降、困窮の一途をたどっていた同国にとどめを刺した。1990年の安保理決議661による全面禁輸措置の続行により、イラクではインフラも国民も疲弊しきっていたが、フセインの独裁政権は揺るがなかった。

その後の一連の決議により、制裁緩和の条件として、**イラクが所有するすべての核兵器、化学兵器、生物兵器、長距離ミサイルの破棄が求められた。**さらにアメリカは、クウェートの主権と領土の回復、クウェート人捕虜と行方不明者の解放、基本的人権の尊重、国連の人道支援活動への協力を要求した。

1991年、安保理決議688を根拠に、イラクには2カ所の飛行禁止空域が定められ（クルド人居住地域およびシーア派居住地域上空）、**イラクの民族的分断は決定的なものとなった。**さらにイラクには、1991年の湾岸戦争による損害の賠償と、国連の軍事監視活動費の負担がのしかかっていた。

1998年、アメリカとイラクの間に新たな緊張が走った。クリントン政権が、イギリス軍と共に、12月16日から18日にかけて「砂漠の狐」作戦と称する爆撃に踏み切ったのだ。攻撃の表向きの理由は、国連大量破壊兵器廃棄特別委員会（UNSCOM）の査察を受け入れさせるためとされた。

アメリカはこの時期、フセイン政権を転覆させる方針を固めたものと思われる。クリントン大統領は1998年10月31日に「イラク解放法」に署名し、イラクの野党と手を組んでいる。米国会で可決されたこの法案は、イラクの民主政権樹立のため、反フセイン勢力への支援を明文化したものである。

対立の表面化

しかし、イラクの脅威が改めて問題にされるのは、ジョージ・W・ブッシュ政権になってからである。ブッシュ大統領は、2002年1月29日の一般教書演説で、イラク、イラン、北朝鮮を「悪の枢軸」国家として名指しで批判した。**アメリカが本気でイラクの武装解除を行なうつもりであることは明らかで、盤石のフセイン体制にもかげりが見え始めた。**2002年9月12日、ブッシュ大統領は第57回国連総会の演説で、フセイン政権に対し、すべての大量破壊兵器を直ちに破棄するよう勧告する。イラクが国連査察への無条件の協力に同意したにもかかわらず、アメリカはイラクに対する追及の手を緩めようとはしなかった。

2002年10月11日にはアメリカ議会がイラクへの武力行使を承認したこともあり、アメリカは安保理決議1441採択への圧力を強める。**この決議により、イラクが大量破壊兵器開発計画を放棄しなければ、軍事介入を行なうことが承認された。**12月7日、イラクは国連査察団に兵器開発計画申告書を提出したが、これは査察団によって不十分と判断される。国際社会から

の批判の高まりにもかかわらず、アメリカ政府はイラクとの対決姿勢を崩さず、2003年2月5日、米国務長官コリン・パウエルは国連でフセイン政権を糾弾する演説を行なった。3月17日、ブッシュ大統領は、イラクが安保理決議を遵守していないと断じ、フセインと2人の息子が48時間以内にイラク国外へ退去しなければ、攻撃を開始すると最後通牒を突きつける。フセインはこれを拒絶。3月20日、アメリカ軍はバグダッドへの空襲を開始した。イラクをめぐっては、世界の大半の国が戦争に反対し、国際機関の査察を介して武装解除を進めることを望んでいたし、イラク政府も査察に協力する姿勢を示していた。**国際社会の世論も、アメリカの攻撃理由の信憑性を疑い、戦争をよしとしなかった。**2003年2月15日には、世界中で何千万という人々が、勃発寸前の戦争に反対するデモを行なった。**アメリカが安保理の承認もないまま、違法な戦争を始めようとしていることが非難されたのだ。**安保理15カ国のうち、戦争に賛成したのは、アメリカ、イギリス、スペイン、ブルガリアの4カ国だけであった。

戦争の目的

米英連合軍によるこの軍事介入は、1991年の湾岸戦争と単純に比較することはできない。2つの戦争の間に、アメリカとイラクの軍事力には圧倒的な差がついていたからだ。「有志連合」陸軍は、イラク国内の数カ所(ウムカスル、バスラ、カルバラーなど)で抵抗にあったものの、2週間で首都を包囲した。

イラク戦争の影響は、アメリカの戦略的野心と国際政治の秩序という2つの面から検討しなければならない。まず、世界一の大国アメリカは、自らの優位を保つために武力行使をいとわず、世界のリーダーとしての立場を守った。2001年9月11日のテロ以降進められてきた米軍の再編は、イラク侵攻の準備で十分に活かされたし、米軍基地に対する国民の反発の強かったサウジアラビアでは基地を縮小せざるを得なかったが、湾岸に連なる首長国に配置された米軍基地は、重要な対イラク拠点となった。いっぽう、**戦争で荒廃したイラクのインフラの再建方法は占領国が決定したため、多大な利益を生む契約をアメリカの企業がほしいままに結んだ。**アメリカがイラクに大きな関心を寄せたのは、イラクが一大産油国だからでもある。世界の石油埋蔵量の10パーセントを有するイラクは、石油の採掘を再開すれば、湾岸地帯の最たるライバル、サウジアラビアにも引けをとらなくなると見込まれ、アメリカにとってはきわめて好都合だったのだ。アメリカが意のままにできずにいる石油輸出国機構(OPEC)に対しても、影響力を強めることができる。

フセインが逮捕され、2006年に処刑されたため、独裁者がいなくなったイラクに、アメリカは長期にわたって十分な投資ができるようになった。イラクを足がかりとすれば、周辺の反米諸国に圧力をかけやすくなるという目算もあった。しかし、**イラクの現状は、アメリカが描いてみせた展開とはかけ離れている**と言わねばならない。

イラクの現状は、アメリカが描いてみせた展開とはかけ離れている

イラクのエネルギー資源

第5章

現代の危機と紛争

LES CRISES ET CONFLITS ACTUELS

現代の危機と紛争 | 01

ロシアとウクライナは和解不能か？

ウクライナという国は、欧米の勢力とスラブの勢力によって二分されている。
言語も、ウクライナ語とロシア語の2つが使われる。
1918年から1920年にかけて独立国だったウクライナは、ソ連に力ずくで併合された。
だが、ソビエト連邦の一構成国としてその支配下に
置かれながらも、国を取り戻す夢は捨てていなかった。
1991年、連邦内のスラブ系3国家、
ウクライナ、ロシア、ベラルーシは一致団結して、
ソ連の滅亡と独立国家共同体の創設を宣言した。

ロシアはクリミア半島を得たが、それと引き換えにウクライナとの決定的な敵対関係を招いた

ロシアとウクライナの間で揺れるクリミア半島

クリミア半島がウクライナに編入されたのは、1954年、ニキータ・フルシチョフ政権下のことである（フルシチョフはウクライナ人だった）。ソ連邦内で起こったこの国境変更は、当時は取るに足らないことだった。

ロシア系住民が85パーセントを占めるクリミア半島は、ロシア屈指の艦隊が駐留するセヴァストポリを擁し、地中海方面への海の玄関口である。1991年の独立宣言に先立ち、ウクライナ大統領レオニード・クラフチュクはロシア大統領ボリス・エリツィンに対し、クリミア半島の帰属はいずれ両国間で問題となるだろうから、明確にしておくべきだと主張した。しかし、独立宣言を急ぐエリツィンは、この問題に最終的な決着をつけるための時間を割かなかった。

政治学者のズビグネフ・ブレジンスキーは、ウクライナを失えば、ロシアは帝国ではなくなると分析した。確かに、**ソ連崩壊以来、ロシアはウクライナが欧米寄りになることを絶えず警戒してきた。**

ウクライナも、2004年のオレンジ革命で親欧米派のユーシェンコが大統領に選ばれるまでは、政治的にも軍事的にもロシアの同盟国の立場をとっていた。そして、2010年には親ロシア派のヤヌコーヴィチが政権に返り咲いた。ロシアは、ウクライナに輸出した天然ガスの価格を大幅に引き下げることに同意し、ロシア海軍のセヴァストポリ駐留期限も25年延長された。

クリミア半島 vs. ウクライナ

2013年、EUはウクライナに対し自由貿易協定などの連合協定を提案した。協定が締結されれば、ウクライナのロシア離れは進む。ヤヌコーヴィチが協定締結を見送ると、国民から一斉に非難の声が上がり、政権の腐敗と専制政治も糾弾された。そしてとうとう、ヤヌコーヴィチ政権は2014年2月に倒された。ロシアはこの政変を、アメリカがロシアを孤立させるために仕組んだと見ている。

住民投票が行なわれた結果、2014年3月にクリミア半島はロシアに編入された。**この住民投票は国際法上は無効ながら、大多数の住民の賛同を得て行なわれた。**いっぽう、ドンバス地方では、親ロシア派とウクライナ政府軍の間で戦闘が始まった。西側諸国はロシアへの経済制裁を決定するが、西側以外の国は制裁に加わっていない。

2015年2月、フランスとドイツの仲介によって、ミンスク協定2が締結され、停戦が決められた。しかし、情勢は依然安定しておらず、クリミアの帰属についての最終決着の見通しも立っていない。**ロシアはクリミア半島を得たが、それと引き換えにウクライナとの決定的な敵対関係を招いた。**ウクライナでは、反ロシア感情は高まる一方である。しかし、この危機の一因は、ウクライナの指導者たちの怠慢と腐敗にもある。この情勢をふまえ、NATOはロシアの脅威に対抗するため、軍事費の拡大に踏み切った。ロシア側はこれを冷戦時代への逆行であるとして強く反発し、ロシアの国防費はアメリカの国防費の10パーセントにすぎないことを強調している。

袋小路のウクライナ危機

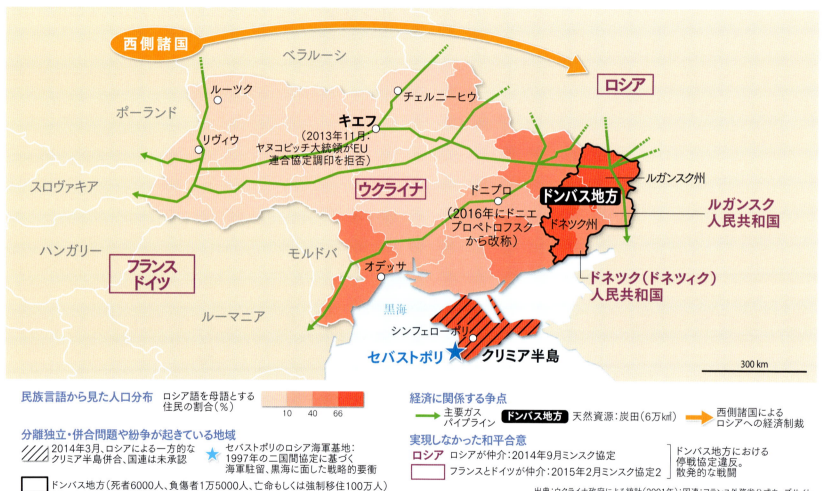

02

LES CRISES ET CONFLITS ACTUELS

現代の危機と紛争 | 02

奈落の底に落ちたシリア

シリア内戦は、21世紀初頭で最も多くの血が流れた紛争となった。
2011年3月の内戦開始から、すでに50万人以上の犠牲者を出し、
2200万の人口のうち1200万人が難民となり、
そのうち500万人は国外へ逃れた。
医療と教育のシステムはもはや機能しておらず、
経済も後退が著しい。

民主化を求める非武装の抗議運動がいつしか流血の内戦に発展した

アサド一族

1970年以来、シリアではアサド家が政権を握っている（2000年にハーフィズ・アル=アサドが息子のバッシャールに政権を委譲した）。アサド一族は少数派のアラウィー派に属する。人口の70パーセントがスンニ派のシリアで、アラウィー派は10パーセントを占めるにすぎない。冷戦時代、シリアはソ連と同盟関係にあった。しかし、2011年のアラブ諸国における民主化運動の高まりと、チュニジアとエジプトでの体制崩壊を受け、シリアでも反政府運動が起きた。**反体制派が求めたのは、平等な社会（政権の近親者だけに富が集中していたため）と、自由である。** 政府はこの運動を武力で制圧し、多くの死傷者を出す。チュニジアやエジプトとは異なり、シリア政権は持ちこたえた。

バッシャール・アル=アサドはアラウィー派、キリスト教徒、クルド人ら少数派の庇護者を自任していたが、その一方で、収監中のイスラム過激派を解放し、テロに対する楯とした。政府の弾圧に対し、反政府勢力は武器を持って立ち上がった。欧米諸国は、反政府勢力への支持を表明しつつも、武器が過激派の手に渡ってしまったアフガニスタンの二の舞になることを恐れ、武器の提供を渋った。

反政府運動から内戦へ

アラブ諸国とトルコは、自国に飛び火しかねない紛争とアサド政権の両方を潰したいとの思惑から、武器を供与し、過激派を支援しないまでも、その勢力拡大に目をつぶった。武器を持たない穏健派反政府勢力は、過激派と体制の間で孤立していく。

こうして、**民主化を求める非武装の抗議運動は、いつしか流血の内戦に発展し、次第に外国が介入する事態となった。** ロシアとイランは政権側についた。イランとシリアはイラン・イラク戦争（1980～1988年）以来、同盟関係にあったためである。実際、イランはこの同盟のおかげで、ヒズボラを通して、レバノンに介入している。ロシアはというと、リビアで起こったような政権交代を防ぎ、中東地域での影響力を維持したいと考えていた。住民保護を目的としたリビアへの介入決議の際、ロシアは拒否権を発動せずに棄権し、結局、リビアは政権交代に至った。いっぽう、同盟国シリアのためには、一貫して拒否権を行使している。**2013年、シリアは化学兵器の使用に踏み切った。** バラク・オバマは、化学兵器使用は越えてはならない一線だとして警告していたにもかかわらず、制裁を行なわなかった。アメリカを新たな戦争の泥沼に引きずり込むことをよしとしなかったのだ。

バッシャール・アル=アサドによる迫害を受け、多くのシリア人がイスラム過激派組織に加わった。2014年6月、イスラム国（IS）は、シリアとイラクにまたがる地域を制圧した後、カリフ［イスラム共同体の指導者］国家の建国を宣言する。**テロの脅威に直面し、関係諸国はそれぞれの争点に固執しているわけにはいかなくなった。** 2015年9月、ロシアの大規模空爆によってアサド政権は領土を奪還し、勢いを取り戻した。しかし、数ある反政府勢力と体制の対立は根深く、政治的解決の見通しは立っていない。

引き裂かれたシリア

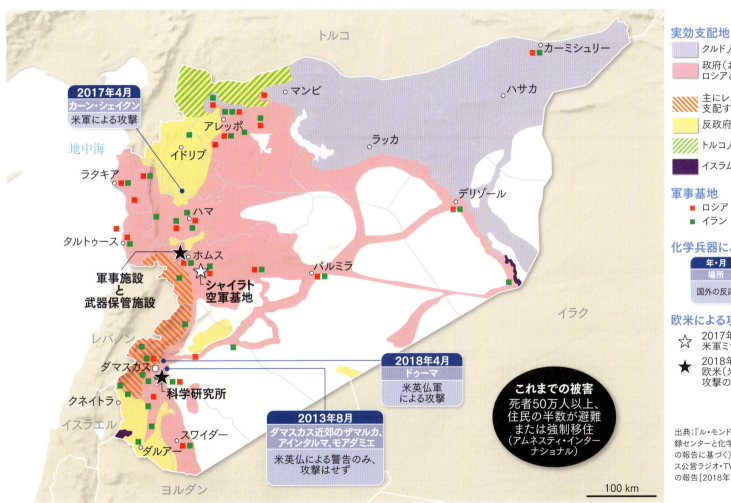

03

LES CRISES ET CONFLITS ACTUELS

現代の危機と紛争 | 03

イスラム国（IS）は国家並みのテロ組織か？

イラクとレバントのイスラム国（ISIL／ダーイシュ*1）の
指導者アブ・バクル・アル＝バグダディは、
シリアとイラクにまたがる地域を支配下に収め、
2014年6月、カリフ国家の建国を宣言した。

＊1）アラビア語の略語

国家並みのテロ組織?

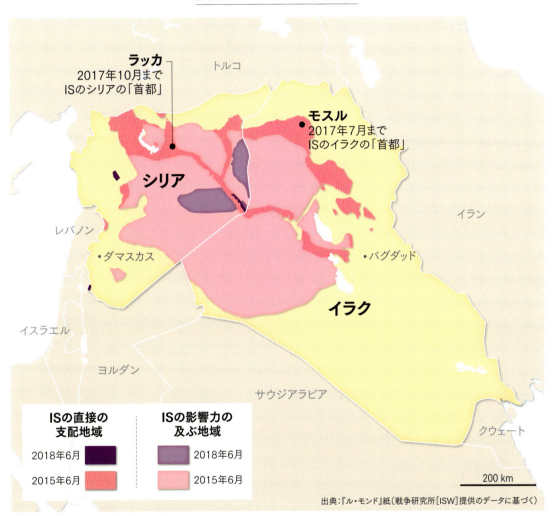

ラッカ
2017年10月まで
ISのシリアの「首都」

モスル
2017年7月まで
ISのイラクの「首都」

トルコ / シリア / イラン / レバノン / ダマスカス / バグダッド / イラク / イスラエル / ヨルダン / サウジアラビア / クウェート

ISの直接の支配地域
2018年6月
2015年6月

ISの影響力の及ぶ地域
2018年6月
2015年6月

200 km

出典:『ル・モンド』紙(戦争研究所[ISW]提供のデータに基づく)

テロ国家

「イスラム国」による国家の建設は、テロリズムのあり方を大きく変えた。**歴史上初めて、テロ組織が領土という基盤を手に入れたのだ。**それを象徴するかのように、イスラム国（IS）はサイクス・ピコ協定に対して異議を唱える。第一次世界大戦中に結ばれたこの協定は、この地域における英仏両国の勢力圏を定めた密約で、すでにアラブ諸国の独立を約束していたイギリスとフランスの偽善の産物である。**欧米諸国とアラブ諸国は共にイスラム国を敵視し、国家としての承認を拒んでいるが、イスラム国は国家としての外見上の特徴をすべて備えている。**なぜなら、政府と領土を持ち、政府はその住民を少なくとも実質的に統治しているからだ——恐怖政治によってではあるが。しかし、当然ながら、イスラム国が他の国家の承認を得ることはないだろう。

2015年には、イスラム国はイラクとシリアにまたがる地域を制圧した。面積にして30万平方キロメートル（フランスの国土の半分強に相当）、1000万人が暮らすこの地域は、農耕地だけでなく、鉱物と石油の資源にも恵まれている。税金を徴収し、イスラム国なりのやり方で公共サ

ービスを「提供」しているとのことだ。3万人の外国人戦闘員がイスラム国に加わっているうえに、およそ10カ国でテロ組織がイスラム国への忠誠を誓っている。

イスラム国の組織は元来、サダム・フセインの配下の元軍人、イラクで少数派として政権から差別を受けるスンニ派、アルカイダ出身者が合流してできた。シリアでは、アサド政権の迫害を受けて過激化したスンニ派がイスラム国に加わっている。制圧地域内では、イスラム国の激しい弾圧の矛先は、クルド人、キリスト教徒、シーア派、ヤジディ教徒などの少数派だけでなく、イスラム国の全体主義体制に異を唱えるスンニ派にも向けられた。イスラム国は、2003年のイラク戦争と2011年に始まったシリア内戦の産物である。

巧みな広報活動

イスラム国は、欧米人などの人質の処刑をこれ見よがしに公開し、各地でテロを起こして欧米の国々を挑発し、過剰な攻撃やイスラム教徒全体への報復を引き出そうとした。そうすることで、イスラム教徒に、欧米諸国には居場所がないことを示そうというのである。**イスラム教徒の青年だけでなく、社会からの疎外感を感じてイスラム教に接近する若者をもターゲットとする巧みな広報活動を行ない、イスラム国は支持を広げた。**それに対抗して、欧米（ロシアも含む）・アラブ諸国の60カ国が、対イスラム国連合を結成する。しかし、当初は、イスラム国との闘いという目的よりも各国の戦略上の目的がぶつかりあい、ほとんど動きがとれなかった。サウジアラビアはイランの脅威が頭から離れず、トルコはクルド人問題に固執し、ロシアとイランはアサド体制の維持を望み、アメリカはイスラエルの支援を優先する、という有様であった。イスラム国が各国で起こしたテロを受け、ようやく反イスラム国連合の決意が固まる。しかし、イスラム国からの領土の奪還は困難を極めた。そして、**領土を失ってもなお、イスラム国は消滅せず、脅威であり続けている。**

シリア内戦とアサド政権による弾圧が続く限り、イスラム国に参加する若者は後を絶たない。それを断つには、イラクでスンニ派も取り込んだ政府を新たに作ると共に、域内で起きている数々の紛争に最終的な決着をつけることが、唯一の解決策だろう。

イスラム国は国家としての外見上の特徴をすべて備えている

世界に広がるイスラム国(IS)の脅威

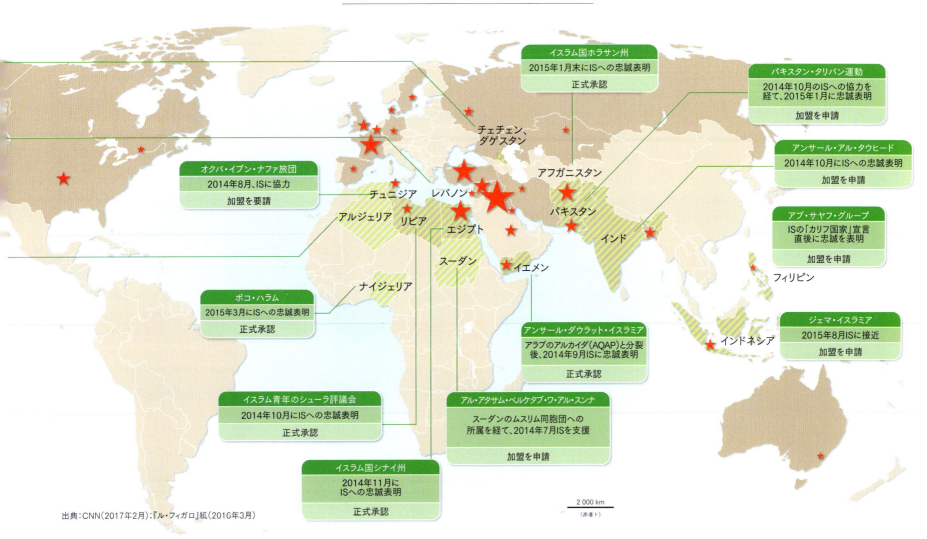

出典：CNN（2017年2月）;『ル・フィガロ』紙（2016年3月）

04

LES CRISES ET CONFLITS ACTUELS

現代の危機と紛争 | 04

イランとサウジアラビアの対決

サウジアラビアとイランの緊張の高まりは、
世界情勢における戦略上の最大の不安要因の1つと言える。
地政学上、最も多くの火種を抱えるとされるこの地域で、
2大勢力がにらみ合いを続けている。

イラクが影響力を失って以来、主要勢力であるサウジアラビアとイランが盟主の座を争ってきた

イランの自信

サウジアラビアとイランの対立は、スンニ派とシーア派の対立だけに起因するのではない。保守的王政と革命的共和制の対立、アラブとペルシャの対立でもあり、親米勢力と1979年以来の反米勢力の対立でもある。

湾岸地帯では、イラクが影響力を失って以来、サウジアラビアとイランが主要勢力であり、盟主の座を争ってきた。アメリカとサウジアラビアは、クインシー協定（1945年に締結、2005年に更新）によって同盟関係にあり、サウジアラビアは体制の安全保障と引き換えに、アメリカに安価な原油をふんだんに提供している。ところが、1970年代初め、アメリカが湾岸地帯の目付役に選んだのはイランであった。そして、イラン革命が起きると、イランとアメリカは激しく対立する。革命後、イランの国力は低下し、湾岸のアラブ諸国は少数派のシーア派によって革命が飛び火するのを警戒した。しかし、イランには経済制裁が科され、イラクがイランからアラブを守る楯の役割を果たしたため、サウジアラビアは安堵する。1990年の湾岸戦争、経済制裁、2003年のイラク戦争によってイラクが弱体化すると、イランは勢いを取り戻した。2000年代に入ると、国際社会は、イランが核兵器開発を行なえば世界の勢力バランスが崩れるという恐れを抱き始める。

サウジアラビアの不安

2015年7月の合意により、イランに核兵器を所有させないため、核開発計画に対して査察が行なわれることになったが、サウジアラビアはこれに不満だった。この合意が、イランの国際社会への復帰と経済力の回復につながるからだ。また、オバマ政権がサウジアラビアとの同盟関係を見直すかもしれないという懸念もあった。アメリカでシェールガスとシェールオイルの有望な鉱床が確認され、原油の需要が縮小する恐れが生じたためである。さらに、忠実な親米派だったエジプトのホスニ・ムバラクが、2011年の民主化革命の際、アメリカに見捨てられたことから、今度は自分たちが同じ憂き目に遭うのではないかとも考えた。**不安にかられたサウジアラビアはアメリカに対して、イランへの攻撃を秘密裏に勧告さえしている。**

新しくサウジアラビアの皇太子となった若いムハンマド・ビン・サルマーンは、イランに対する「封じ込め」政策をさらに強引に推し進めようとし、イランがイエメンのフーシ派反乱軍を支援しているとして、同国を糾弾した。

こうしてサウジアラビアはイエメンに大規模な攻撃を行ない、甚大な人的被害をもたらした。それだけでなく、イランへの敵意をむきだしにするドナルド・トランプに後押しされるように、カタールがイランへ接近し過ぎているとしてカタールの封鎖にも踏み切った。また、レバノンの首相を辞職に追い込むことすらした。イランがヒズボラを利用してレバノンの領土を奪うままにしているという非難を、リヤド訪問中のレバノンの首相に浴びせたのだ。しかし、こうした強硬姿勢は、逆効果だったようだ。サウジアラビアはイエメンから引くに引けなくなり、カタールはますますイランに接近している。レバノンでは反サウジ感情が高まっている。

湾岸の盟主の座をめぐる争い

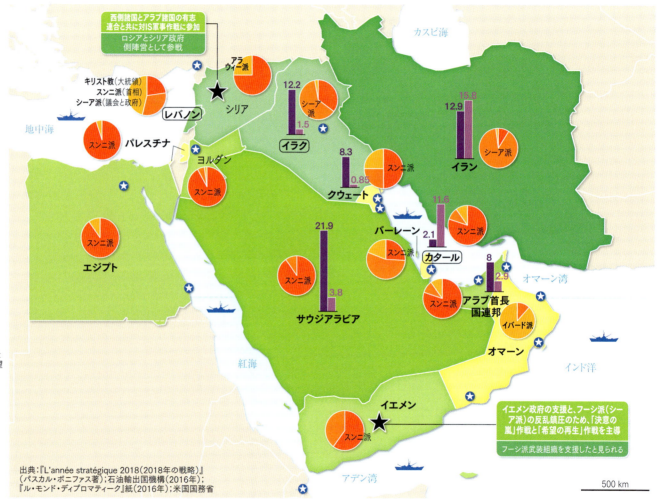

凡例:
- 宗派別信者の割合（人口比％）：スンニ派／シーア派／イバード派／その他。政権内の多数派。
- 原油と天然ガス：世界の埋蔵量に占める割合（％）
- 勢力範囲：サウジアラビア／イラン
- 対立が起きている地域
  - レバノン：サウジアラビアは首相率いるスンニ派政党を支持、イランはシーア派組織ヒズボラを支援
  - カタール：カタールとサウジアラビア（とサウジの同盟諸国）の間で外交危機。カタールの国境・空域・海域の封鎖
  - イラク：シーア派政府がイランに接近、サウジアラビアはイラクを特別な仲介役と見て関係の維持を希望
- 地域紛争：★サウジアラビアの関与／イランの関与
- アメリカ軍の展開：空軍・陸軍の基地・施設；海域での展開

シリア：西側諸国とアラブ諸国の有志連合と共に対IS軍事作戦に参加。ロシアとシリア政府側陣営として参戦。アラウィー派。

レバノン：キリスト教（大統領）／スンニ派（首相）／シーア派（議会と政府）

イラク：12.2／1.5　シーア派
イラン：12.9／15.8　シーア派
クウェート：8.3／0.85　スンニ派
サウジアラビア：21.9／3.8　スンニ派
カタール：2.1／11.6　スンニ派
アラブ首長国連邦：8／2.9　スンニ派
オマーン：イバード派
イエメン：スンニ派。イエメン政府の支援と、フーシ派（シーア派）の反乱鎮圧のため、「決意の嵐」作戦と「希望の再生」作戦を主導。フーシ派武装組織を支援したと見られる。

パレスチナ：スンニ派
エジプト：スンニ派
ヨルダン：スンニ派
バーレーン：スンニ派

出典：『L'année stratégique 2018（2018年の戦略）』（パスカル・ボニファス著）；石油輸出国機構（2016年）；『ル・モンド・ディプロマティーク』紙（2016年）；米国国務省

500 km

05
LES CRISES ET CONFLITS ACTUELS

現代の危機と紛争 | 05

イスラエルとパレスチナ：
果てしない紛争？

2018年に、イスラエルとパレスチナの和平への道のりは、
かつてないほど険しいものとなった。
国際社会、特に国連安保理5カ国が奨励した
いわゆる2国家共存案は、イスラエルとパレスチナ双方により
原則的に合意済みであるにもかかわらず、
短・中期的には実現不可能のようだ。

イスラエルとパレスチナの紛争は解決されない限りは時限爆弾に等しい

和平の難しさ

　和平とは、パレスチナ人国家を建設して東エルサレムを首都とし、ヨルダン川西岸地区とガザ地区を含めることと、アラブのすべての国がイスラエルを承認することを意味する。国境線を変更する場合は、双方の同意と補償が必要である。

　しかし、乗り越えるのが難しそうな障害が2つある。1つは、イスラエルが東エルサレムを、分割できない永遠の首都と宣言していること、もう1つは、パレスチナ自治領内にイスラエル人入植地が着々と増え、パレスチナ人が土地を奪われ続けていることである。オスロ合意に至った1993年には、東エルサレムとヨルダン川西岸地区のイスラエル人住民の人口は28万人（うちヨルダン川西岸地区に11万5000人）であったが、2017年にはおよそ60万人（ヨルダン川西岸地区に40万人、東エルサレムに20万人）になった。

　2018年5月14日、トランプ大統領は在イスラエル米大使館をテルアビブからエルサレムに正式に移転した。これは歴代のアメリカ大統領があえてしなかったことである。また、パレスチナ人にとってだけでなく、イスラム教徒全体にとっての聖都でもあるエルサレムに在イスラエル米大使館が置かれれば、イスラエルの立場を強めることにもなる。

　この日、イスラエル軍はガザ地区で、抗議行動のため国境近くに集まっていたパレスチナ民間人に発砲し、およそ60人を殺した。

　イスラエルは一貫して、和平交渉は第三国を交えず、イスラエルとパレスチナの当事者間で行なうよう主張している。しかし、**軍事力の圧倒的優位に加え、イスラエルが重要な点に関して譲歩する姿勢をまったく見せないことから、両者だけで合意に達し得るとはとても考えられない。**

　パレスチナ側では、自治政府側と反政府テロ組織のハマスの断絶が続く。最後に選挙が行なわれたのは2005年にさかのぼるため、自治政府の正当性も失われつつある。

国際社会の無為無策

　2001年以降、イスラエルでは右傾化が進み、右派と極右派が支持者を増やしている。政権内でも、パレスチナ自治区への入植者たちが存在感を増している。

　イスラエルの外交は近年、数多くの成果を挙げてきた。さらに、ドナルド・トランプがアメリカ大統領となって、イスラエルは絶対的な保証を得た。バラク・オバマですら、選挙期間中はパレスチナ問題の解決に取り組む意欲を見せたものの、米国議会のイスラエルに対する無条件の支持を前に、何もできなかったのである。

　欧州各国はどうかというと、足並みが揃わないためにイスラエルに圧力をかけることができずにいる。

　サウジアラビアはイランの脅威に対抗するため、近年イスラエルに接近している。エジプトはアメリカからの資金提供を受けてテロ組織とされるムスリム同胞団と戦っているので、イスラエルにとっては御しやすい相手だ。**イスラエルは、アフリカでの外交政策でも、ルワンダとの協力関係をはじめとして目覚ましい成果を挙げている。**

　また、イスラエルには旧ソ連生まれの国民が100万人いるため、ウラジーミル・プーチンのロシアとの関係も良好である。インドとは安全保障協力協定を結ん

でいるし、中国とは通商協定を結んでいる。

　対するパレスチナは、アラブ諸国の政府から実質的に見放された状態ではあるとは言え、アラブ世界のイスラム教国の世論においては、パレスチナの正義が神聖視されていることには変わりない。

イスラエルとパレスチナの紛争は、たとえ下火になり沈静化に向かうように見えたとしても、解決されない限りは時限爆弾に等しく、いったん爆発すれば、戦略上の大惨事になりかねない。

年表

1948年5月14日：イスラエルの「独立宣言」の日
1967年：第三次中東戦争（六日戦争）後、イスラエルが全パレスチナを占領
1987～1993年：第一次インティファーダ（「石の蜂起」）：犠牲者数：パレスチナ側1100人以上、イスラエル側160人
1993～1995年：オスロ合意とそれに基づくパレスチナ自治区の成立
2000年：キャンプ・デービッドでの最終地位交渉決裂
2000～2005年：第二次インティファーダ：犠牲者数：パレスチナ側3000人以上、イスラエル側1000人以上
2006年1月：パレスチナの立法評議会選挙でハマスが勝利
2007年以降：イスラエルとエジプトによるガザ地区封鎖
2006～2008年／2009年：ハマスとファタハの対立によるパレスチナ内部での戦闘：犠牲者数：300人以上
2009年：イスラエルのガザ攻撃（「鋳造された鉛」作戦）：犠牲者数：パレスチナ側1300人以上、イスラエル側13人
2012年：イスラエルのガザ攻撃（「防衛の柱」作戦）：犠牲者数：ガザ地区で177人
2014年夏：イスラエルのガザ攻撃（「境界防衛」作戦）：犠牲者数：パレスチナ側2200人以上（うち子供300人以上）、イスラエル側73人
2016～2017年：「ナイフのインティファーダ」（主にエルサレムとイスラエル人入植地）
2018年5月14日：
　アメリカ大使館がテルアビブからエルサレムに移転
　パレスチナ難民の帰還を求めるデモ「帰還大行進」：ガザのデモ・抗議行動参加者に対するイスラエルの攻撃：パレスチナ側死者100人以上、負傷者3000人以上

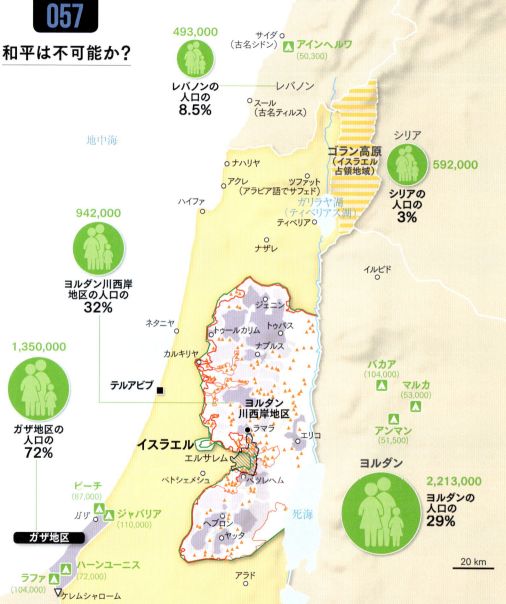

地図 057

和平は不可能か？

首都争奪「戦争」

- エルサレム：イスラエルとパレスチナ（東エルサレム）が共に首都と主張するが、国際的には認められていない
- ■ テルアビブ：（大半の）在イスラエル公館代表部の所在地
- ● ラマラ：パレスチナ自治政府の実質的な首都
- ガザ　2007年以降封鎖
- ▽ 検問所

1993年オスロ合意による地域区分

- A地区（パレスチナ自治政府による完全自治）
- B地区（パレスチナ自治政府に行政権）
- C地区（パレスチナ自治政府に権限なし）
- イスラエルの主な入植地
- 1949年停戦ライン

分離壁：2017年現在の状況
- ━ 建設済み　　━ 建築中

500万人以上のパレスチナ難民

- 近隣諸国と地域の人口に占める難民の割合
- ▲ 主な難民キャンプ

出典：『Les Chiffres 2015（数字で見る2015年）』（Alternatives Economiques社刊行の年鑑）；国連パレスチナ難民救済事業機関（UNRWA）（国連のパレスチナ難民救済プログラム）

第5章　現代の危機と紛争

06

LES CRISES ET CONFLITS ACTUELS

現代の危機と紛争 | 06

イラクは再建に向かっているか？

1991年の湾岸戦争後、国連はアメリカの要求を受け、
イラクに対する全面禁輸を決議した。
石油資源に恵まれているイラクは1980年の時点では
スペインと同程度の豊かさを誇り、産業基盤が整って農業も盛んだったが、
輸出入停止によって数十年分後戻りしてしまった。
1991年から2003年まで続いたこの経済制裁の影響で、
およそ50万人の犠牲者が出たと考えられる。

イラクに大量破壊兵器が存在するというのはアメリカの嘘だったと判明した

9.11の意外な利用法

　国民は苦しい生活を強いられていたが、サダム・フセイン政権が弾圧の手を緩めることはなかった。**全面禁輸のせいで、国民に及ぼす支配力はむしろ高まっていた。**イラクは大量破壊兵器開発計画の有無を調査する国連の査察を受け入れたが、査察後もアメリカとイスラエルからは深刻な脅威とみなされ、その他の国々からも相手にされなかった。1996年以来、アメリカの新保守主義者たちは、フセイン政権打倒を訴えていたが、そのためにわざわざ戦争を起こそうとはしなかった。

　しかし、2001年9月11日に同時多発テロが起きると、新保守主義者はこれに飛びついた。就任前は非介入主義を標榜していたジョージ・W・ブッシュ大統領に、フセインとアルカイダがつながっていると（事実ではないにもかかわらず）信じ込ませ、さらにフセインが大量破壊兵器開発を続けていると吹き込んだのだ。そして、**大量破壊兵器による新たなテロが起きたらどうなるかという恐怖心を煽ると同時に、アメリカ国民の復讐願望につけ込んで、世論を形成していく。**

大規模な情報操作

　戦争を正当化するための大がかりな情報操作が行なわれた。**当時、大半の国と、国際世論の圧倒的多数はこの戦争に反対していた。**後々まで続く混乱の元となることが予測されたからだ。そこで、新保守主義者は道義上の義務を語ってみせた。独裁者を失脚させ、イラクに民主主義をもたらさなければならない。そうすれば、その効果はやがて湾岸地帯全体に波及し、各国で民主化が進むはずだし、アラブ諸国とイスラエルの和平の実現のためにも、中東諸国の民主化は不可欠だというのが彼らの言い分だった。

　反対派の考えは、民主主義は外から持ち込むものではなく、ましてや戦争によって定着するはずがないし、この地域での新たな戦争はテロの温床を育てるだけであり、すでに火種を抱えている情勢をいっそう不安定にするというものであった。また、アメリカが自ら「文明の衝突」を引き起こすことで、アラブ世界の反欧米派に、格好の口実を与えることになりかねない。戦争反対の国際世論を主導したのはフランスだった。ヨーロッパの国々は、賛成派（イギリス、右派政権のスペインとイタリア、東欧諸国）と反対派（その他の国、フランスとドイツが中心）に分かれた。

　国連安保理では、アメリカの武力行使を認める決議が11対4で否決された。それでもアメリカは2003年3月20日、イラクに攻撃を開始し、4月9日に首都バグダッドは陥落する。だが、それは苦難の始まりであった。**イラクの国民は、当初フセイン政権から解放されたことを喜んだが、じきに米軍が占領軍であることに気づく。**各地でテロが起き、米兵だけでなく多くの住民が犠牲になった。

　その後、イラクに大量破壊兵器が存在するというのはアメリカの嘘だったと判明した。アメリカのイメージは、長期にわたり損なわれることになる。

分断国家イラク

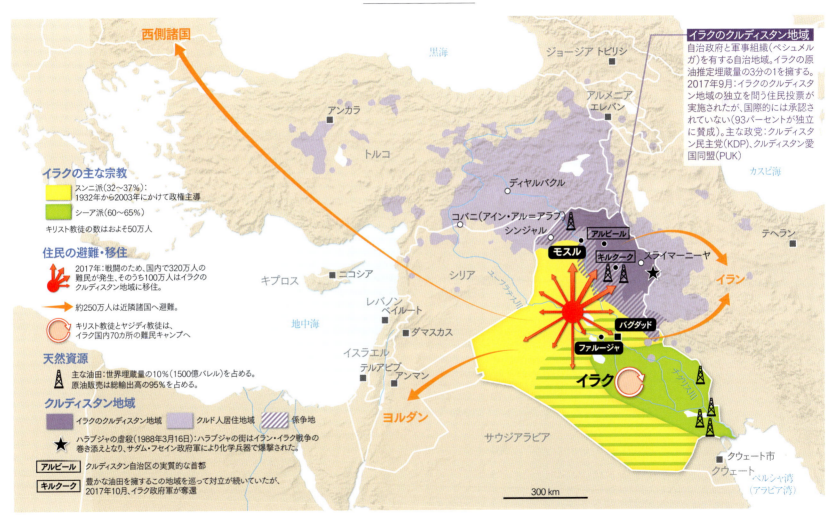

LES CRISES ET CONFLITS ACTUELS

現代の危機と紛争 | 07
東・南シナ海における緊張

中国は、平和的台頭をうたっている。
領土拡張の意図はみじんもないので、近隣諸国に警戒されるいわれはないし、
中国の体制を他国に押しつけるつもりもなければ、
いまだかつて帝国主義政策や植民地主義政策を推し進めたこともないと強調する。

中国が東・南シナ海の領有を主張し続ければ周辺国は対中国でアメリカと連帯する恐れがある

中国の領有権主張

　領土に関する中国の主張は事実でも、領海については違う。しかも、人口、軍事力、経済力のどれをとっても中国と近隣諸国の差は歴然としているため、近隣諸国が中国を警戒するのももっともだ。

　中国が領有を主張する海域について、周辺のいくつもの国が異議を唱えている。その結果、もともと対立関係にあった国（日本、ベトナム）との関係悪化だけでなく、これまで中国政府と良好な関係を築いてきた国との間にも緊張が生じてきた。中国はジレンマに陥っている。中国が死活問題と考える東・南シナ海の領有をこのまま主張し続ければ、周辺国は対中国で連帯し、アメリカに保護を求めようとする恐れがある。しかし、この海域での米軍の配備増強こそ、まさに中国が避けたいことだ。それならば、東・南シナ海の支配権を失うかもしれないとわかっていながら、中国は主張を取り下げるだろうか？

　中国政府にとって南シナ海は、中国の生命線とも言うべき戦略的要衝である。中国の輸入品の80パーセントは南シナ海を通って運ばれるうえ、この海域は漁業資源もエネルギー資源も豊富である。そうした資源を中国は今現在必要とし、将来はいっそう必要とするはずだ。しかも、この海は中国の軍事力と抑止力を保証する原子力潜水艦の通路にもなっている。

アジア諸国の警戒

　フィリピンの提訴を受け、ハーグの常設仲裁裁判所は2016年7月、中国の領有権主張を無効と判断した。中国政府はこの判定を受け入れなかったため、ASEAN諸国は警戒を強めた。ことこの件に関しては、中国が強者の論理を押し通すのではないかと、周辺諸国は戦々恐々としている。

　スプラトリー諸島（南沙群島）は、中国以外にも、マレーシア、フィリピン、ベトナム、台湾、ブルネイが領有を主張しているが、中国はその海域に人工島を建設した。この他にも領有をめぐって中国と係争中の島嶼は少なくなく、ベトナムはパラセル諸島（西沙群島）、フィリピンはスカボロー礁をめぐって中国と対立している。それらに加えてデリケートな争点となっているのが尖閣諸島（釣魚群島）の領有で、この問題をめぐって中国と日本との間には緊張が続く。尖閣諸島は無人島だが、その領有によって広大な排他的経済水域が手に入るのだ。

　この諸島は、1971年にアメリカから日本に返還された。そして、2012年、東京都が購入の方針を表明した後、国有化された。これは、もともとはさらなる問題を引き起こさないための措置であったが、中国はこれを敵対行為であるとして反発し、尖閣諸島上空域まで領空を拡大した。**日本——アメリカの同盟国でもある——と中国の対立は今に始まったことではないが、近年それが激化している。**そのため、両国は軍拡競争を行ない、双方でナショナリズムが幅を利かせ、反目が続く。

　常識的に考えるなら、無人島の領有に関して、どちらの側からも、取り返しのつかない事態を引き起こせるはずがない。しかし、挑発行為がエスカレートした挙げ句、紛争になった例はいくらでもある。

中国の「平和的進出」?

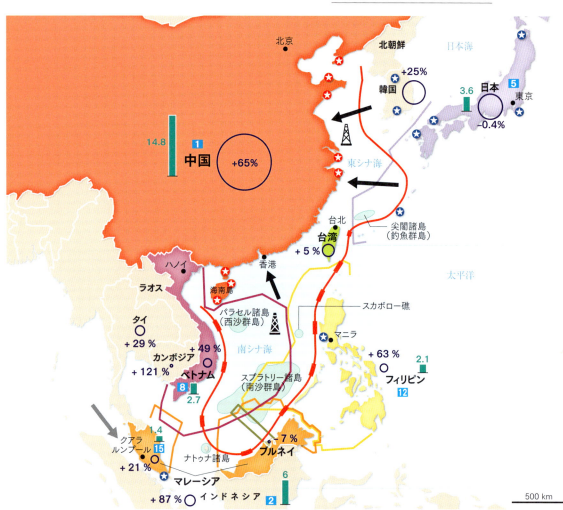

係争中の島嶼・列島
　中国が領有権を主張（中国名）

各国の主張する排他的経済水域
日本　　ベトナム
フィリピン　マレーシア
中国*　　ブルネイ

＊中国は1948年に領有権主張のために引いた「九段線」を2013年に「十段線」に増やした。

軍事施設
★ 米軍基地　★ 中国軍基地

2017年の国防費
（単位：100万ドル）
209　50,000　225,231

+5%　2010年の国防費に対する比（％）

東・南シナ海の経済的重要性

東・南シナ海　世界の海上貿易の3分の1が利用

→ 中国向け石油の輸送路（中東とアフリカから）
→ 中国の輸入品の80％が通過

天然資源　原油と天然ガス

南シナ海：
・原油 110億バレル
・天然ガス 5兆㎥

東シナ海：
・原油 5000万～1億バレル
・天然ガス 280億～560億㎥

沿岸の主な漁業国
[1] 世界ランキング　2.1 2014年の漁獲量（単位：100万トン）

出典：アメリカ国防総省；ストックホルム国際平和研究所；『L'année stratégique 2018（2018年の戦略）』（パスカル・ボニファス著）；国連食糧農業機関（FAO）2016年報告書；『Les Chiffres 2014（数字で見る2014年）』（Alternatives Economiques社刊行の年鑑）

08

LES CRISES ET CONFLITS ACTUELS

現代の危機と紛争 | 08

朝鮮半島：紛争は凍結？

1953年に板門店で合意されたのは休戦であって、恒久的な和平ではない。
韓国と北朝鮮は引き続き戦争状態にあり、韓国はアメリカの、
北朝鮮は共産勢力であるソ連と中国の支援と庇護を受けてきた。

北朝鮮は韓国を取り戻す力はないことを自覚しているし韓国側も北朝鮮との統一を望んではいない

韓国の飛躍と北朝鮮の停滞

韓国は、国民の機動性［1960～1970年代には西ドイツなどへの出稼ぎが外貨獲得に大きく貢献した］、教育の充実、アメリカ市場の開放などのおかげで著しい経済成長を遂げ、1950年から2000年の間に国民1人あたり国内総生産は100倍になった。一方の北朝鮮は、乏しい国家予算が軍備と安全保障に費やされ、停滞を続ける。1996年には大飢饉にも見舞われた。

1980年代、社会の発展と共に韓国では民主化が進んだが、北朝鮮では全体主義体制が続いた。**1988年にオリンピックを開催したことで、韓国の発展は国際社会の認めるところとなる。**北朝鮮はと言えば、中国のような市場開放政策はとらず、核ミサイルを開発し、2003年には核拡散防止条約から脱退することになった。1998年に、韓国の大統領として元反体制派の金大中が就任する。金大中大統領は北朝鮮との緊張緩和を目指す「太陽政策」を推し進めた。2000年にはアメリカのマデレーン・オルブライト国務長官が平壌を訪問し、北朝鮮の非核化合意も間近と思われた。**ところが、2002年1月のジョージ・W・ブッシュの「悪の枢軸」発言**（イラク、イランと共に北朝鮮が名指しされた）**によって、この希望は打ち砕かれる。**

和解へ向かっているのか？

2003年にイラク戦争が起きると、北朝鮮は、核兵器が体制の維持には不可欠であるとの確信を深める。北朝鮮の共産主義政権は世襲により受け継がれ、建国者の金日成が1994年に亡くなると息子の金正日が、2011年にはその息子の金正恩が後を継いだ。**ただ、どんなに体制が盤石でも、北朝鮮は韓国を取り戻す力はないことを自覚している。韓国側も、北朝鮮との統一を望んではいない。**統一された場合の経済的負担が大き過ぎるからだ。ドイツの場合は、西ドイツが東ドイツの4倍の人口を擁していたうえに、東ドイツは北朝鮮よりもはるかに発展していた。韓国の人口は北朝鮮のわずか2倍である。関係各国も、統一を望んではいない。日本は、反日感情で南北朝鮮が結びつくのを危惧している。実際、朝鮮半島の両国民からすると、日本政府は正式な謝罪を済ませていないため、植民地支配の苦しみの記憶はまだ消えていない。アメリカは、統一によってアジアに米軍が駐留する正当性が揺らぎかねないと考えている。中国は逆に、統一後アメリカが中国国境付近に駐留するかもしれないと考え、これを懸念している。

北朝鮮が、負けるとわかっている戦争を自ら始めるはずはない。とは言え、アメリカが攻撃することにでもなれば、甚大な被害が予想される。**とりわけ2つの大都市、ソウルと東京が壊滅するかもしれない。**

2017年末、ドナルド・トランプと金正恩は核攻撃を示唆して脅し合い、韓国の大統領がとりなした。韓国で開催された冬季オリンピックは、南北の高官の接触の機会ともなり、2018年6月のシンガポールでの米朝会談につながった。しかし、北朝鮮の非核化は、朝鮮半島の統一と同様に実現の見通しが立たない。

著しい軍備増強から対立の沈静化へ

09

LES CRISES ET CONFLITS ACTUELS

現代の危機と紛争 | 09

米中関係：協調か敵対か？

中国の国共内戦*¹の際、アメリカが毛沢東の邪魔をしなかったのは、
太平洋戦争中、毛沢東率いる共産党軍が日本を相手に戦い、アメリカを助けたからである。
しかし、1949年に毛沢東が勝利を収め、ソ連と軍事同盟を結ぶと、
アメリカは台湾に逃れた蒋介石の国民党を支持することになる。
アメリカはとりわけ、台湾が国連安全保障理事会の常任理事国の座を維持することを主張し、
大陸政府の脅威にさらされる小さな島国、台湾を擁護した。

*1) 1946〜1949年の国民党と共産党による内戦

今日の米中関係は、双方の対立するイデオロギーが競い合っているわけではない

目覚ましい接近

1961年、中国はソ連との断絶を正当化するために、過激な発言をするようになった。雪どけを招いたソ連の対米平和共存政策を非難し、アメリカに対しても強硬で威嚇的な姿勢をとって「核戦争」さえほのめかした。ただ、当時中国はまだ核兵器を保有していなかった。

1969年1月、アメリカではニクソンが大統領に就任し、キッシンジャーが国務長官に任命された。アメリカはベトナム戦争のせいで疲弊していたため、これまでとは違った方法でソ連の脅威に対抗すべきだというのが2人の考えだった。そこで、**ソ連との間で緊張緩和政策を進めるいっぽう、ソ連を封じ込めるために中国に接近した**。台湾との軍事協定は維持しつつも、アメリカは1971年に、中国が台湾に代わって国連安保理常任理事国の座を得ることに同意する。1972年にはニクソンが中国を訪問し、世界を驚かせた。**米中2大国の関係は大きく前進し、アメリカはこれをソ連への牽制として利用する**。毛沢東政権は全体主義ではあったが、ニクソンとキッシンジャーにとっては、ソ連の脅威への対処が優先事項だった。

鄧小平が1970年代後半に権力を掌握すると、米中関係はさらに強化される。アメリカを公式訪問し、経済の活況を目の当たりにした鄧小平は、中国共産党による一党支配体制はそのままに、市場経済を導入した。

ライバルかパートナーか

中国はアメリカの最大の貿易相手国となった。いっぽう、2000年代に入ると、アメリカは中国の発展を警戒し始める。**中国の台頭は、アジア・太平洋地域におけるアメリカの支配を脅かしかねないからだ。**

中国としては、経済発展は体制の安定的維持に不可欠であり、アメリカ市場を手放す気はない。

アメリカとしても、国内の消費需要を満たし、安価な製品を手に入れるために、中国からの輸入品は欠かせない。対中貿易赤字は年3000億ドルに上る。中国はそのほとんどを米国債の購入に充てている。アメリカは、人民元が不当に安く抑えられているとして中国に通貨切り上げを繰り返し要請してきたが、中国は、国際通貨としてのドルの役割と、ドルのおかげでアメリカだけが得ている特権を不当だとして、これを批判している。

冷戦時代の米ソ関係と、今日の米中関係の違いは、中国はアメリカの政治体制を転覆させるつもりはなく、「ただ単に」世界一の大国になりたいだけだという点にある。双方の対立するイデオロギーが競い合っているわけではないのだ。

また、よく言われるように、現在の状態はG2、つまり米中による「世界の共同統治」でもない。**米中2大国の間には、協力関係と同じだけの対立関係がある。**ドナルド・トランプは、経済的にも軍事的にも、中国との対決姿勢を強めている。

米中関係に関し、「トゥキディデスの罠」説が引き合いに出されることもある。古代ギリシャの歴史家トゥキディデスによれば、傾きかけの大国スパルタと、新興国アテネの対立は防ぎようのないものだった。19世紀末のイギリスとドイツの関係も同じようなものだったのだろう。

だとすると、台頭する中国と、相対的に衰退しつつあるアメリカの対立もまた、避けられないのだろうか?

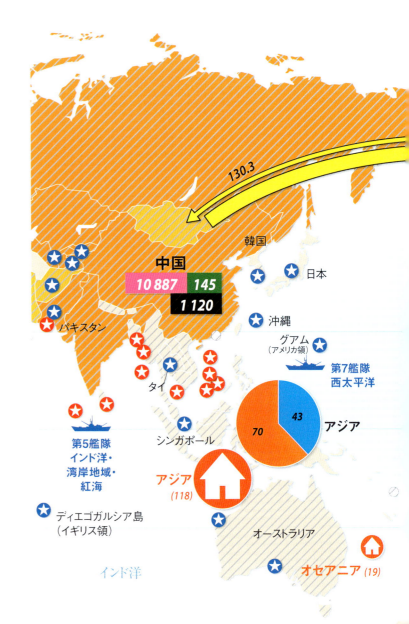

2大経済大国
17 947 国内総生産（GDP）（単位：10億ドル）

通貨・金融政策
★ 米連邦準備制度：世界の支払と取引の38％が米ドルで行なわれている。

相互依存と貿易競争の板挟み
➡ アメリカの発表では、対中貿易収支は3752億ドルの赤字
（中国のデータでは、2758億ドル）
（単位：10億ドル）

2大海洋国家
⭐ 中国の保護を目的とする沿岸基地（真珠の首飾り戦略）
⭐ 米英軍事基地と軍事施設
🚢 米艦隊の展開海域

戦略的同盟
■ 上海協力機構（SCO）加盟国
■ 上海協力機構（SCO）オブザーバー国

2016年国防費
604 軍事費（単位：10億ドル）
アメリカ：2008年比0.49％減
中国：2008年比178.85％増

1 120 2017年の段階で中国が所有する米国債の額（単位：10億ドル）。

▨ AIIB（アジアインフラ投資銀行）の参加国：AIIBは世界銀行に対抗するため、2015年12月に創設された。本部は北京。

地域別の対外直接投資（FDI）額
（2016年／単位：10億ドル）

ソフトパワー戦略
🏠 孔子学院（校数）
🎓 アメリカへの留学生（2017年）：108万人、そのうち35万755人が中国からの留学生（国籍で最多）

出典：『L'année stratégique 2018（2018年の戦略）』（パスカル・ボニファス著）；『L'année stratégique 2010（2010年の戦略）』（パスカル・ボニファス著）；ロイター（2017年）；AIIB公式ウェブサイト（2018年）；国連貿易開発会議（UNCTAD）（2016年）；世界銀行（2016年）；国連ラテンアメリカ・カリブ経済委員会（ECLAC／CEPAL、2016年）；ロディウム・グループ（アメリカの調査会社）（2016年）；欧州委員会（2012年）；上海協力機構（SCO）公式ウェブサイト；孔子学院公式ウェブサイト（2018年）；米国国務省教育文化局による留学報告書「Open Doors（開かれたドア）」（2017年）；中国国営新華社通信（2017年）

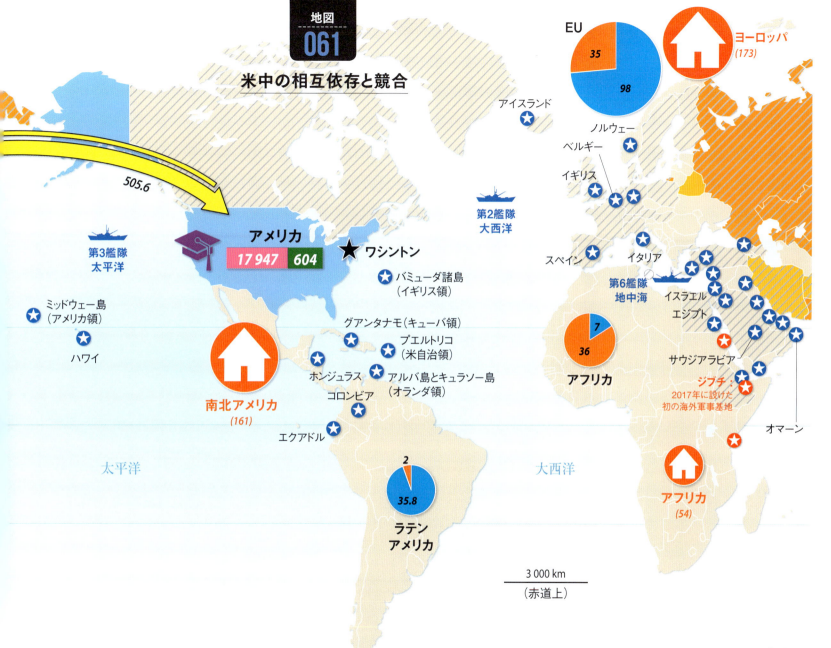

第2部
各地域

- ヨーロッパ
- 南北アメリカ
- アラブ世界
- アフリカ
- アジア

ヨーロッパ

ヨーロッパ | 01

フランス：主要な大国

フランスはもはや「並の大国」に過ぎず、
過ぎ去った栄華を懐かしみながら生きていく国だという見方がある。

フランスは特権的立場を失ってもなお、常に独自の存在感を発揮できる

フランスは並の大国か？

　フランス衰退論は実は新しいテーマではなく、百年戦争の頃に初めて登場したようだ。この衰退論がフランス人の間で議論の的になったのは、フランスが1871年の普仏戦争で初めて、数カ国による連合ではなく1カ国のみを相手に敗北したときだった。そして、1940年6月に、世界最強とうたわれたフランス軍部隊が3週間でナチス・ドイツに敗れたトラウマと、戦後の第5共和政における一連の対植民地戦争によって、この見方は強まった。

　ドゴール将軍は、北大西洋条約機構（NATO）に留まりながらも、アメリカとは一線を画す独自路線を展開することで、フランスの外交政策に再び威光をもたらした。核抑止力によって自主性を保証されていたフランスは、ヨーロッパの他国ほどソ連を恐れず、アメリカの庇護を受ける必要がなかった。また、外交における選択肢の幅が広かったため、独自路線をとる西側の国家として、多くの国と個別に関係を展開することができた。フランソワ・ミッテラン大統領はこのドゴール路線を踏襲し発展させたので、この政策は「ドゴール・ミッテラン主義」と呼ばれている。

　確かに1991年のソ連崩壊に象徴される二極世界の終焉とともに、フランスはそうした特権的立場を失った。**しかし、2003年にイラク戦争に反対したときのように、フランスは常に独自の存在感を発揮できる。**新たな国際情勢においても、国連安全保障理事会で拒否権を持つ常任理事国の立場をうまく活用している。超大国アメリカ以外で世界の主要国に数えられるのは、国際的重要課題の大半に影響力を及ぼす10カ国足らずの大国と、各地域の有力国家20カ国ほどである。他国が常に従うとは限らないが、フランスの見解は、地球温暖化対策、パンデミック［世界的規模で流行する伝染病］への対応、テロ対策、集団的安全保障、世界経済の管理など、国際問題の大半に関して正当とされ、理解されている。

　また、**歴史的イメージだけでなく、客観的な資料によってもフランスの実力は測ることができる。**フランスは多額の投資を受け入れている国であり、輸出では世界第4位、国内総生産では世界第5位を占める。ソ連の脅威がなくなってからもフランスの核兵器は依然として切り札となっているし、フランスはあらゆる国際機関で非常に活発に活動している。これまでの歩みと多方面にわたる国際舞台への参加を通じて、フランスは世界的大国として評価され、世界各地域の政治状況に関わっているとみなされているのだ。

地理的切り札

　フランスは、地理的に強力な切り札を持つ。**ヨーロッパで国土が大西洋と地中海の両方に面しているのはフランスとスペインだけであり、海岸線は全長3500キロメートルに及ぶ。**西ヨーロッパで最も深く掘り下げた地政学的戦略を持ち、北ヨーロッパと南ヨーロッパをつなぐ架け橋の役を担っている。また、新しい海洋法が発効して以来、フランスは世界第3位の領海保有国である。本土以外の領地も少なくない。5つの海外県（グアドループ、マルティニーク、フランス領ギアナ、レユニオン、マイヨット）、5つの海外準県（フランス領ポリネシア、ウォリス・フツナ、サンピエール・ミクロン、サンバルテルミー、サンマルタン）とニューカレドニア（特別共同体）がある。さらに、フランス領南方・南極地域（TAAF）も加えるべきだろう。要するに、4つの海洋（インド洋、大西洋、太平洋、南極海）に国家の主権が及び、2つの大陸（アメ

リカ大陸とアフリカ大陸）の周辺に海外県があるというわけだ。

フランスの存在感を示す2番目の領域は、同国を旧宗主国とするアフリカ諸国である。科学技術、経済、文化、そして軍事における一連の協力協定によって、フランスは多数のアフリカ国家と関係を結んでいる。だが、他の大国、とりわけ中国がますますアフリカ大陸に関心を寄せているため、フランスは政治と経済の面でアフリカ各地の市場の一部を失いつつある。

フランスの外交力

フランスは国際舞台で常に特別な地位にあり、外交においてあらゆる問題に独自の見解を示す稀有な国家の1つである。ヨーロッパ統合を推進したフランスは、多くの段階でその原動力となってきた。欧州石炭鉄鋼共同体（ECSC、1951年）、欧州経済共同体（EEC、1957年）、単一欧州議定書（1986年）、マーストリヒト条約（1992年）、リスボン条約（2008年）はフランスが主導した。世界におけるフランスの重要性は、ヨーロッパ連合（EU）の影響力に大きく左右され、相乗効果によって大きくなると言える。なお、ドイツは東西統一によってフランスに対する影響力を相対的に強めた。

フランスはEUの支柱の1つであり、それによって非加盟国に対するフランスの地位は高まっている。**イギリスのEU離脱が決まってからは、フランスはEU内で唯一、真の軍事力を有し、かつ国連安全保障理事会の常任理事国である国となった。**

普遍的であると同時に、国益とヨーロッパの利益にかなうメッセージを発信する力を、フランスは持たなくてはいけない。指導者は、これまでしばしば批判されてきたように傲慢にならないよう、心がけるべきだ。

フランスは多国間主義を擁護している。**ヨーロッパ統合を通じて多国間主義の世界を確立できれば、国益にかなうと同時に世界全体の利益となる。**多国間主義を貫くことで、大多数の国家から理解を得られるだろう。古くは啓蒙哲学やフランス革命、最近ではドゴール・ミッテラン主義外交という歴史のおかげで、外国人の多くにとって、フランスは格別の地位を占める国と言える。

欧米が力を独占してきた時代が終わった影響は、西側の他の国々と同様にフランスにも及んでいる。それでも、フランスは多くの切り札を持っており、グローバルな見地で考え、戦略的な問題全体について公正な見解を表明できる能力を持つ稀な国の1つだ。

失業、多額の財政赤字と貿易赤字に苦しむ今、自国の経済を再び活性化することは至上の課題であり、戦略的正当性を保つためにも不可欠である。

> ヨーロッパ統合を通じて多国間主義の世界を確立できれば、フランスの国益にかなうと同時に世界全体の利益となる

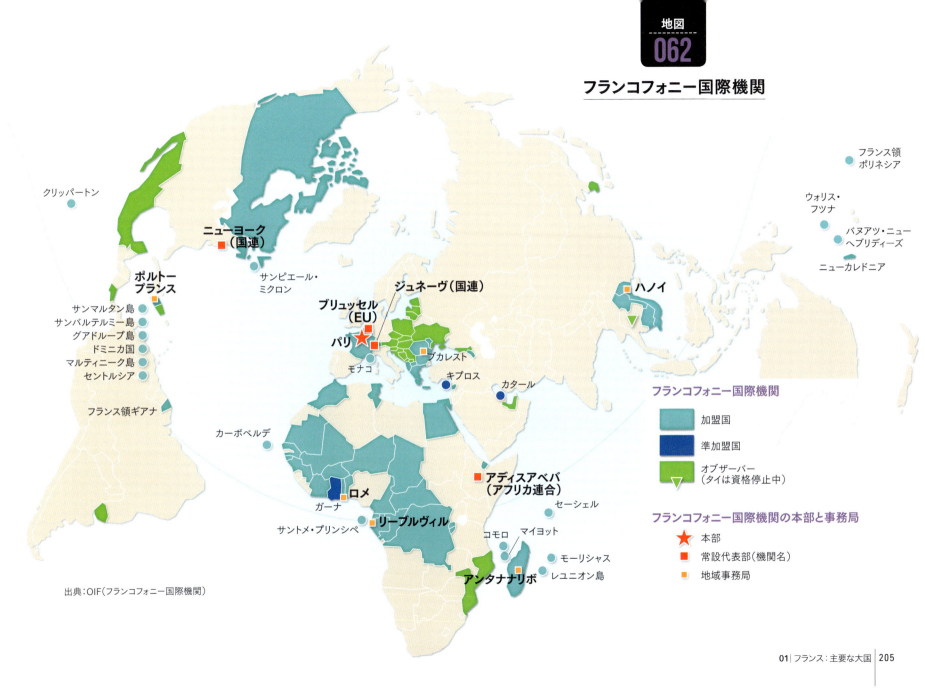

L'EUROPE

ヨーロッパ | 02

ドイツ：復活した大国

冷戦が終わり、東西ドイツ統一の見通しが立つと、
西ドイツのヘルムート・コール首相とフランスのフランソワ・ミッテラン大統領は、
ヨーロッパ統合を急ぐ決断をした。
必然的に力を増すであろう新生ドイツをしっかりと組み入れ、
ドイツのヨーロッパではなく、ヨーロッパのドイツにするためである。
しかし、なかにはイギリスのマーガレット・サッチャー首相をはじめ、
ドイツの再統一に難色を示す首脳もいた。
歴史に鑑みて、ドイツが再び強大化することを懸念したからである。

1937-1949年のドイツ国境

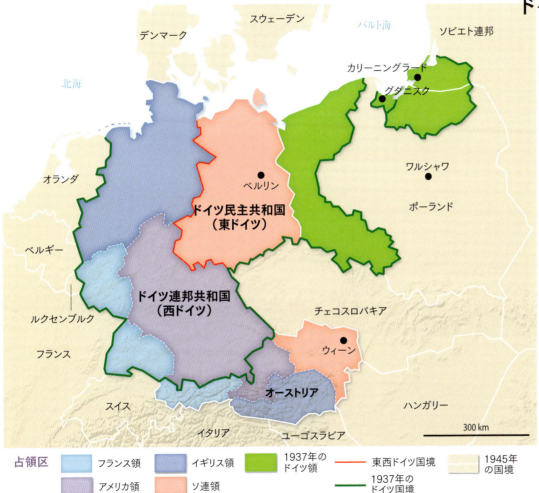

フランス経済が停滞したいっぽう ドイツは力強い経済成長を誇った

ドイツの強大化

1992年にマーストリヒト条約が調印されたことで、欧州経済共同体（EEC）は欧州連合（EU）へと移行する。EUの目標の1つは、通貨統合だった。ドイツは単一通貨ユーロを導入するために、ドイツの繁栄と通貨・経済の安定の象徴であったドイツマルクを手放した。

再統一によって、ドイツが一流国家になったことは間違いないが、旧東ドイツの発展はまだ遅れていた。

21世紀に入ってからは特に、国家間のパワーバランスが崩れがちで、それはフランスとドイツの力関係においても例外ではなかった。**フランスが高い失業率、成長の減速、貿易赤字にあえいで経済が停滞したいっぽう、ドイツは完全雇用、記録的な貿易黒字、力強い経済成長を誇ったからである。**それでもフランスは、戦略上の重要なプレイヤーとして優位性を保っている。

戦略的な慎重さからの脱却

冷戦が終わったおかげで、ドイツはアメリカからあ

る程度距離を置けるようになった。2017年にドナルド・トランプがアメリカ大統領に就任し、両国間の距離はさらに広がっている。2003年には、ゲアハルト・シュレーダー首相がアメリカ主導のイラク戦争に反対を唱えたことさえあった。だが、コソボ紛争の折には、ドイツはNATOの一員として全面的に軍事参加している。**再統一以来、ベルリンに首都を置くドイツは、戦術的な機動力はあまりないにしても、硬直化しているわけではない。**国連安全保障理事会の常任理事国の有力候補にもなっている。

ドイツは中国ときわめて緊密な経済関係を保つ。ロシアに対してはポーランドやバルト三国ほど強い警戒感を抱いていないが、2014年にロシアがクリミア併合を断行した直後、アンゲラ・メルケル首相はロシアに対してやや強硬な姿勢をとった。

ヨーロッパの諸問題

2017年のドイツ連邦議会選挙で与党が大幅に議席を減らすまで、アンゲラ・メルケル首相は無視できない指導者とみなされ、EUのみならず欧米における最強の女性とさえ言われた。

フランスとの関係は依然として中心に据えられているものの、かつてのドゴールとアデナウアー、ジスカール・デスタンとシュミット、ミッテランとコールのような両国首脳の緊密な関係は、今のところ見られない。

ドイツ経済の活力は、シュレーダー前首相の構造改革によって勢いづき、メルケル首相はその恩恵を受けた。**しかしながら、この改革で経済格差は広がった。**出生率低下と完全雇用を考慮し、メルケル首相は2016年に100万人以上の難民を受け入れる。人道的配慮と、(「労働力は歓迎」という)政治的な抜け目のなさが相俟った対応であった。しかし、同じ状況にない他のヨーロッパ諸国との協議を経なかったために、国内の極右勢力の台頭などを招いてしまう。

2008～2009年の世界金融危機の後、EUのパートナーである国々の意見に耳を傾けず、南欧の国々に対して厳しい姿勢をとったことで、ドイツは非難を浴びた。**ドイツ国民は、真面目に働いてきた自分たちが、南ののんきな怠け者のためにお金を出す筋合いはない**と考えたのである。こうしてヨーロッパは混迷を深めた。

構造改革による経済格差の広がりと難民の受け入れによりドイツ国内では極右勢力の台頭などが起こった

 ドイツ国民の移動

0.2 難民の総数(単位:100万人)

── オーデル・ナイセ線
(1945年のポツダム協定で定められたドイツとポーランドの国境線)

ヨーロッパにおけるドイツ領土の変遷

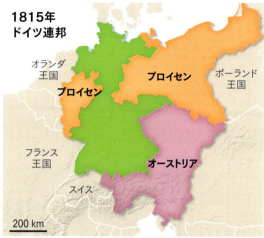

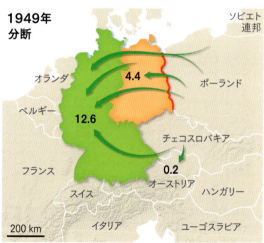
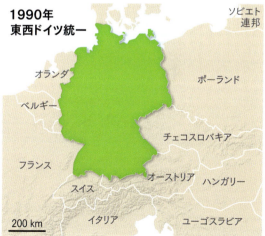

L'EUROPE

ヨーロッパ | 03

イギリス：ヨーロッパの大国？

ウェールズをすでに併合していたイギリス王国は、
1707年にスコットランドを、1801年にアイルランドを支配下に収め、
グレートブリテンおよびアイルランド連合王国となった。
海洋大国としてフランスのナポレオンに抵抗し、
広大な植民地を手中に収め、やがて貿易においても揺るぎない大国となる。
1860年代には、世界人口の4分の1がヴィクトリア女王の臣民であった。
1922年、アイルランドが独立を果たしたが、
北アイルランドは連合王国に留まった。

はるか昔から、島国であるイギリスはヨーロッパ大陸に対して一定の距離をとり続けてきた

帝国の終焉

19世紀末からドイツがイギリスの覇権を脅かしていたものの、20世紀に入ってイギリスの首位の座を奪ったのは、アメリカだった。イギリスはこの元植民地との間に結んできた「特別な関係」と、アメリカの指導者とエリートが大西洋のかなたで揮う力を頼みの綱として世界的な影響力を保とうとしており、実際、チャーチルとローズヴェルト、サッチャーとレーガンが両国で政権の座にあったときには、その目標は順調に達成されていた。

第二次世界大戦が終わったとき、イギリスは、ヒトラーと終始一貫して戦い続けた唯一の国家として栄光に包まれていた。だが、その後は著しく衰退し、やがて植民地帝国も失う。当初、イギリスはヨーロッパ統合から距離を置いていた。フランスのドゴール大統領は拒否権を発動してイギリスのEEC加盟に反対した（イギリスを「トロイの木馬」のようなアメリカの回し者と考えていたからだ）が、彼の退任後、イギリスは1973年にECに加わった。

戦後のイギリスは、経済・戦略面で相対的に衰退した。 マーガレット・サッチャー首相は膨れ上がった社会保障費の削減を強行し、新自由主義の経済政策をとり始める。さらに1982年のフォークランド（アルゼンチンが領有権を主張し、イギリスが領有する諸島。別名マルビナス）戦争によって、国内外でサッチャー首相の「鉄の女」というイメージは揺るぎないものになった。

欧州に対する消極的姿勢

イギリスはヨーロッパ統合には消極的な姿勢を保ち、ユーロの導入も拒んだ。ヨーロッパを商業圏と捉え、1つのヨーロッパというアイデンティティを共有してはいない。**はるか昔から、島国であるイギリスはヨーロッパ大陸に対して一定の距離をとり続けてきた。** 戦略上、フランスが掲げる「ヨーロッパ大国」計画に反対の立場をとっている。ヨーロッパが1つの大国となれば、アメリカの覇権と対立するし、大西洋を挟む英米の連帯にも水が差されると判断しているからだ。

2003年、当時のトニー・ブレア英首相は、アメリカ陣営に与してイラク戦争に参戦したが、戦争の正当性には疑念を抱いていた。それでも、アメリカとの絶対的連帯という原則に従って参戦を決めたのである。**しかし、この「特別な関係」の成果が従来ほど上がっていないことは明らかで、昨今のイギリスの首相はアメリカ大統領にまったく影響を及ぼしていない。**

2016年には国民投票の結果、イギリスのEU離脱（ブレグジット）が決定した。当時のデイヴィッド・キャメロン首相の内政に関する計算違いによって決まったEU離脱は、イギリスに波乱を巻き起こしかねない。**実際、世界一の金融市場というロンドンの地位は脅かされている。** イギリスは、これまでEUの庇護下で結ばれていた通商条約全体について、不利な立場で再交渉せざるを得なくなった。EU加盟国でなくなったイギリスは、アメリカにとってはEUとの仲介役という戦略的重要性が低下し、他の国々、特に中国にとっては、政治・通商面の利点が減るだろう。

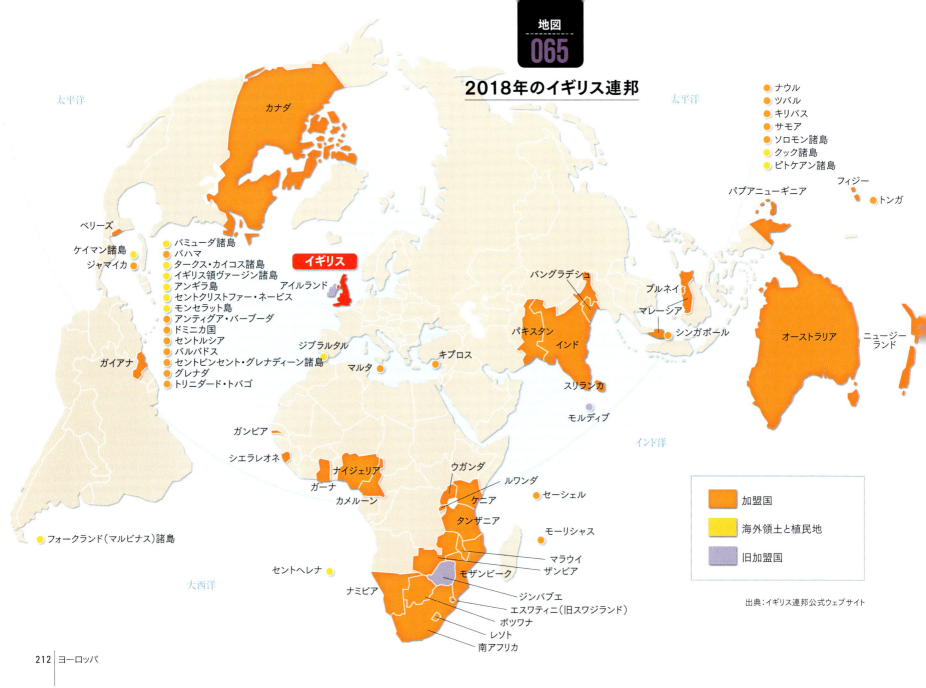

04
L'EUROPE

ヨーロッパ | 04

イタリア：役割の見直し

19世紀に統一を果たして以来、イタリアでは国内の地域間の違いが際立っていた。
すなわち、豊かで工業化されている北部、第三次産業が中心となっている中部、
そして貧しく発展が遅れて都市化されていない南部である。
南部には国家の怠慢からマフィアがはびこることになった。

イタリアの統一

ヨーロッパ・大西洋の国？

　イタリアは第二次世界大戦の戦勝国の1つとみなされた。というのも、1943年に連合軍がシチリア島に上陸した後、国内を占領していたドイツ軍にパルチザンが抵抗を続け、1945年にはベニート・ムッソリーニの処刑に至っていたからだ。冷戦下では、共産党勢力の躍進を食い止めるためにアメリカがキリスト教民主党を手厚く支援していたし、北大西洋条約機構（NATO）とヨーロッパ連合（EU）（欧州石炭鉄鋼共同体［1952年］、欧州経済共同体［1967年］）設立時には、イタリアは原加盟国になった。このように西側に根を下ろしていたおかげで、イタリアは本来の地位を回復し、国際的な共同体に難なく組み入れられた。

　同国の政権はきわめて不安定であったため、経済成長は、共通市場と同族経営による中小企業の活発なネットワークに負うところが大きかった。ただ、経済が成長しても北イタリアと南イタリアの格差は縮まっていない。イタリアはNATOの方針に従う外交路線をとりつつも、地中海の南側からの玄関口となっている環境から、移民問題では積極的な役割を担いたいと望ん

でいる。自らを並の国と感じてはいるが、EU内でフランスとドイツから十分な配慮を受けていないことを遺憾とし、その反動でアメリカとの関係を重視している。

役割の見直し

1980年代には（極右と極左による）テロ事件の続発が国を揺るがし、1990年代に入ると、新たな危機を経験する。**マフィア撲滅を目指す司法当局が政界とマフィアの癒着を暴き、長年イタリア政界の中心だったキリスト教民主党も関係していたことが発覚したのだ。**同党は結局、解党に追い込まれる。

1994年、実業家で「イタリアのメディア王」のシルヴィオ・ベルルスコーニが新党「フォルツァ・イタリア」を結成すると、政界は再編成された。首相に就任したベルルスコーニは、国民の反対に遭いながらも2003年にイラク戦争を支持した。

イタリアはヨーロッパ統合の柱の1つであるにもかかわらず、EU懐疑派が勢いづいている（五つ星運動：M5S）。2018年には「五つ星運動」と極右政党「北部同盟」による連立政権が誕生した。2008年の金融危機から甚大な影響を受けただけでなく、競争力の減少や、出生率の低下（1.35人［女性1人あたり］）による人口高齢化という問題も抱えている。

イタリアは地理的な要因により、2014年以降に深刻化した難民危機の最前線にある。そして、この問題に関して、他のEU諸国から十分な支援を受けていないと感じている。

政局は依然として分裂の危機をはらんでおり、安定した政権の誕生が難しく、国際的な存在感を発揮できていない。

ヨーロッパ大国の構築に貢献する意志と、EU離脱への懸念と、EUと一定の距離を置くよう主張するEU懐疑運動と、トランプ米大統領に踏みにじられた汎大西洋主義精神の間で、イタリアは揺れていると言えよう。

それでも、イタリアは国内総生産が世界第8位、軍事支出は世界第13位で、文化と観光の面でも魅力的な国である。新植民地主義を疑われることもなく、戦略的に高い潜在能力を持っている。政権が安定し、ヨーロッパの再興という目標の下でドイツやフランスと協調できれば、潜在能力がいかんなく発揮できるだろう。

依然として安定した政権の誕生が難しく
国際的な存在感を発揮できていない

05

L'EUROPE

ヨーロッパ｜05

イベリア半島

国土が狭いうえに、国境を接する国はスペインだけというポルトガルは、
戦略と通商の幅を広げるため、海へ向かった。
ポルトガルが世界一の大国となった後、15世紀末にはスペインが勢いを増す。
教皇アレクサンデル6世が介入し、トルデシリャス条約（1494年）により
ラテンアメリカの領土を2帝国が分割したおかげで、
紛争を経ることなく世界の覇権がポルトガルからスペインに移行した。

両国とも、もはや旧宗主国として旧植民地の国々を都合よく利用することができない

共通の過去

ポルトガルは、力で勝るようになった隣国スペインとの関係において、常に独立を保つよう心がけてきた。

両国はその後、共通の変遷をたどる。つまり、ナポレオンによる征服、極右軍事独裁体制（ポルトガルはサラザール政権、スペインはフランコ政権）とその崩壊（1974年、1975年）、ヨーロッパの統合である。

第二次世界大戦から距離を置いていたために、両国のファシズム政権は1945年にも揺るがなかった。

しかし、ポルトガルは北大西洋条約機構（NATO）に設立時から加盟した。大西洋上に浮かぶポルトガル領アゾレス諸島が、安全保障上、欧米関係にとってきわめて重要だったというのがその理由だ。

スペインは直ちにNATOに参加はしなかったが、アメリカとは協調関係を築いた。**1986年にヨーロッパ経済共同体（EEC）に加盟したことで、両国は経済的に目覚ましく発展し、近代化を遂げる。**

政治が安定し、優秀で賃金の安い労働力が豊富であることに惹かれて、多数の外国企業が両国に進出した。民主主義が根づき、経済的に繁栄した時代であった。

経済危機からの脱出は？

だが、両国は2008年に経済危機に見舞われ、社会保障が大きく後退し、大量の失業により将来の展望が描けない若年層が国外に流出した。

ただし、スペインでは4政党が分裂して協調できないため政権が一向に安定しないいっぽう、ポルトガルの政局ははるかに見通しが明るいという差はある。

両国にはそれぞれ、政治、文化、言語の面でつながった地域が国外にある。すなわち、ポルトガル語を公用語とする旧植民地（ブラジル、アンゴラ、モザンビーク）と、スペイン語圏の旧植民地（ラテンアメリカ）だ。

ただし、これら旧植民地の国々の大半が発展したことによって力関係は変化し、スペインもポルトガルも、旧宗主国としてそうした地域を都合よく利用することはもうできない。

フェリペ・ゴンサレスやホセ・ルイス・サパテロ（在任2004〜2011年）が率いた社会労働党政権時代のスペインの政策は、地中海とラテンアメリカに向けて開かれ、同時にアラブ世界に対しても積極的だった。

アメリカがフランコを間接的に支援したという記憶から、世論の支持は薄かったものの、スペインは1982年に北大西洋条約機構（NATO）に加盟する。

国民党のホセ・マリア・アスナール首相（1996〜2004年）は、イラク戦争の際、国民の大半が反対したにもかかわらず、ジョージ・W・ブッシュ米大統領に追随する決断を下した。

アスナールは、マドリード同時多発テロを、当初、バスク地方独立運動の武装組織「バスク祖国と自由（ETA）」の犯行だと示唆した。ところが、実際にはイスラム過激派「アルカイダ」の仕業であったために、世論の怒りを買い、国内経済は堅調であったにもかかわらず、議会選挙で敗北した。

ラホイ政権（2011〜2018年）時代のスペインは、内政が不安定で外交でも積極性がなく、経済面で世界第13位、ヨーロッパ第5位という地位にある国にふさわしい役割も、期待される役割も果たさなかった。バスク地方の問題は、この地域に大幅な自治権を与えることによって解決した。

帝国の終焉：スペイン（1865-1975年）、ポルトガル（1954-1975年）

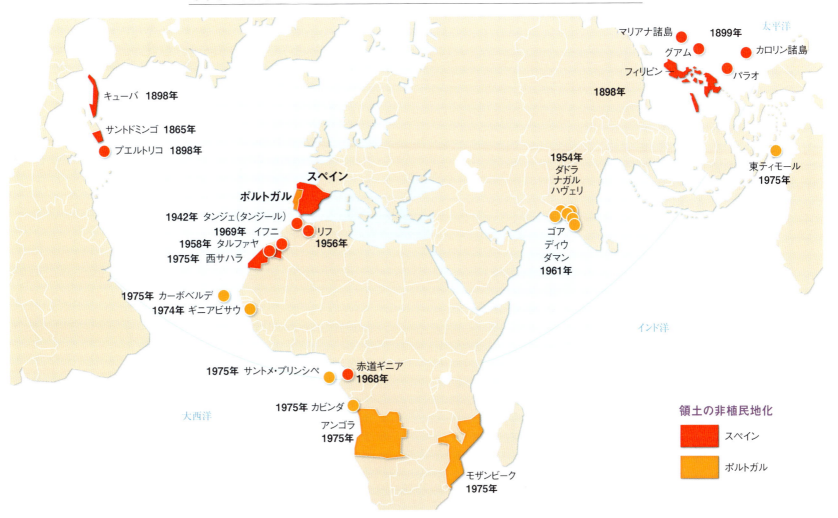

だが、カタルーニャ地方の世論の一部は依然として独立を要求しており、スペインで最も繁栄している地方の将来には、不確実性が重くのしかかっている。

　マリアーノ・ラホイ首相はさまざまな汚職疑惑により、2018年6月に辞任を余儀なくされた。代わって社会労働党のペドロ・サンチェスが首相となり、少数与党政権を樹立した。

ヨーロッパ | 06

中央・東ヨーロッパ諸国：
均質ではない地域

第二次世界大戦が終わると、スターリンは、ソ連の赤軍が「解放」したすべての国に
「人民民主主義」と称する共産主義体制を敷いた。
ヨーロッパの東側と西側は鉄のカーテンで分断され、
東欧諸国はソ連が支配し、西欧諸国はアメリカの庇護の下、
マーシャル・プランと共通市場の恩恵を受けて経済成長を遂げた。
アメリカが始めた「封じ込め」政策によって、
西側へのソ連の侵攻はことごとく阻止されたものの、
鉄のカーテンの東側の国々はソ連の支配下に置かれ続けた。

北大西洋条約機構への加盟

　東側諸国のどの政府も、国民に正当性を認められることはなかった。ソ連の軍事的拘束力だけによって政権を維持していたのだ。東側体制は人気がなく、抑圧的で、おまけにソ連の言いなりだった。ゴルバチョフ大統領がそうした支配を終わらせる決断を下すと、東側諸国の政権は1989年7月から12月にかけて次々に倒れていく。**中央・東ヨーロッパの国々は、自由と主権を同時に取り戻したのである。**

　独立後も、それらの国々はロシアの脅威を相変わらず恐れていたため、アメリカからの保障を得てロシアに対抗しようと、北大西洋条約機構（NATO）への加盟を要望した。また、経済発展と政治的安定を求めて、ヨーロッパ連合（EU）への加盟も希望した。**EU加盟によって、この地域の民主化と安定化は進み、EUの資金が大量に流入したことで経済成長と近代化が達成された。**

EU加盟によってこの地域の民主化と安定化は進んだ

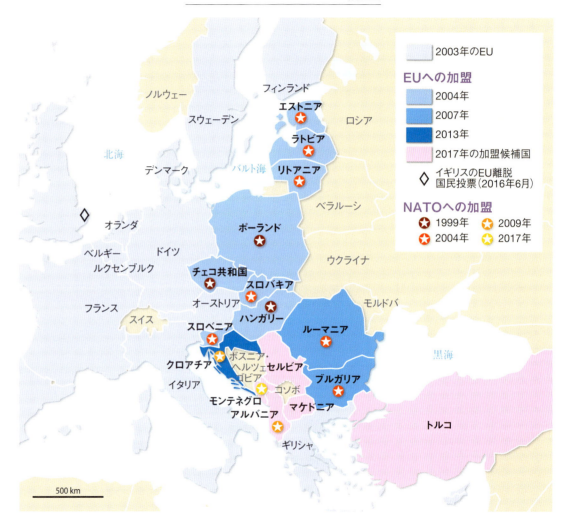

EUおよびNATOへの加盟

中央ヨーロッパの国境の変遷（1914-2018年）

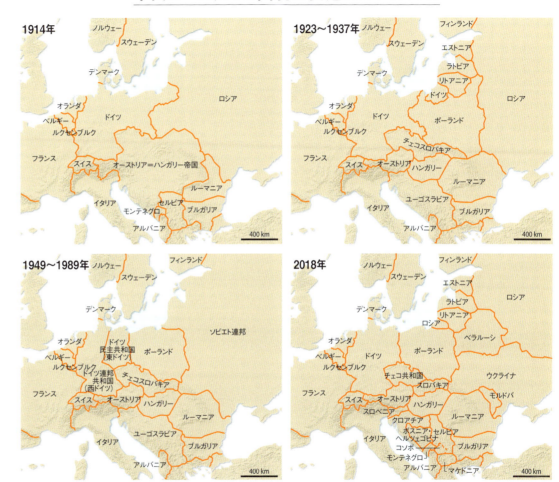

多様化した集合体

　中央・東ヨーロッパ諸国には、ソ連崩壊後も、ロシアからの脅威に再びさらされるのではないかという懸念が根強く残っていた。2003年に「守護者」アメリカと連帯してイラク戦争を支持したのは、そうした懸念の表れである。中東欧諸国は全般に、西欧諸国よりも汎大西洋主義の傾向が強い。

　そして、**それらの国々のEU加盟は、「ヨーロッパ大国」建設の足枷となっている。**経済成長の減速と難民危機によってさまざまな相違が際立つようになったからだ。ポーランドとハンガリーでは強硬な右派政権が誕生し、国内の自由とEUがうたう価値観が尊重されるかどうかが、危ぶまれている。EU機関の控えめな警告に対し、両国の政府は主権侵害だとしてEUを非難した。とは言え、両国の経済発展はEU加盟に負うところが大きい。

　ハンガリーとチェコ共和国は、強力なナショナリズムを背景に親ロシア路線に舵を切った。いっぽう、ロシア・ソ連の領土拡大欲の犠牲となってきた歴史を持つポーランドとバルト三国は、グルジア（南オセチ

中東欧諸国は西欧諸国よりも汎大西洋主義の傾向が強い

ア）紛争（2008年）とクリミア併合（2014年）によって恐れを再燃させ、ロシアに批判的な姿勢を示す。ルーマニアは親米路線で、やはりロシアに対して強硬な姿勢を保つ。スロベニア、スロバキア、ブルガリア、クロアチアは、中道の立場を貫いた。

2011年、経済協力を進める目的で中国と中東欧諸国の協力発展フォーラムが創設された。この「経済貿易フォーラム（16＋1）」には、EU加盟国のうち11カ国（ブルガリア、クロアチア、エストニア、ハンガリー、リトアニア、ラトビア、ポーランド、チェコ共和国、ルーマニア、スロバキア、スロベニア）とEU加盟候補国5カ国（アルバニア、ボスニア・ヘルツェゴビナ、マケドニア、モンテネグロ、セルビア）が参加している。**この協力体制があるために、EU諸国は中国政府との全面的な歩み寄りに二の足を踏んでいる。**

中央・東ヨーロッパ諸国はすべてNATOとEUの加盟国であるものの、もはや均質な集合体ではなくなっている。たとえば、ヴィシェグラード・グループ（V4：ハンガリー、ポーランド、チェコ共和国、スロバキア）は、一致団結してEU加盟交渉に臨むために1991年に結成されたが、現在では足並みが揃わない状況を露呈している。内政でも外交でも、自らの利益だけを考えているのだ。ただし、近東からの難民に対しては一致して及び腰で、警戒心や、ひいては敵意さえ示す傾向がある。

中央・東ヨーロッパ諸国は もはや均質な集合体ではなくなっている

07

L'EUROPE

ヨーロッパ | 07

北欧：多様な特色を持つ地域

中世には、ハンザ同盟という交易ネットワークが
北海とバルト海沿岸の200以上の商業都市を結んで収益を上げ、
繁栄と勢力を誇った。
しかし、15世紀以降はライバルとの競争にさらされ、
結束は打ち砕かれていった。

難民の大量流入と2008年の金融危機によって反移民を掲げるポピュリズム旋風が勢いづいている

再構成された地域

冷戦時代、この地域は、NATO加盟国のデンマークおよびノルウェーと、ワルシャワ条約機構に属するポーランドとソ連の一部であるバルト三国を擁し、世界の分断を象徴していた。スウェーデンとフィンランドは「中立国」だったが、スウェーデンは西側寄り、フィンランドはソ連寄りだった。

東西分断が終焉を迎えると、この隔たりは一掃される。1992年にはバルト海沿岸諸国評議会が設置された。加盟国は、ドイツ、デンマーク、エストニア、フィンランド、ラトビア、リトアニア、ポーランド、ロシア、スウェーデン、アイスランド（1995年以降）、ノルウェー、EUである。

だが、この地域はいまだに、ロシアとNATO加盟国の間の緊張が最も強い地域の1つだ。NATOは各国の陸海空の軍備を強化し、「ロシアの脅威」の再燃と見られる事態に直面した国々の安全を保障した。ロシアも、封じ込め政策とも受け取れる措置に対抗し、配備をてこ入れしている。**こうした互いの警戒によって、必然的に軍事力が増強の一途をたどっているのである。**

飛び地カリーニングラードは（サンクトペテルブルクとともに）ロシアにとって唯一バルト海に面した領土で、戦略的にきわめて重要な拠点である。いっぽう、バルト海に面したロシア以外の国はすべて、EUとシェンゲン協定に加盟している。

ロシアという要因

北欧の国々（デンマーク、ノルウェー、スウェーデン、フィンランド）は社会民主主義の伝統を持つ安定した福祉国家である。**西側の世界で最も繁栄している**国々で、第三世界への援助でも突出し、国内総生産のうちODAに充てる比率が他の大半の国より多い。さらに、汚職や腐敗の根絶、人権の尊重、環境保護のために取り組みを続け、成果を上げてきた。だが、寛容に迎え入れてきた難民の大量流入（旧ユーゴスラビアの紛争、イラク戦争、独裁体制からの避難民）と2008年の金融危機によって、北欧では、反移民を掲げるポピュリズム旋風が勢いづいている。

ウクライナ危機を経て不安が高まったスウェーデンとフィンランドは、NATOに接近した。バルト三国は（1940年にソ連に併合されたポーランドと共に）ロ

出典：『L'année stratégique 2018（2018年の戦略）』（パスカル・ボニファス著）

	国民1人あたり国内総生産（GDP）	人間開発指数（HDI）	医療費（GDPに占める割合）	政府開発援助（ODA）（GNPに占める割合）
スウェーデン	50,273ドル	0.913	10.02%	1.09%
ノルウェー	74,735ドル	0.949	8.31%	1.00%
デンマーク	52,002ドル	0.925	9.16%	0.86%
フィンランド	41,921ドル	0.895	7.29%	0.59%

冷戦時代の北欧諸国の戦略的環境

シアの再興を常に恐れてきた。ロシアに再び併合されるのではないかと怯え、アメリカの庇護をあてにしているため、アメリカの外交方針に従っている。**狭い国土と少ない人口が弱小国家であるという意識を高めているせいで、バルト三国はスウェーデンとフィンランドとは一線を画している。** スウェーデンとフィンランドは、それに比べるとより開放的で、ロシアと建設的な対話を開始している。

ノルウェーは、とりわけ石油産業のおかげでこの地域で最も裕福な国であり、EUとは距離を置きたいと望んでいる。同国では政府系ファンドが倫理的な基準に照らして積極的に投資を行なっている。

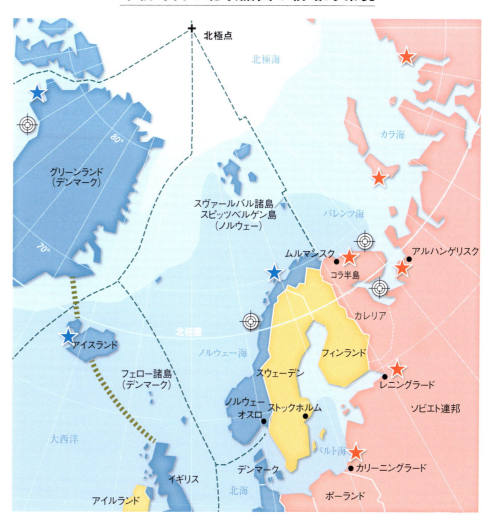

L'EUROPE

ヨーロッパ│08

ヨーロッパの再建

ヨーロッパ大陸を1つにする計画は、昔からある。
サン＝ピエール神父の永久平和計画（1715年）、
ヴィクトル・ユゴーによる「ヨーロッパ合衆国」創設の提唱（1849年の国際平和会議）、
リヒャルト・クーデンホーフ＝カレルギーによる欧州連合構想（1923年）だけでなく、
帝国（ナポレオン）や侵攻（ヒトラー）による統合の試みもあった。

「共同市場」によって加盟国の経済は活性化し かつての敵は今や欠かせないパートナーとなった

歴史から教訓を引き出す

　第二次世界大戦後、西ヨーロッパ諸国は15世紀末から享受していた「世界のリーダー」の地位を失ったばかりでなく、侵攻を受けた場合、とりわけソ連に侵攻された場合には、自国の力だけでは防衛しきれないことを悟った。そして、再び敵対し合うのは政治的にも戦略的にも自殺行為だと自覚した。

　第一次世界大戦後の過ちが第二次世界大戦につながったことから、2つの重要な教訓が引き出された。ドイツを復権させるべきであり、その再建を妨げてはいけないというのが1つ、そして、もう1つはアメリカは孤立主義を改めるべきだということだ。真珠湾攻撃によって、孤立主義では国を防衛できないことが示されたからである。

　ハリー・トルーマンはアメリカが「自由世界のリーダー」になると宣言した。ソ連の挑戦に立ち向かうためである。それは政治上の応戦（独裁体制に対抗する民主主義）であると同時に、地政学上の応戦でもあった（アメリカはソ連によるユーラシア大陸の支配を認めるわけにはいかなかった）。ソビエト連邦は、赤軍がナチス・ドイツから解放した国々に共産主義体制を強要した。ソ連が西欧にも勢力を伸ばそうとすることが懸念されたため、西ヨーロッパでは、戦勝国も敗戦国も、破壊されたインフラ、荒廃した経済という共通の問題を抱えて団結する。

　1949年4月に、北大西洋条約機構（NATO）が設立された。**アメリカ合衆国が平和時に軍事同盟に加わったのは、これが初めてである**。ドイツも1955年にはNATOに加盟した。欧州防衛共同体（EDC）構想が頓挫したことを受けての選択だった。ドイツには自立した軍事力がなかったものの、NATOに加盟したことで、対ソ連防衛の取り組みに参加することができた。

フランスとドイツの和解

　フランスとドイツの和解が最も目覚ましく、大きな成果を上げたのは、経済と政治の分野である。1950年5月9日、ロベール・シューマン仏外相は、ヨーロッパ統合のために「具体的な実績を積み上げて、まず現実的な連帯を作り出す」ことを提唱し、「一挙に」「全体の構築」を急いではいけないと述べた。石炭と鉄鋼（当時の主要原料）の共同生産によって、戦争は「互いにとって不可能であり、考えられない」ものとなった。

　1952年に欧州石炭鉄鋼共同体（ECSC）が誕生し、フランス、ドイツ、イタリア、ベルギー、オランダ、ルクセンブルクが加盟する。1957年には、ローマ条約によって欧州経済共同体（EEC）が創設され、**「共同市場」によって加盟国の経済は活性化し、かつての敵は今や欠かせないパートナーとなった**。軍事紛争はもはや想像できない。ヨーロッパの統合は、紛争が起こることは決まっているという「決定論」に対する、政治的主意主義［人間の意志で状況を変えられるという考え方］の勝利の象徴にさえなった。

アメリカの影響

　1960年代に繁栄を取り戻したヨーロッパは、ドゴール将軍が提案したとおり、アメリカからもっと独立する道を選ぶこともできたかもしれない。だが、フランス以外のヨーロッパ諸国は核兵器による戦略的自立を獲得していなかったため、**政治面でアメリカに依存しがちになるにしても、アメリカによる安全保障の継続を望んだ**。

欧州評議会

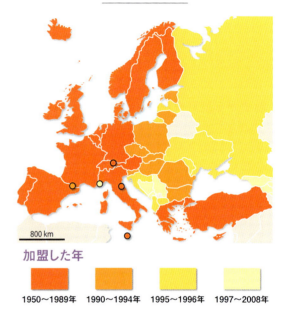

加盟した年
1950〜1989年　1990〜1994年　1995〜1996年　1997〜2008年

　ドゴール将軍は、EECへのイギリスの加盟には反対だった。イギリスがアメリカから送り込まれた「トロイの木馬」になると考えたのだ。だが、ドゴールがすでに政権の座を去っていた1973年、イギリスはアイルランドとデンマークと共にEECに加盟する。いっぽう、ノルウェーは加盟を見送った。

　NATOはポルトガルの独裁政権や、ギリシャやトルコなどの軍事政権の加入を認めたが、それとは対照的に、EECは民主主義体制を加入の条件にした。その結果、独裁政権から解放されたギリシャは1981年に、スペインとポルトガルは1986年に、EECに加盟する。1992年、マーストリヒト条約によって欧州経済共同体（EEC）は欧州連合（EU）という政治的な共同体に移行し、単一通貨ユーロの導入を目指す。当時の構想は、東西ドイツ統一をさらに幅広い欧州プロジェクトの枠に組み込むことだった。

　冷戦の終結によって、かつての中立国や非同盟国（フィンランド、スウェーデン、オーストリア）が1995年にEUに加盟し、2004年の「爆発的拡大」の際は、ワルシャワ条約の元加盟国の大半を含む10カ国（キプロス、エストニア、ハンガリー、ラトビア、リトアニア、マルタ、ポーランド、チェコ共和国、スロバキア、スロベニア）が加盟した。2007年にはブルガリアとルーマニアが加盟し、2013年にはクロアチアの加盟によってEUの輪はさらに広がった。

　しかし、**そうした矢継ぎ早の加盟国増加は、ヨーロッパのアイデンティティを弱めることにもなった。**「若い」加盟国ほど、ロシアの「脅威」に対抗するためにアメリカへの依存度が高いからである。また、2016年にイギリスがEU離脱（ブレグジット）を選んだことで、EU加盟国数の増加には歯止めがかかった形だ。

　一方のNATOは、冷戦が終わっても機構創設の動機となった脅威がなくならないため、消滅するどころか旧ワルシャワ条約加盟国と旧ソ連に帰属していたバルト三国の加盟によって、さらに発展している。フランスもこの軍事機構に復帰することになった。NATO拡大はロシアを苛立たせ、そのせいでNATOの軍事力はさらに増強された。**NATOはヨーロッパ大陸に安全をもたらしたが、ヨーロッパの戦略的自衛組織の発展を阻んでもいる。**アメリカはしばしば、「バードン・シェアリング」（負担の分担）を持ち出すが、「パワー・シェアリング」（力の分担）には言及しない。それは、アメリカがNATOにおいておおむね決定権を握

今やるべきはヨーロッパ市民に対して新たな展望を示すことである

っているからである。

欧州懐疑論？

　繁栄をもたらしたヨーロッパの統合が、問い直されている。欧州懐疑論が広がり、EUは経済危機と難民危機に対処できていないとか、加盟国の主権による選択を制限しているなどと非難されているのだ。

　平和と和解という目的は達成されて久しい。そのため、**今やるべきはヨーロッパ市民に対して新たな展望を示すことである。**多国籍企業の不正会計の撲滅、研究開発において中国やアメリカと互角に渡り合うこと等々、課題は多い。しかし、EUに加盟していないヨーロッパの国々にとっても、ときには多大な犠牲を払ってまでその一員となることを望む人々にとっても、EUは依然として魅力を持つ。EUは世界人口のわずか6パーセントを占めるにすぎないが、世界の国内総生産の21パーセント、世界の社会保障費の50パーセントを占めているからだ。

EEC／EUの拡大

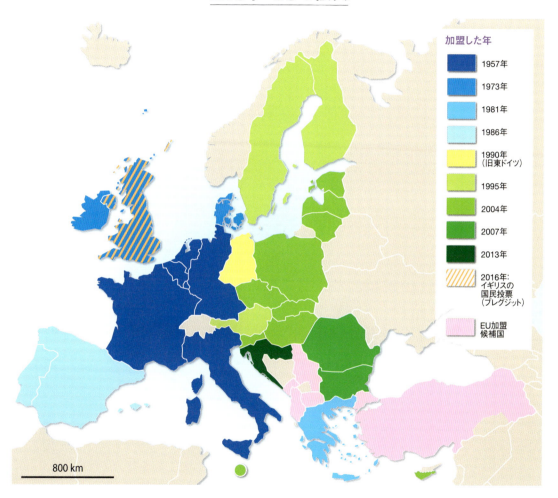

L'EUROPE 09

ヨーロッパ | 09

紛争後のバルカン諸国

バルカン諸国のイメージは、古くは第一次世界大戦前のバルカン戦争と、
その後は冷戦終結後に欧州の世論を震撼させた
旧ユーゴスラビア紛争と結びつけられてきた。
現在、バルカン諸国は一致してEUへの加盟を望んでいる。
その見通しが立てば、バルカン半島は忌まわしい紛争の時代に
逆戻りしなくてもよくなるだろう。

各々の国の経済状況を見ると、中期的には加盟は不可能だろう

平和の回復

2003年6月のEU首脳会議では、西バルカンのすべての国（ボスニア・ヘルツェゴビナ、クロアチア、セルビア、モンテネグロ、コソボ、マケドニア、アルバニア）にヨーロッパの一員としての使命が認められたものの、評価は各国の力量に応じて下された。

クロアチアは1990年代初頭からすでにヨーロッパ、特にドイツに最も近いとみなされ、2013年にバルカン諸国中最初にEUに加盟した。

ただし、一部の指導者は1990年代の紛争中に犯した罪で重責を問われた。

コソボの独立は、NATO軍との紛争から9年後の2008年にEU加盟国の大多数の承認を受けた（スペインなどはコソボの自治権要求に異議を唱えた）。

だが、中国とロシアが承認していないため、国際連合には加盟できていない。マフィア組織がはびこり、破綻国家のあらゆる特徴が集まっている現状を思えば、コソボの独立は失敗だったようだ。

実際、人口の半分は失業中で、2014年には全人口の5パーセントが出国の道を選んだ。

EUに魅せられて

ボスニア・ヘルツェゴビナは独立したとはいえ、統治体制は分割されており、ボシュニャク人（51パーセント）、セルビア人（31パーセント）、クロアチア人（15パーセント）が別々に暮らしている。国の失業率は20パーセントで、独立以降、人口の5分の1を失った。

セルビアは、クロアチアと同格になるためにEU加盟を希望している。

モンテネグロは1991年以来、同じ党に統治されている。2006年に独立し、2017年にNATO加盟を認められ（ただし、同国に対するロシアの存在感は大きい）、現在EU加盟を希望しているが、その統治体制が厳しい批判にさらされている。

マケドニアは、2018年に国名に関してギリシャと合意に至った。アルバニアでは、失業率が33パーセントに達し、この25年間で人口の3分の1が国外に逃れた。

EU加盟が実現すれば、この地域の安定の要因となるだろうが、各々の国の経済状況を見ると、中期的には加盟は不可能だろう。

バルカン諸国とヨーロッパ統合

L'EUROPE

ヨーロッパ | 10

再確認されたロシアの強さ

ロシアは面積が世界一広いにもかかわらず、
包囲されているという被害者意識を持つ。
西欧諸国からは依然として大きな脅威と見られているものの、
実際の軍事力と経済力からすれば、その見方は当たっていない。

ソ連解体は、米ソの力の均衡の終わりとアメリカの一極支配への展望を意味した

超大国ソビエト連邦から衰退するロシアへ

　ソビエト連邦は冷戦期を通じて西側世界を震え上がらせてきたが、**ソ連解体後のロシアはアメリカから見れば敗戦国であり、国際舞台から降板した国だった。**今日、ウラジーミル・プーチン大統領が率いるロシアは、かつてソ連が享受した国際的な地位には及ばないと自覚しつつも、自らの意見を主張し、アメリカをはじめとする外国の干渉を退ける術を心得ている。そして、多極化する世界における1つの極となることを望んでいる。

　1990年代の10年間は、ロシアの衰退期であった。ソ連時代の硬直した中央集権的計画経済では個人の起業精神はまったく活かされなかったが、その体制から解放されれば、天然資源と教育を受けた人材に恵まれたロシアは空前の経済成長を遂げるはずだった。しかし、そうはならず、ボリス・エリツィンの経済運営は大失敗に終わった。

　そもそもソ連の解体は、連邦の各共和国に利益をもたらすどころか、既存の経済の流れを変えて混乱を招いた。一部の共和国では、民営化は、国民を食い物にして政権の取り巻きが私腹を肥やした大がかりな詐取にすぎなかった。彼らは新たに得た資産の違法性を自覚し、強権政治の復活を恐れて、資産の一部を海外に移した。国民は再び詐取されたのだ。

　ボリス・エリツィン初代大統領は強硬な権威主義をふりかざし、1993年のモスクワ騒乱事件では、議会派勢力を封じ込めるために政府軍に議会を攻撃までさせた。それにもかかわらず、国家の威信を発揮できず、ロシアは真の統治を欠いているという印象を残した。

　1991年から2000年までに、ロシアの国内総生産は半減、農業生産は40パーセント減少し、マフィアが大幅に勢力を伸ばす。**治安は全般に悪化し、地方の有力者は中央政権の監視の目をくぐり抜けた。**

　エリツィン大統領はまた、ソビエト連邦からロシアが独立したことで独立の機運が高まったチェチェンの武装勢力を制圧するため、軍事侵攻の指揮を執った。ロシア軍はチェチェン侵攻で弱さと残忍さを露呈し、アフガニスタンでの敗戦と、東欧諸国からの惨めな撤退に加えて、恥の上塗りをする。

　ソ連は、食糧や物資の不足と、庶民とノーメンクラトゥーラ（エリート層）との格差の問題に直面していたが、**ロシアになってからは、非合法な手段で急速に蓄財された巨万の富と、大部分の国民が陥った貧困の間で、格差が爆発的に広がった。**

　国際舞台でも、この10年は一連の衰退と戦略的挫折の時期だった。ロシアは世界中で存在感を失い、ラテンアメリカ、アフリカ、近東で姿を消した。東西ドイツ統一の折にゴルバチョフ大統領に対してした約束に反し、NATOはロシア国境まで勢力圏を広げた。また、ロシアが強く反対したにもかかわらず、NATO軍はロシアの同盟国ユーゴスラビアを空爆しコソボ紛争が起きた。ついにはアメリカが、対ミサイル防衛システムの配備を始め、ロシアとの核の平等を見直した。

ロシアの強さの回復

　ウラジーミル・プーチンは2000年に政権の座に就くと、強いロシアを復活させるという意欲に燃えた。**プーチンの言葉を借りれば、「20世紀最大の戦略的大惨事」であったソ連解体は、米ソの力の均衡の終わりと、アメリカの一極支配への展望を意味した。**しかし、現実主義者であるプーチンは、ソ連を再構築しようと

旧ソ連の地域再編

10 | 再確認されたロシアの強さ

せず、「ソ連を惜しまない者は心がない。だが、ソ連を再生したいと望む者は、頭脳がない」と明言する。**国家の威信を取り戻し、ロシアの国際的な力を高めるという目標のために、プーチンは新興財閥と協定を結ぶ。**ロシア経済に資金の一部を再投資し、大統領の政治に異議を唱えないという条件で、資産の保持を保証したのだ。プーチンは中央機関の権限を再び強化し、地方官庁を従わせた。そして、反体制派には強硬な姿勢で臨んだが、大半のロシア人はそれを弾圧とは感じなかった。一般市民はそれまでの10年で苦汁をなめたせいで、成果を上げる権威主義的体制を歓迎したのである。

2001年9月11日に同時多発テロが起こると、プーチンはアメリカに協力を申し出て、2002年にはNATO・ロシア理事会の設立にこぎつけ、NATOの準加盟国に相当する立場を得た。**力関係では不利だと判断し、テロとの全面的戦いを利用して、ロシア軍のチェチェン侵攻への批判を封じ込めようとしたのだ。**2003年にはイラク戦争に反対し、軍事介入とイラクのレジーム・チェンジ（政権交代）に対するロシアの異議を明確に表す。この戦争は結局、戦略的にはプーチンに有利に働いた。アメリカの疲弊と、エネルギー原料価格の高騰を招いたからだ。

また、BRICS（ブラジル、ロシア、インド、中国、南アフリカ）の創設によって、プーチンは欧米以外の国々と関係を強化することができた。

ロシアの強さの限界

ジョージア（旧グルジア）のバラ革命とウクライナのオレンジ革命によって、両国はロシアの支配を望まない政権の樹立に至る。西側陣営のさらなる東進を恐れたプーチンは、そうした状況に対抗して、ジョージア国内の分離独立運動を煽り、ウクライナ向け天然ガスを市場の適正価格に合わせるために、助成金の拠出を中止した。2008年に、ジョージアは分離独立運動の盛んな地方を再び制圧しようとしたが、ロシア軍に惨敗を喫する。

プーチンは、欧米が自分に対して敵意を持っていると結論づけた。そこで、より攻撃的な方針に舵を切り、欧米ではいっそう人気を失ったものの、逆に国内では人気を高める。**反射的な愛国心の高まりは、生活水準の向上と相俟って、プーチンにとって好都合だった。**

EUがウクライナに連合協定を提案したため、プーチンは西側への警戒感を強めた。ロシアはクリミアを併合した結果、G8から締め出され、西側から制裁を科されることになった。**このようなさまざまな要因から、ロシアは中国に接近したが、不利な力関係のせいで両国の同盟に限界を感じてもいる。**

シリア内戦によって、プーチンは再び近東で存在感を示した。ただし、バッシャール・アル＝アサドが政権に居座り続ければ、ロシアにとって代償は大きくなるだろう。プーチンはさらに、中近東のプレイヤー全般と関係を保つに至っている。パレスチナと同様にイスラエルとも、サウジアラビアと同様にイランとも関係を維持しているのだ。

経済面では、ロシアはエネルギー原料の輸出に依存し過ぎている。それらの輸出は、いまだに国家収入の75パーセントを占めている（それに対し、中国では工業製品の輸出が95パーセントを占める）。欧米による制裁以上に、原料価格の下落がロシア経済にとって大きな打撃を与えるのだ。さらに、ロシアはクリミアを併合したものの、ウクライナを決定的に失った。同国では、ロシアへの反感が高まっている。**こうした情勢から、軍事費はアメリカの10パーセントにすぎないというのに、結局、ロシアがNATOの力の増強に一役買う形になっている。**

プーチンは2018年3月に75パーセントの得票率で大統領に再選された。西側での人気の低迷に反比例するように、ロシア国内では人気が高まっている。

> **反射的な愛国心の高まりは
> プーチンにとって好都合だった**

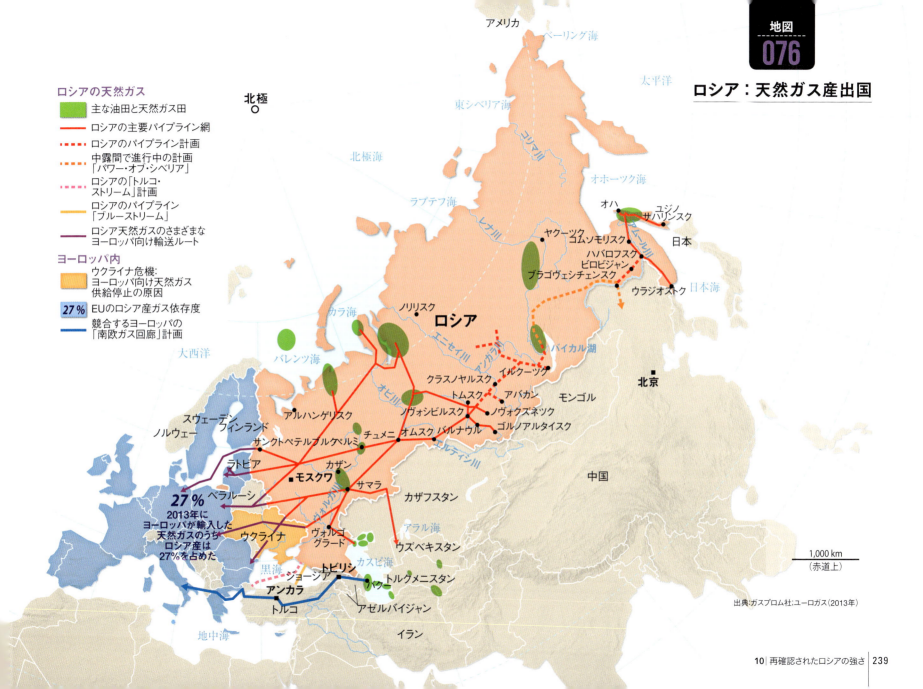

11

L'EUROPE

ヨーロッパ | 11

トルコよ、どこへ行く?

第一次世界大戦に敗れて、オスマン帝国は崩壊する。
だが、ムスタファ・ケマル・アタテュルクが1923年にトルコ共和国の建国を宣言し、
民族主義、世俗主義、近代化、一党独裁制を柱とする国家を創った。

目覚ましい経済発展を遂げたトルコだが将来の見通しには影が差している

ヨーロッパの一員としての使命と……

　トルコは、冷戦時代には「封じ込め政策」の枠組みのなかで重要な地位を占めていた。ソ連と接する国境線が最も長いため、戦略上、西側陣営に組み込まれ、1952年に北大西洋条約機構（NATO）に加盟する。1950年には朝鮮戦争に参戦し、NATOとの連帯を実証した。

　1949年には欧州評議会に加盟する。1963年以降、ヨーロッパの一員としての使命を是認し、1987年にEU（当時は欧州共同体[EC]）に正式に加盟を申請した。

　1999年に正式加盟候補国として認定され、2005年に加盟交渉が開始された。ところが、ヨーロッパの国々はさまざまな理由から強い難色を示したままだ。**経済発展の遅れ、不安定な政治体制、人口の多さ、政治と人権の問題、アルメニア人虐殺の事実を認めていないことなどに加えて、イスラム教国であることを問題視する国もある。**それでも、トルコにとってEUは最大の貿易相手であり、総取引額の45パーセントを占めている。

　トルコでは文民体制と軍事体制が交互に繰り返されている。2002年にはイスラム教を後ろ盾とする公正発展党（Adalet ve Kalkinma Partisi、AKP）が政権を握り、経済を自由化し、軍の影響を抑えた。

　クルド人問題は、ことにクルド労働者党（Partiya Karkêren Kurdistan、PKK）の指導者で服役中のアブドゥッラー・オジャランとの間で協定が結ばれてからは、一定の進展が見られた。オジャランは、停戦とクルド人の文化的権利の承認を見越して、クルド人地域がトルコの一部であり続けることを認めたのだ。**トルコ国内には1500万人のクルド人がいるため、クルド問題は避けて通れない最重要課題とみなされている。**

　1974年以来、トルコがキプロス島の一部を占領し、北キプロス・トルコ共和国を設立したが、この国を承認しているのは当のトルコだけである。キプロスはEUの一員であり、トルコは譲歩しないため、事態が進展する兆しは見えない。

……数々の障害

　トルコのEU加盟申請に対するヨーロッパの煮え切らない反応、シリア内戦による分裂、クルディスタン地方における政府の求心力低下のせいでクルド人の分離独立志向が強まったという懸念、2016年7月のクーデタ未遂事件などの要因によって、レジェップ・タイイップ・エルドアン政権は方針を転換し、独裁色を強めた。人々の自由が制限され、クルド人に対する歩み寄りの姿勢は後退した。

　NATOに留まりながらも、トルコはロシアに接近している。シリア内戦に関しては両国の見解はそもそも対立しており、トルコは、ロシアと同盟を結ぶバッシャール・アル゠アサド政権の転覆を望んでいるが、NATO加盟国としては珍しく、ロシアから武器を購入するまでに至った。2013年にバラク・オバマ米大統領がシリア内戦への介入を拒否したこと、イスラム国と闘うシリア系クルド人をアメリカが支援したこと、2016年のクーデタ未遂事件の捜査にアメリカが協力的でなかったことなどから、トルコとアメリカの関係は全般的に冷え切っている。

　エルドアン大統領の強権的逸脱はヨーロッパ諸国から激しく批判されているものの（大統領は2018年6月、1回目の投票で過半数を得て再選された）、「難民危機」に鑑み、ヨーロッパ諸国はトルコを無視するわけにはいかない。実際、トルコはシリア内戦から逃れた

難民300万人の受け入れと引き換えに経済援助を受け、そのおかげで難民がヨーロッパに押し寄せる事態は回避されている。

　アジアの国であると同時にヨーロッパの国でもあるトルコは、ヨーロッパを選んだことで逆風にもさらされている。 2013年以降、政権は内向きになった。21世紀初頭から目覚ましい経済発展を遂げ、国内総生産は4倍になって世界第25位から第17位に順位を上げたトルコだが、将来の見通しには影が差している。

南北アメリカ

LES AMÉRIQUES

南北アメリカ | 01

アメリカを再び偉大にする?

アメリカの存在ばかりが目につくが、北米大陸にはメキシコとカナダもある。
両国とも、アメリカとは切っても切れない間柄の同盟国である。

二極体制の終焉は、欧米諸国の独占的支配、つまりは超大国アメリカの絶対的優位の終焉でもあった

孤立主義から自由主義世界のリーダーへ

　イギリスの13の植民地は1783年に独立を果たした後、着々と西へ広がって太平洋に達し、南にも広がってメキシコを圧迫する。領土獲得に忙しいアメリカは、ヨーロッパの争いからは距離を置いていた。

　建国以来、アメリカは「自由の帝国」（トマス・ジェファーソン）を自任してきた。自由を広め、アメリカの栄光を増すという名目で新たな土地を征服していったのである。1848年のテキサス併合の後、ジョン・オサリヴァンが「マニフェスト・デスティニー（明白な天命）」という理念を広めた。これは「何百万という人々の自由な発展のため、大陸をすべてアメリカのものにするのは天命である」という考え方である。そのせいからか、**アメリカはアメリカ的価値観と普遍的価値観を混同しがちであり、また、あらゆる反対意見をアメリカに対する侮辱と捉えてしまいがちだ。**

　第一次世界大戦後は内向きな孤立主義を選んできたが、1941年12月の日本の真珠湾攻撃によって、その姿勢が非現実的であることを思い知らされる。**1945年以降、ソ連の脅威は政治（反民主主義）においても**地政学（ユーラシア大陸の支配）においても深刻だったため、アメリカは孤立主義を完全に放棄する。

　ハリー・トルーマンは、アメリカは「自由世界のリーダー」であるべきだと宣言した。北大西洋条約機構（NATO）の創設に伴い、アメリカは1949年に史上初めて、平時にもかかわらず軍事同盟に加盟する。NATOではごく自然にリーダーを自任した。

アメリカの20世紀

　20世紀後半は間違いなくアメリカの時代であった。経済発展、アメリカ社会の特徴である機会の平等、アメリカ社会の自由な雰囲気は、「アメリカン・ウェイ・オブ・ライフ（アメリカ流のやり方）」として世界中の憧れの的となる。だが、ベトナム戦争、人種差別、反共産主義を口実にした独裁政権の支援、軍事拡張主義が、アメリカのイメージを損なっていく。

　アメリカの市場経済は、世界中に広まった。二極体制が終わり、ソ連が崩壊すると、アメリカはソ連という唯一の好敵手を失う。もっとも、ソ連がアメリカと実質的に肩を並べたのは、ごく短期間だった（ソ連の軍事力がアメリカに追いついたのは1960年代末で、1980年代初頭には再びアメリカに大きく差をつけられた）。孤立から一転して覇者となったアメリカは、互角と言える大国との競合には慣れていない。

　グローバリゼーションという概念は、世界のアメリカ化と混同されがちである。**アメリカは、経済システムだけでなく、文化面においてもアメリカ式モデルを世界中にばらまいた。**ハリウッド、大学、シンクタンク、国の主導するイメージ戦略、マスコミ、コンテンツ産業の持つ魅力が、世界のすみずみまで影響を及ぼしている。しかし、ソ連だけを相手に「勝者」となったアメリカは、アメリカ式モデルを輸出することによって多くの新興勢力の台頭を促し、しかもそれらの勢力はアメリカの支配下に留まるつもりがないことに、気づいていなかった。**二極体制の終焉は、欧米諸国の独占的支配、つまりは超大国アメリカの絶対的優位の終焉でもあった。**

　2001年9月11日は、アメリカに消えることのないトラウマを植え付けた。アメリカの心臓部が攻撃を受けたのは、アメリカ＝イギリス戦争が終結した1814年以来初めてである（真珠湾攻撃は、アメリカ本土のはるかかなたで行なわれた）のみならず、この時期のアメリカは並ぶもののない世界随一の超大国だった。

トランプ陣営のスローガンは、取りも直さず アメリカがかつての力を持ってはいないことを意味する

そして、アメリカはこの攻撃を不当なものと受け止めた。

相対的衰退

1993年に政権に就いたビル・クリントンは、それまでのような封じ込め政策ではなく、国際社会で積極的な役割を果たし、民主主義を広めるための「拡大」政策を推し進める考えであった。しかし、議会の反対に遭い、重要多国間協定は何ひとつ批准することができなかった（気候変動に関する京都議定書、国際刑事裁判所、包括的核実験禁止条約［CTBT］、対人地雷禁止条約）。イスラエルとパレスチナの和平実現のためには奔走したものの、成果のないまま任期を終える。

ジョージ・W・ブッシュは、外交に関しては消極姿勢であった。しかし、2001年9月11日にテロが起きると、新保守主義者たちはこの機を逃さなかった。**彼らも民主主義を広めたいと考えていたものの、それは戦争によってであった。**ブッシュ大統領は、2002年1月、「悪の枢軸」（イラク、イラン、北朝鮮）発言をし、アルカイダの潜伏するアフガニスタンとの戦争（2001年10月）と、イラク戦争（2003年）にアメリカを引きずり込む。**戦争には勝ったものの、戦略的には完全な失敗であり、アメリカの国際的イメージは地に墜ちた。**

後任のバラク・オバマが大統領に就任したとき、アメリカは戦略的・心理的危機に加えて、経済危機にも見舞われていた。有色人種の血をひくアメリカ人が大統領になるのは、異例である。**オバマはカリスマ性を武器にアメリカの好感度を高め、新たな軍事介入を避け、アメリカの評判を立て直す。**ただし、ロシアとの関係改善と、パレスチナ問題の解決を願いつつも、実現することはできなかった。

ドナルド・トランプは、反エリート、反グローバリゼーションのうねりに後押しされ、2016年に大統領に選出された。**トランプ陣営のスローガン「アメリカを再び偉大にする」は、取りも直さずアメリカがかつての力を持ってはいないことを意味する。**トランプの施政は、一方的で無軌道（ユネスコ脱退、地球温暖化防止に関するパリ協定離脱）、ないしは孤立主義（メキシコ国境の壁、イスラム教徒の入国禁止令［移民の入国制限に関する大統領令］、保護貿易主義）を特徴とし、好んで各国との緊張を高め、アメリカの軍産複合体の隆盛に一役買っている。トランプも、ロシアとの関係改善を望んではいるものの、成果は上がっていない。

アメリカの政治は、いずれにしても単独行動主義であり、違いは穏健（クリントン、オバマ）か、強硬（ブッシュ、トランプ）かというだけである。

カナダ

1000万平方キロメートルの国土を有するカナダは、世界で2番目に広い国であるが、人口は3600万人と少なく、世界で最も人口密度が低い国の1つである。国民の大半はアメリカとの国境沿いに住む。世界屈指の豊かで産業の発展した国であり、G7にも名を連ねている。経済面でも戦略面でもアメリカとの関係が深いため、文化面で独自性を打ち出そうとしている。**カナダは、多元主義と国際組織の数の多さで知られる。**その一例が、カナダ人が提唱した国連平和維持活動（PKO）部隊、通称「ブルーヘルメット」である。2000年代には新保守主義に傾いたが、新しく首相に就任したジャスティン・トルドーは、内政・外交ともに多元主義を標榜する。ただし、輸出の75パーセントをアメリカに頼るカナダが、南の隣国アメリカと真

っ向から対立するのは難しい。

メキシコ

哀れなメキシコ、神からあまりに遠く、アメリカにあまりに近い！［メキシコ大統領だったポルフィリオ・ディアス［1830 - 1915］の言葉とされる］メキシコは北隣の超大国アメリカの野心の犠牲となり、19世紀には国土のかなりの部分を武力によって奪われた。アメリカと自由貿易協定を結んでおり、輸出の80パーセントがアメリカ向けで、経済的には完全にアメリカに依存した状態である。メキシコの望みは、第三世界の主要国となり、アメリカの方針に縛られずに独自の外交的立場を確立することだ。ブラジルとは、ラテンアメリカの盟主の座を争っている。**メキシコは、北米大陸にあってアメリカの影響を強く受けるいっぽう、ラテンアメリカの一員でもあるという二面性を持つ。**

2018年7月、アンドレス・マヌエル・ロペス・オブラドールが、不平等と暴力と汚職の一掃を掲げて大統領選で勝利した。メキシコ史上初めて、左派政権が誕生したのである。

メキシコの望みは、アメリカの方針に縛られずに独自の外交的立場を確立することだ

アメリカのマイノリティ

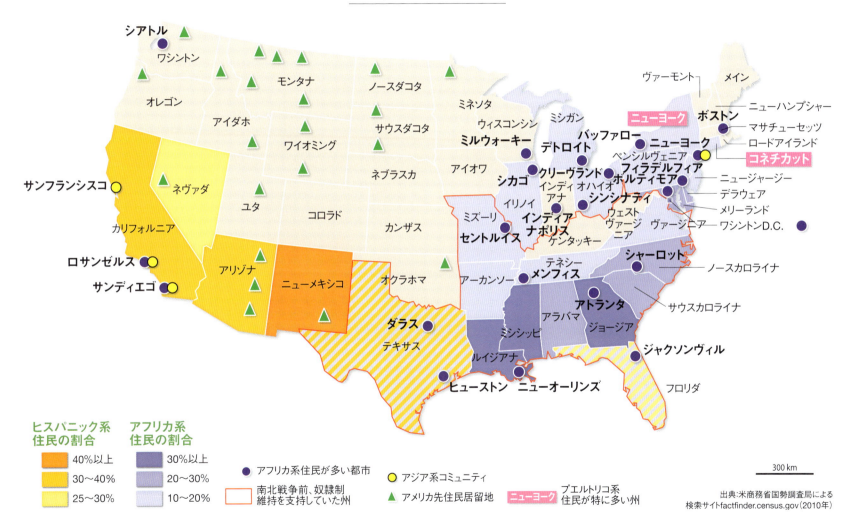

出典：米商務省国勢調査局による
検索サイトfactfinder.census.gov（2010年）

02

LES AMÉRIQUES

南北アメリカ ｜ 02

カリブ海地域：アメリカの裏庭？

独立国と欧米の国々の領土が混在するカリブ海地域は、
アメリカにとって戦略上欠かせない「裏庭」でもある。

小アンティル諸島

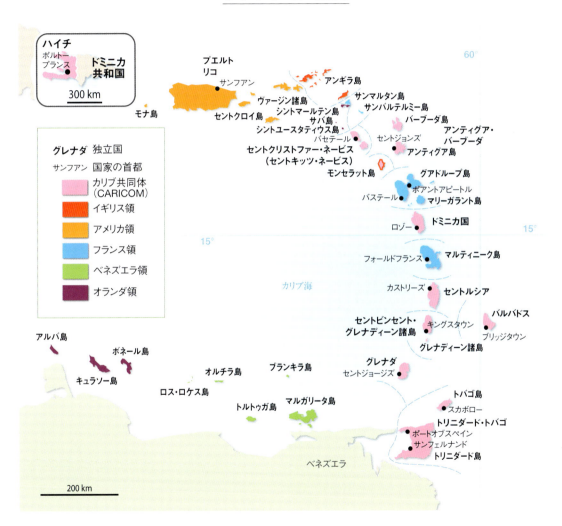

多様性に富む地域

カリブ海地域は、カリブ海に囲まれた島々からなる多数の領土の総称であり、以下の地域と国が含まれる。アンティグア・バーブーダ、アンギラ島、アルバ島、バハマ、バルバドス、バミューダ諸島、ボネール島、キュラソー島、キューバ、ドミニカ国、グレナダ、グアドループ島、ハイチ、ケイマン諸島、アメリカ領ヴァージン諸島、イギリス領ヴァージン諸島、ジャマイカ、マルティニーク島、モンセラット島、プエルトリコ、ドミニカ共和国、サバ島、サンバルテルミー島、セントクリストファー・ネービス、シントユースタティウス島、セントビンセント・グレナディーン諸島、セントルシア、サンマルタン島、シントマールテン島、トリニダード・トバゴ、タークス・カイコス諸島。**このうち主権国家は13だけで、残りは海外県や属領である。**

スペイン、オランダ、イギリス、フランスのほか、デンマークも、この地域を植民地とした歴史を持つ。現在も、5つのイギリス領、6つのオランダ領、4つのフランス領があるが、**何よりもこの地域は、アメリカ**

の戦略にとって重要な「裏庭」である。いずれも土地は狭く、住民も少ない。英語圏とスペイン語圏とフランス語圏に分かれているほか、極度の貧困と桁外れの富裕、人種の混交と人種差別の両方が見られ、明暗分かれる地域である。地域全体の人口は4200万人に上り、奴隷の子孫であるアフリカ系と、現地生まれ現地育ちのヨーロッパ系が多い。

アメリカの「裏庭」

アメリカはカリブ海を自国の内海とみなしている。そのため、**この地域での権益を守るためなら、間接的介入も武力介入も辞さなかった**。20世紀初頭、セオドア・ローズヴェルト大統領はモンロー主義を拡大解釈した「ローズヴェルト系論」で、海外膨張主義の姿勢を明らかにした。カリブ海地域への欧州諸国の干渉を阻止するだけでなく、必要に応じて軍事介入も行なう、いわゆる「棍棒」政策である。キューバ革命が当初の民族主義から共産主義へと向かうと、アメリカは警戒心を募らせ、カリブ海諸国の動向に目を光らせて、経済援助をすると同時に政治的な圧力を加えた。**キューバはアメリカに禁輸措置をとられながらも政権は持ちこたえ、反米主義の「急先鋒」を自任する**。ところが、ソ連が崩壊し、キューバはソ連の庇護と経済援助を失うことになった。フィデル・カストロの引退後、アメリカのバラク・オバマ大統領はキューバに歩み寄る政策を進め、2016年にはついにキューバを訪問し、冷戦の最後の名残であった両国間の断絶に終止符を打った。

アメリカは1965年にドミニカ共和国に、1983年にはグレナダに軍事介入する。目的は、ドミニカ共和国では急進派による政権掌握を阻止するため、グレナダではクーデタで生まれた革新政権を倒すためであった。**バラク・オバマは、国際情勢の変化をふまえ、それまでの強硬外交との決別を図った**。

欧州連合（EU）とカリブ諸国はコトヌー協定を結んでいる。EUとアフリカ、カリブ海、太平洋の諸国（ACP諸国）の間で2000年に結ばれたこの協定により、それまでの協定の枠組みで実施されてきた開発援助が続けられている。いっぽう、EUは2017年12月に租税回避地のブラックリストを公表した。リストには、カリブ共同体（CARICOM）に名を連ねるバルバドス、グレナダ、セントルシア、トリニダード・トバゴの4カ国の名前が挙げられた。

中国はこの地域でも資源獲得に乗り出し、カリブ海諸国と貿易上の協力関係を強化し始めている。

観光を重要な収入源とするカリブ諸島は、地震やハリケーンなどの自然災害に度々悩まされてきた。異常気象による被害の増大が、この地域ではとりわけ懸念される。

アメリカはこの地域での権益を守るためなら間接的介入も武力介入も辞さなかった

大アンティル諸島

03
LES AMÉRIQUES

南北アメリカ | 03

中央アメリカ：安定を求めて

1821年に独立を果たし、1823年に成立した中央アメリカ連邦共和国は、十数年後に分裂する。
南北アメリカをつなぐこの地域には、
ベリーズ（地域で唯一の非スペイン語圏国家）、コスタリカ、グアテマラ、
ホンジュラス、ニカラグア、パナマ、エルサルバドルの7カ国がある。

20世紀初め、人口も少ないこれら小国の主権はアメリカの利権によって踏みにじられ続けた

バナナ共和国

　20世紀の中央アメリカは、軍事政権、政治紛争、不公正な社会、先住民差別、アメリカの支配に苦しめられた。**地域統合が度々試みられたが、いずれも失敗に終わっている。**1991年、中米統合機構（SICA）の設立が合意されたが、実務機能が完全に整っているとは言えず、むしろいまだに各国の意思表示の段階にある。

　20世紀初め、人口も少ないこれら小国の主権は、アメリカの利権によって踏みにじられ続けた。特にアメリカの巨大農業関連企業は、自社の利益のために政治家に圧力をかけるのが常だった。法律上は独立国家でも、実質的には外国企業の支配下にあるこうした国は、「バナナ共和国」と呼ばれる。1899年創業のバナナ会社ユナイテッド・フルーツは、主権国家の政府に対し、当然のように自社の要望を押しつけた。**この地域では、アメリカの大使は「植民地総督」のような存在で、現地の政府を意のままにしていた。**

　1903年、アメリカはコロンビアに対し、ある一方的な条約の批准を迫る。それは、当時建設中だったパナマ運河両岸に沿って幅5マイル（約8キロメートル）ずつの土地をアメリカの管轄下に置くという不平等な条約だった。コロンビアがこれを拒否すると、アメリカは画策によりパナマを分離独立させ、期限つきでパナマを実質的な支配下に置く。その後、ジミー・カーター大統領が、より「倫理的」な外交政策を志向し、1978年にパナマ運河返還条約（トリホス・カーター条約）が締結される。この条約によって1999年、運河の管轄権はパナマ政府に返還された。運河の使用料としてアメリカがパナマに支払っていた額はわずかで、パナマは1年につき国内総生産を上回る額（1.2～3.7倍）の収益を長年にわたり失っていた計算になる。

　1904年、セオドア・ローズヴェルト大統領はモンロー主義の拡大解釈に基づき、アメリカにはカリブ諸島や中米諸国に介入する権利があるとした。圧倒的な軍事力の差を利用し、アメリカはこの権利を存分に行使する。こうしてアメリカは1927年に、ニカラグアに軍事介入を行なった。

冷戦の多大な影響

　冷戦とソ連との対立が始まると、アメリカは支配をさらに強め、ソ連と連帯しそうな革新的政治組織や体制と戦った。グアテマラのナショナリスト、ハコボ・アルベンス・グスマンの革新政権が1954年に軍事クーデタによって転覆させられたのも、その一例である。**キューバが革命を経てソ連と同盟を結んだことや、各地で反政府勢力が拡大していた状況を受け、アメリカは次々と強権的な軍事独裁政権を成立させ、支援する。**それらの軍事政権は、政治運動だけでなく社会的な要求も徹底的に弾圧した。反政府勢力は、土地の公正な再分配や先住民の権利の確立など、社会的な要求を突きつけた。軍隊を持たず、「中米のスイス」と呼ばれるコスタリカだけが、この暴力の連鎖を免れ、比較的繁栄して政治的な安定も実現させた。

新たな時代？

　1979年、ジミー・カーター大統領がニカラグアのソモサ独裁政権を支援するための軍事介入を拒んだ結果、マルクス主義を志向する（と同時にキューバともつながっていた）サンディニスタ民族解放戦線が政権を掌握する。しかし、後任のロナルド・レーガン大統領はこの政権の転覆を謀り、反政府武装勢力（コント

ラ）を支援すると同時に、直接的攻撃には及ばなかったものの間接的武力行使（ニカラグアの主要港への機雷敷設。国際司法裁判所により違法と判断された）を行なった。1960年代には、東西対立を背景とする紛争が、とりわけニカラグア、エルサルバドル、グアテマラ（同地で死者20万人）で激化する。政府軍と傭兵部隊によって、無差別の弾圧が手当たり次第に行なわれた。

　1989年12月、アメリカはノリエガ政権を倒すためにパナマに侵攻する。ノリエガは以前は忠実な親米派だったが、麻薬組織との癒着が問題視されたのだ。冷戦の間、パナマにはラテンアメリカ諸国の政府軍のための対ゲリラ作戦訓練所があり、軍事訓練に加えて、反共産主義思想教育も担い、後の親米派独裁者を輩出した。この安全保障協力のための「アメリカ陸軍米州学校（SOA）」は、1984年にアメリカ国内に移転する。

　国際情勢の変遷に伴い内政干渉への風当たりが強くなったうえに、冷戦が終結すると干渉の必要性も減じたため、アメリカは支配の手を緩めて、軍事独裁政権への支援も減らした。内戦の続いていたニカラグアでは、1990年にサンディニスタ政権が選挙の実施に同意する。他の国でも政府と反政府勢力の間で和平が合

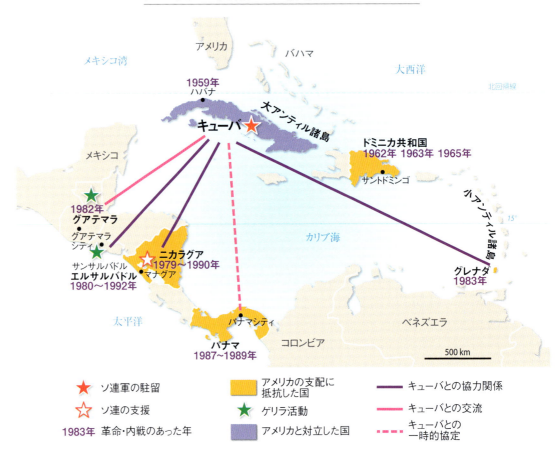

アメリカの支配への抵抗（1959-1992年）

内政干渉への風当たりが強くなりその必要性も減じたため、アメリカは支配の手を緩めた

地域全体を見ると、近代化の遅れ、殺人件数の多さ、麻薬の密売が目立つ

意された（エルサルバドルでは1992年、グアテマラでは1996年）。1992年、グアテマラは、ベリーズを国家として承認する［ベリーズはグアテマラ・イギリス間の領有権争いの末、1981年に独立］。ホンジュラスとエルサルバドルの間では、1969年に戦争が起きたものの短期間で終結し、領土問題は解決した。しかし、地域全体を見ると、コスタリカ以外の国では、近代化の遅れ、殺人事件数の多さ、麻薬の密売が目立つ。中米は世界でも指折りの犯罪多発地域である（ホンジュラスでは、1年で人口10万人につき94人が殺害されている）。エルドラド（黄金郷）とみなされているアメリカへの移民は後を絶たず（エルサルバドル人の3人に1人がアメリカ在住である）、不法入国も少なくない。世界平和度指数（GPI）レポートによれば、人間と器物への危害の予防と治療・修復のために使われる費用の合計は、ホンジュラスではGDPの20パーセント、エルサルバドルで15パーセント、グアテマラで9パーセント、パナマで7パーセントに上る。

ベネズエラのチャベス政権は、中米での影響力を高めるために大規模公共事業を主導し、原油を廉価で供給した。しかし、2013年のチャベス自身の死と、その後のベネズエラの経済危機によって、その試みは頓挫してしまう。

冷戦の間、台湾は反共主義を掲げて中米諸国に接近したが、中国はこれに対抗し、中米地域における存在感を高めようとしている。20世紀末までは中米の小国にとって魅力的だった台湾の経済力も、今日の中国の台頭の前にはかすんでしまっている。コスタリカとパナマとエルサルバドルは、中国と国交を結ぶために、台湾と国交を断絶した。

EUもこの地域で存在感を高めようとしている。**中米では、EUは地域統合成功のモデルケースとされ、EUの協力と支援はアメリカほど押しつけがましくないと考えられている。**

グアテマラ、ホンジュラス、パナマでは、右派が政権を握っている（ホンジュラスでは、2009年に左派政権が軍事クーデタにより崩壊して以来、何度か選挙が行なわれているが、その都度、不正が問題になっている）。コスタリカ、ニカラグア、エルサルバドルは、左派もしくは左派中道体制である。ホンジュラスとニカラグアでは、政権が独裁色を強めている。

04
LES AMÉRIQUES

南北アメリカ | 04

アンデス諸国：新たな出発

1819年、ラテンアメリカ独立運動の指導者シモン・ボリバルに率いられて、
大コロンビアはスペインから独立を果たす。
ボリバルは「南アメリカ合衆国連邦」として諸国の統合を構想したが、
1830年にベネズエラとエクアドルが大コロンビアから分離し、
その夢は潰える。

それぞれの対米政策に温度差があり共同体内部に亀裂を生じさせている

対米姿勢の違いが生む亀裂

　コロンビア、エクアドル、ベネズエラ、ペルー、ボリビアは、1997年に設立されたアンデス共同体（CAN）の加盟国である（ベネズエラは2006年に脱退）。**アンデス共同体は、共通経済政策の策定を目的としているが、各国の利害の対立から共通対外政策はなかなかまとまらなかった。**自由貿易圏の設立（1993年）と対外共通関税の適用（1995年）に続き、2015年には域内の人の移動が自由化され、地域統合は大きく進んだ。2008年、アンデス共同体はメルコスール（南米南部共同市場）と協定を結ぶ。

　ペルーとコロンビアは親米政策を積極的に進めるが、ボリビアとエクアドルは消極的だ。ドナルド・トランプが大統領に就任し、ラテンアメリカの移民に対する強硬姿勢が露呈すると、各国は連帯してこれに対抗しているものの、それぞれの対米政策にはいまだに温度差があり、共同体内部に亀裂が生じる原因となっている。

　2006年にエクアドルでラファエル・コレアが、ボリビアでエボ・モラレスが大統領に選出されると、先

分断された経済圏

出典：メルコスール公式ウェブサイト；SIECA（中米経済統合事務局）公式ウェブサイト；太平洋同盟公式ウェブサイト

衝突多発地帯

住民の権利の確立、貧困の撲滅、米国追従からの脱却などの左派色の強い政策を進めた。

2009年には、南米銀行がカラカスを本部として設立された。参加国はベネズエラ、アルゼンチン、ブラジル、ボリビア、エクアドル、パラグアイ、ウルグアイの7カ国で、目的は国際通貨基金（IMF）と世界銀行からの自立である。

ペルーとコロンビアの政権はリベラル路線をとり、アメリカとの関係強化を目指すものの、歩み寄りやすかったバラク・オバマ政権が終わってドナルド・トランプが大統領になったことで、足踏み状態が続く。 コロンビアでは、強権政治の下、1950年代から暴力の悪循環が続いた。マルクス主義ゲリラ組織（コロンビア革命軍FARC）、極右民兵組織、さらに麻薬カルテルが政府の弱腰に乗じ、有力者との癒着と激しい暴力を武器に、21世紀初めには著しく勢力を拡大する。

時は流れ、2015年に大統領に選出されたフアン・マヌエル・サントスは2016年9月、FARCと和平合意を結び、この年のノーベル平和賞を受賞した。**麻薬カルテルと民兵組織も今や影響力を失っている。** ただし、2018年には、FARCとの和平に異議を唱えるイバン・ドゥケが大統領に就任した。

政治的に対立はしても、ベネズエラは依然アメリカの主要原油供給国である

チャベスの時代

1999年、ウゴ・チャベスは民主的選挙によってベネズエラの大統領になった。**チャベスは、シモン・ボリバルの理念に基づく社会主義的立場から、ラテンアメリカ諸国の統合を説き、反米路線をとった。**当時のアメリカ大統領ジョージ・W・ブッシュの政策が帝国主義的と見られたことも、反米路線に拍車をかけた。アメリカがイラク戦争を引き起こし、キューバ国内にグアンタナモ収容所を開設すると、チャベスはますますアメリカを批判するようになる。

しかし、**政治的に対立はしても、ベネズエラがアメリカの主要原油供給国であることには変わりない。**

イラク戦争後の原油価格の高騰と、世界的な原油需要の拡大によって豊富な財源が得られたおかげで、チャベスは社会保障政策を充実させると共に、外交面では周辺諸国への働きかけを強め、影響力の拡大に努めた。ところが、2013年にチャベスが死去すると、ベネズエラは深刻な分裂状態に陥る。後任のニコラス・マドゥロには、チャベスのようなカリスマ性も公正さもなかった。原油価格が暴落した際、ベネズエラでは原油依存体質から脱却するための対策が何ひとつ講じられていなかった。**暴力の拡大と政治の膠着状態を背景に、ベネズエラの危機は深刻さを増すばかりである。**

LES AMÉRIQUES

南北アメリカ | 05

コノ・スール（南の円錐）：
力を秘めた極地？

コノ・スール*¹は5つの国から成る。アンデス山脈を挟んだ
アルゼンチンとブラジルとチリ、それにパラグアイとウルグアイである。
なかでもブラジルは、近年さまざまな問題を抱えてはいるものの、
大国として筆頭に挙げられる。

＊1）円錐形の南米南部

冷戦の終結と共に、この地域でも民主主義が完全に復活し、政権交代が実現していく

地域の覇権をめぐる争い

　ブラジルとアルゼンチンは、長年この地域のリーダーの座を争ってきたが、最近ではブラジルの優位が誰の目にも明らかだ。ウルグアイとパラグアイは大国に挟まれながら、慎重に独自性を保っている。

　1494年、時の教皇によって、この地域のポルトガル領とスペイン領の境界が定められた。独立の際、スペイン語圏の各州は別々の国になったが、ポルトガル語圏のブラジルは連邦国家として統一を保ったまま独立を果たした。**そのおかげで、今日ブラジルは、南アメリカのみならずラテンアメリカ全域で随一の大国となっている。**いっぽう、アルゼンチンはヨーロッパの影響が強く、近代化がいち早く進み、住民のほとんどがヨーロッパ系で、白人と先住民の混血の人々（メスティーソ）がほとんどいない。長年ブラジルを見下ろす立場にあったものの、グローバリゼーションの進展に伴ってブラジルが台頭したため、力関係は完全に逆転した。ウルグアイがこの2大国の対立を利用して1830年に独立したのとは対照的に、パラグアイはパラグアイ戦争（1864〜1870年）後、ブラジルとアルゼンチンの両国から領土を奪われ、さらにチャコ戦争（1932〜1935年）によって、ボリビアにも領土の一部を奪われている。

冷戦後の民主主義体制の再建

　冷戦中、キューバ革命が各国に飛び火するのを恐れた**アメリカは、共産主義との戦いと称して軍事独裁政権の成立と維持を支援する。**それによって生まれたのが、パラグアイ（1954年）、ブラジル（1964年）、ウルグアイ（1973年）、アルゼンチン（1976年）の軍事独裁政権である。1973年には、アメリカの中央情報局（CIA）がチリのサルバドル・アジェンデ政権を倒すためにピノチェト将軍の支援さえした。アジェンデはその3年前に、クーデタではなく選挙によって政権を獲得し、ゲリラ戦によらず合法的に社会主義を実現しようとしていたのである。こうして誕生した各国の独裁政権は、体制の維持と反政府勢力弾圧のために手を組んだ。しかし、アメリカの大統領がジミー・カーターに代わると、カーターは人権擁護の立場から、そうした抑圧的な政権とは一定の距離を置くようになる。**冷戦の終結と共に、この地域でも民主主義が完全に復活し、政権交代が実現していく。**

　アルゼンチンの政治を象徴する人物といえば、ホアン・ペロンである。大衆運動に後押しされて1946年に大統領に選出され、社会正義を掲げたものの、その政治は独裁主義と個人崇拝に傾いていく。民族主義、反共主義、保護主義を柱とする政策は極右勢力も極左勢力も惹きつけ、それまでの政治的対立は弱まっていった。ペロンは1955年のクーデタで失脚するが、1973年には再び政権に就く。

　1982年、ホルヘ・ラファエル・ビデラの軍事独裁政権下にあったアルゼンチンは、イギリス領フォークランド（マルビナス）諸島に侵攻する。イギリスから遠く離れ、取るに足らない島々（人口1800人）であるから、難なく併合できるだろうと考えたのだ。ところが、当時のイギリス首相マーガレット・サッチャーはあくまでも筋を通そうとして譲らず、領有権の主張を曲げなかった。この戦争の敗北はアルゼンチンにとって屈辱であり、政権の崩壊につながった。アメリカはアルゼンチンとの相互協力協定を結んでいたにもかかわらず、イギリスとの関係を優先した。これはコノ・スール諸国の目には、アメリカの裏切りと映った。

　1999年、この地域は深刻な経済危機に見舞われ、

コノ・スール（南米南部）の発展と経済問題

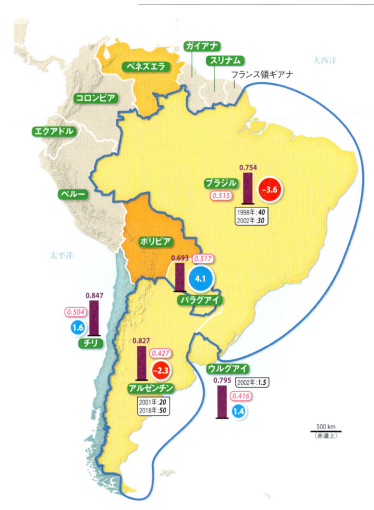

社会全体、ことに中産階級にきわめて大きな影響が及んだ。それでも、軍事体制や独裁体制が復活した国はなかった。政権交代は武力ではなく選挙によって行なわれるようになっていた。どの国にとっても、（チリだけはさほどでもなかったが）最大の関心事はアメリカと距離を置くことである。北米自由貿易協定（NAFTA）が1994年1月1日、アメリカ、カナダ、メキシコに共通経済圏を作るべく発足したが、コノ・スール諸国はこの協定への参加を拒否した。アルゼンチンとブラジルは、ひとまず競争をやめることに合意し、メルコスール（南米南部共同市場）を創設した。チリはメルコスールに加盟していない。

メルコスールは、それまで各国間の貿易の妨げとなっていた保護主義に終止符を打って経済的埋め合わせをしただけでなく、民主主義体制を普及させるという政治的な影響も与えた。メルコスールは、1990年代末のウルグアイのクーデタを未然に防いだほか、アルゼンチンとブラジルの競争意識を和らげるのにも役立った（アルゼンチンが現実を受け入れて、ブラジルと覇を競うことの無意味を悟ったのだ）。ベネズエラも一度は加盟したが、ニコラス・マドゥロの現政権が独裁色を強めたことにより、加盟資格を剥奪されている。

メルコスール加盟国にとっての課題は常にアメリカの支配から逃れることである

21世紀初頭の経済成長

グローバリゼーションと原料価格の高騰に伴い、この地域は21世紀初め、著しい経済成長を遂げた。中国は原料を確保するために存在感を増し、数々の通商協定を結んでいる。メルコスールはEUとも協定を締結した。**メルコスール加盟国にとっての課題は常に、アメリカの支配から逃れることである。**ジョージ・W・ブッシュ政権時代に高まった反米感情は、バラク・オバマがモンロー主義と実質的に決別したおかげで、彼の8年間の任期中にかなり和らいだ。しかし、トランプ政権になってからは、再び高まる恐れがある。

ブラジルは、ルイス・イナシオ・ルラ・ダ・シルヴァ、通称ルラ大統領の2期に及ぶ任期中に経済成長を遂げ、貧困を減らすと共に、国際社会でも脚光を浴びて、国連安保理常任理事国候補と目されるまでになった。ロシア、インド、中国、南アフリカと共にBRICSのメンバーであるブラジルの地位を、ルラはさらに引き上げようとする。新たに50以上の国に大使館を開設し、2014年のワールドカップ、2016年のオリンピックの招致に成功し、国家の威光を増した。「南米の真珠」ブラジルは、欧米諸国との対立を避けるため、国際通貨基金（IMF）への債務返済に応じたが、この債務の返済義務には解釈の余地があった（アルゼンチンは返済に応じていない）。一介の労働者、組合活動家から大統領に上り詰めたルラは、国の内外で名声に包まれた。ルラの後任として2010年に大統領になったジルマ・ルセフは、ルラほどのカリスマ性には恵まれず、経済危機と社会不安への対処を迫られ、混乱が政界にも及んで失職に追い込まれる。**ブラジルの政界は、無数の政党がひしめいて分裂している。**各政党には具体的な政策がなく、上層部はルラが行なった富の再分配を容認せず、腐敗に蝕まれたままだ。ルラ自身、任期終了後に汚職で有罪判決を受けた。しかし、広大な国土と多くの人口、それに農業資源と石油資源、産業基盤に恵まれたブラジルは、遠からずこの停滞から脱するだろう。

「小国」ウルグアイは、元ゲリラのホセ・「ぺぺ」・ムヒカが2009年に大統領となってから、大いに存在感を示し、独自路線の政治を進めている。**ムヒカは最低賃金を250パーセント上げ、貧困率を40パーセントから11パーセントに、失業率を13パーセントから7パーセントに減らした。**これは大胆な社会政策の成果である。また、宗教（カトリックとプロテスタント）に由来する保守的な考えがいまだに支配的なウルグアイで、同性婚を認め、大麻使用の合法化にも踏み切った。

出典：『L'année stratégique 2018（2018年の戦略）』（パスカル・ボニファス著）

	面積（km²）	人口（人）	GDP（単位：100万ドル）
ブラジル	8,514,877	207,847,528	1,774,725
アルゼンチン	2,780,400	43,416,755	548,055
チリ	756,102	17,948,141	240,216
パラグアイ	406,752	6,639,123	27,623
ウルグアイ	176,215	3,431,555	53,443

アラブ世界

LE MONDE ARABE

アラブ世界 | 01

マグレブ地域の統合は不可能か？

マグレブ*1は、地理学者にとってはエジプト以外の北アフリカ地域を指し、
フランス人にとっては、アルジェリア、モロッコ、チュニジア、
モーリタニアというかつて支配していた地域*2を指す語である。

*1）アラビア語でアル＝ジャジラート・アル＝マグリブ、すなわち「日が没する半島」
*2）イタリア統治下にあったリビアも独立後は含める

旧宗主国に対抗するために結ばれた団結は冷戦のせいで瓦解してしまった

妨げられた統合

この地域には共通する要因がきわめて多いものの、政治的・戦略的情勢の変遷を見れば、いまだに国ごとの分析が必要であることがわかる。植民地支配が終わって以来、各国は大きく異なる軌跡をたどってきたからだ。

マグレブには、ヨーロッパからの距離が近いが、アフリカ大陸とアラブ世界に属し、かつ独自のアイデンティティを保っているという特徴がある。

マグレブ5カ国は、アラブ連盟とアフリカ連合の両方に加盟している。ただし、モロッコは、サハラ・アラブ民主共和国（SADR）（＝西サハラ）の承認に反対して一時アフリカ連合を脱退した後、再加入した。マグレブの面積は600万平方キロメートル、人口は9000万人である。人口の過半数が若年層で、チュニジア、モロッコ、アルジェリアの若者は教育水準が高いが、さらなる社会的正義と自由を求めて、ヨーロッパ、特にフランスへの移住を望む傾向がある。

マグレブの国々は古代以来のベルベル文化と、7世紀のアラブ人による征服以降のアラブ・イスラム文化の遺産だけでなく、植民地時代から受け継いだ西洋文化の影響も共有している。**いずれも中央集権国家で、強権体制を志向しているか、志向していたという共通点を持つ。**

1989年に、この5カ国が結んだ条約によってアラブ・マグレブ連合が誕生した。アラブ・マグレブ連合が目指したのは、地域経済の統合、諸外国、特にヨーロッパ諸国に対する立場の強化、政治的連携の強化であった。

この連合により、主にインフラ分野における複数の大規模プロジェクトも構想されたものの、根深い政治的対立のために実現されていない。また、5＋5（欧州5カ国：フランス、イタリア、スペイン、ポルトガル、ギリシャ）対話も行なわれたが、マグレブ内、とりわけモロッコとアルジェリアの対立と、カダフィ時代のリビアの無軌道な振る舞いのために、成果は上がらなかった。

旧宗主国に対抗するために結ばれた連合であったが、その団結は冷戦のせいで瓦解してしまった。 アルジェリアは多大な犠牲を払って独立を獲得した国として威光に包まれ、南側諸国の盟主を自認し、非同盟運動［冷戦期の東西両陣営に属さない国により1961年に設立された国際組織］と第三世界の主導国であったが、ソ連や社会主義革命とも関係があった。モロッコも非同盟運動加盟国だが、西側に近い保守的な君主制国家であった。そして、チュニジアは、より中立的であろうとし、より控えめに西側とつながろうとしながらも、自らのアイデンティティを尊重していた。

アルジェリアとモロッコの敵対関係は、1975年にスペインが撤退した西サハラをめぐってあらわになる。モロッコ国王ハサン2世は西サハラの領有権を主張し、民間人による平和的な領土征服「緑の行進」を指揮した。これに対して、アルジェリアの支援を受けたポリサリオ戦線は西サハラの独立を要求する。ポリサリオ戦線が建国したサハラ・アラブ民主共和国（SADR）は、1984年、アフリカ統一機構（現在のアフリカ連合）に承認された。そのため、モロッコはアフリカ統一機構を一時脱退したものの、2017年にアフリカ連合に再加入した。モロッコはサハラ・アラブ民主共和国（西サハラ）の領土の80パーセントを支配しながらも、この地域の発展を加速させるために相対的な自治権を与えている。西サハラの完全な独立を訴えるアルジェリアとの紛争は長引いており、そのせいで、地域統合にはまったく進展が見られない。

リビアの事例

リビアでは、カダフィ大佐が1969年に国王イドリース1世を退位させ、「革命的」政権として大リビア・アラブ社会主義人民ジャマーヒリーヤ国を建国した。しかし、事実上、カダフィ自身に全権が集中していたため、真の国家構造は確立されなかった。**リビアは自らアラブ・アフリカ世界のリーダーだと公言してはばからなかったものの、実体は西側陣営に対抗する民族主義的反対勢力であり、やがて暴力的でしばしば理性を欠いた過激な勢力と化していく**。人口こそ比較的少ないものの、1970年代以降に獲得した石油収入にものを言わせて、国際的な野心も抱くようになる。革命運動組織のみならずテロ組織を支援し、西側諸国だけでなく、リビアの主導権を認めないアラブやアフリカの国々にも攻撃の矛先を向けてきた。2011年のアラブの春では、カダフィ大佐は武力で民衆の反乱を抑圧しようとした。

それに対して、国連安全保障理事会決議1973が中国とソ連が棄権したおかげで採択され、リビアへの軍事介入が行なわれる。当初は民間人保護のために飛行禁止区域を設定する、きわめて限定的な介入であったが、フランスとイギリスの決断によってリビアの体制転覆まで目指すことになり、7カ月後にはカダフィ大佐の殺害に至って、中国とソ連の反発を招いた。それ以来、民主化の夢は消え去り、リビアは混乱に陥ったままだ。

さまざまな政治改革

チュニジアは、独立後の初代大統領となったハビーブ・ブルギーバの強力なリーダーシップの下で経済を発展させ、識字率は全人口のほぼ100パーセントに達した。ブルギーバのあまりに保守的な姿勢を非難したザイン・アル＝アービディーン・ベンアリは、1987年に彼を退任に追い込み、国の近代化を続行したが、結局は権威主義と腐敗に陥る。2011年、ベンアリは平和的革命によって退陣させられた。

マグレブ5カ国の政治は、それぞれ独自の変遷を経てきた。**アルジェリア**では、1990年代の内戦の記憶がトラウマとして残り、変化への欲求の足枷となっている。この内戦は、イスラム教徒による政権奪取を軍隊が暴力的に阻止したために起こり、武装イスラム集団（GIA）と軍の衝突が激化して20万人近い死者を出した。1999年に政権を掌握したアブデルアジズ・ブーテフリカは国内和解政策を進め、大規模な暴力は収まった。その後GIAはイスラム・マグレブ諸国のアルカイダ（AQIM）に発展している。政治的・経済的改革が行なわれないことへの不満はくすぶっているものの、政治に起因する武力衝突が再び起きることへの恐怖心から、あまり表面化してはいない。**リビア**は、混沌とした状況から一向に抜け出せない。**モロッコ**では、国王が強い権限を行使しながら、経済開放を進めてきた。経済が近代化され、君主制という今では稀な体制によって政治の安定が確保されているが、経済的（かつ地域的）不平等から不満も生じている。モロッコは存在感をますます増し、ヨーロッパとサブサハラ・アフリカの架け橋となることを目指している。**チュニジア**では、経済的な困難にもかかわらず、民主政治の試行が続く。ただ、2013年から2014年にかけて起こったテロ事件や、かつて盛んであったリビアとの貿易の停止以降、革命と観光業衰退の影響で、外国からの投資は減少している。

軍事介入によって民主化の夢は消え去り、リビアは混乱に陥ったままだ

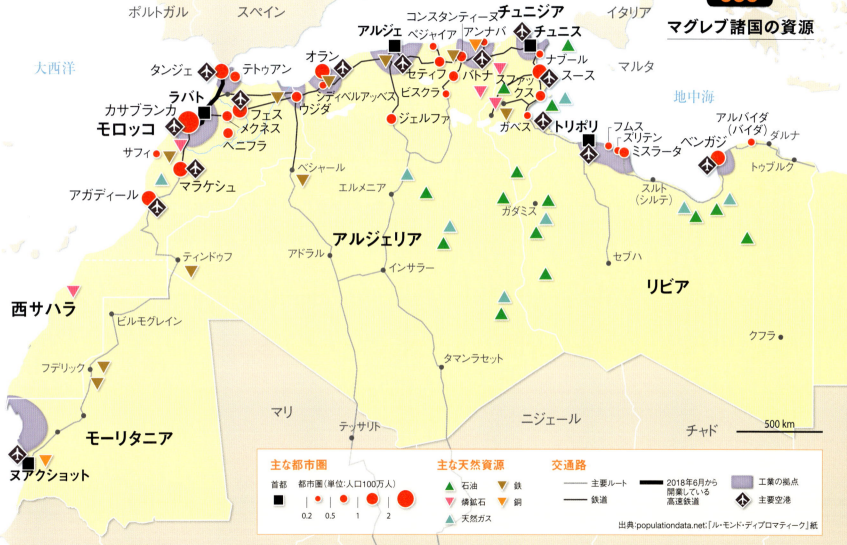

02

LE MONDE ARABE

アラブ世界 | 02

マシュリクは混沌とした地域か？

マシュリク（アラビア語でアッシャルク、すなわち「日が昇るところ」）は
アラブ世界の東側の玄関口で、エジプト、ヨルダン、イラク、
レバノン、シリア、パレスチナから成る。
マグレブとは異なり、マシュリクには複数の宗教が混在する。
この地域の歴史に大きな影響を与えたのがサイクス・ピコ協定で、
その名は、第一次世界大戦中に、オスマン帝国崩壊後のこの地域における
連合国の勢力範囲分割案を作成したイギリスとフランスの代表者に由来する。
協定で定めた委任統治案が国際連盟に承認され、
シリアのハイファ港はイギリス、パレスチナについては英仏露が改めて協定を結ぶことになった。

エジプトを戦略的に重要視する欧米諸国は軍事政権の弾圧を見て見ぬふりしている

エジプト：脆弱になった大国

　エジプトは1922年に独立してからも、イギリスの支配を受け続けた。その後、アラブ世界の統一への呼びかけや、失敗に終わった連邦計画（アラブ連合共和国［1958-1961］、ヨルダンとイラクによるアラブ連邦［1958年］など）を経て、**マシュリクは政治的にも、戦略的にも、宗教的にも分断されてしまう。**

　ガマール・アブドゥル＝ナセル大佐は1954年にエジプトの実権を握ると、民族主義と第三世界主義の政治路線を推進した。欧米の利益に反して1956年にスエズ運河を国有化したことで、ナセルの人気は国境をはるかに越えて広がっていった。エジプトはソ連に接近すると共に、非同盟運動でも重要な役割を果たした。

　ナセルの後継者アンワル・アッ＝サダトは、1973年の第四次中東戦争の後、ソ連との同盟は現状を変えるのに役立たないし、シナイ半島（1967年の第三次中東戦争でイスラエルに奪われた）の奪還にも役立たないと悟る。そこで、ソ連との同盟を解消してアメリカに接近し、そのおかげでイスラエルと単独で平和条約（1978年のキャンプ・デービッド合意に基づく）を締結したものの、それによってエジプトはアラブ連盟から追放される。アメリカとの同盟（これによりエジプトは経済的・戦略的援助を受けられた）は、エジプト政治の主軸となり、2012〜2013年のごく短期間、ムスリム同胞団が権力を握ったときでさえ、見直されることはなかった。

　1981年にサダトが暗殺された後、ホスニ・ムバラクがその後継者となったが、2011年2月に民衆による革命が起こり、ムバラクは退陣に追い込まれる。そして、2012年に初の自由選挙による大統領選挙が行なわれた。ムスリム同胞団を支持母体とする候補者、ムハンマド・ムルシがこの選挙で勝利を収めたが、2013年7月にアッ・シシが主導した軍事クーデタにより、退陣に追い込まれる。シシは再びエジプトに独裁体制を敷いた。**欧米諸国はマシュリク地域においてエジプトが戦略的に重要だと考え、弾圧が行なわれているのに見て見ぬふりをしている。** 2018年3月の大統領選は実際には競争のない選挙で、経済・安全保障問題の悪化にもかかわらず、シシが再選された。

シリアとイラクの混迷

　イラクは1932年に、シリアは1946年に独立したが、いずれも権力を握ったのはバース党だった。この党は世俗主義、アラブ民族主義、汎アラブ主義を掲げている。**イラクとシリアは、このように共通の特徴を持っており、双方ともソ連と関係があるにもかかわらず、マシュリク地域の「兄弟で敵」である。** イラクでは、少数派のスンニ派（イラクのクルド人とほぼ同じく人口の17パーセントを占めるにすぎない）出身のサダム・フセインが権力を掌握した［1979年］。いっぽう、シリアではアラウィー派（シーア派に近い一分派とされ、シリアの人口の10パーセントを占める少数派）出身のハーフィズ・アル＝アサドが政権の座に就いた［1971年］。アサドは、1980〜1988年のイラン・イラク戦争ではイランと同盟を結ぶ。シリアは戦略面でイスラエルと肩を並べようとしたものの、（ソ連から援助を受けていた期間を含めて）それが不可能であることを悟った。1973年以降イスラエルにゴラン高原を占領されたせいもあって、イスラエルに対して強い敵意をにじませてきたが、その表現は発言のみに留めてい

る。

　イラクは、サダム・フセインが火蓋を切った（イラン、次いでクウェートとの）戦争、1991年から2003年にかけての欧米による禁輸措置、そして2003年にアメリカが始めたイラク戦争のために疲弊している。現在はイランの影響下にあり、国家構造は非常に脆弱になっている。

　シリアでは、2000年に父親の後を継いだバッシャール・アル＝アサドが、民主化と社会正義を要求する平和的なデモに直面する。アサドは、ベンアリ（チュニジア）やムバラク（エジプト）と同じ運命をたどるのを恐れて無差別な抑圧に乗り出し、反乱を画策したのは外国だという根拠のない非難を行なう。**2011年に始まった内戦は類を見ないほど激しく残虐で、野党の一部の急進化と、イスラム教過激派の定着を招いた。**やがて内戦は国際紛争にまで発展し、アサドに対抗するアラブ諸国やトルコは急進派を支援するに至った。欧米諸国はシリア政府による権力の濫用を非難したが、政府軍にも反乱軍にも実質的な支援はしなかった。いっぽう、ロシアとイランはシリア政府を支援している。

　そうしたなか、イラク、シリア両国の領土の一部（約20万平方キロメートル）に、スンニ派の過激派がイスラム国（IS／ダーイシュ）を「建国」した。イスラム国はサイクス・ピコ協定の破棄を主張し、とりわけイラクで権力を掌握できずシリア政権により虐げられているスンニ派の持つ恨みにつけ込んだのだ。ところが、このイスラムのテロ組織を排除するために、シリア政権の支持者と反対派は一致団結し、国際的な連携に至った。**アサドは、国を壊滅状態にし、およそ40万人の命を奪い、国民の半分を難民の状態に追いやったにもかかわらず、今もなお権力の座に留まっている。**

レバノンとヨルダン：
困難な状況下での体制の維持

　シリアはレバノンの独立を真に受け入れたことはなく、「大シリア」の一部とみなしている。レバノンは18の共同体の微妙なバランスの上に成り立つ国で、パレスチナ難民の波が数度押し寄せてきたために、情勢が不安定になった。1975年には内戦が勃発し、その間、シリアはキリスト教徒の要請に応じてレバノンに侵攻し、勢力を拡大した。1982年にレバノンがイスラエルからの侵攻を受けた後、多数派ではあるものの最も資金に乏しかったシーア派は、イランの支援を受ける政治・軍事組織ヒズボラを中心に結集する。内戦終結後の2005年に、レバノン首相でスンニ派のラフィーク・ハリリが暗殺され、シリア政権の関与が疑われると、フランスとアメリカ主導の国連決議により、シリア軍はレバノンから強制的に撤退させられた。**現在、レバノンは150万人のシリア難民を抱えながら、奇跡的とも言えるほど絶妙なバランスを保っている。**

　ヨルダンは、人口の多くがパレスチナ人であるにもかかわらず、エジプトと共にアラブ諸国で唯一、イスラエルとの平和条約に調印している。同国は安全保障と君主制維持のため、アメリカとの関係を頼みにしている。

　マシュリク地域にはかつて、強固な国家構造、国際的に重要な地位、それなりの国力を持つ国が3つあった。すなわちエジプト、シリア、イラクである。今日、エジプトは機能不全に陥り、シリアとイラクは復興が待たれる状況だ。**3カ国の国際的地位は、以前とは似ても似つかぬものとなっている。**ヨルダンとレバノンはさまざまな理由により常に不安定さを抱えながらも、今のところは最悪の事態を免れている。

マシュリク地域3カ国の国際的地位は
以前とは似ても似つかぬものとなっている

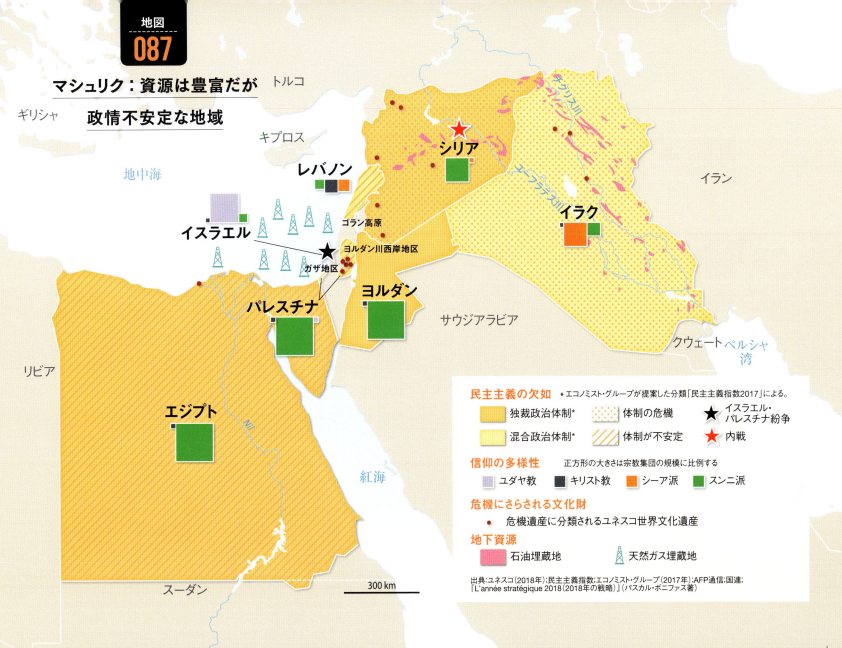

アラブ世界｜03
安定が脅かされるペルシャ湾

18世紀に宣教師ムハンマド・イブン・アブドゥルワッハーブは、
厳格なイスラム教の原点への回帰を説き、有力者ムハンマド・イブン・サウードと同盟を結んだ。
王家となったサウード家は19世紀初頭にアラビア半島で勢力を拡大し、聖地メディナとメッカを征服する。
1932年のサウジアラビア王国建国当時には、同国以外の湾岸諸国は依然としてイギリスの統治下にあった。
その後、イギリスは自らの相対的な弱体化を考慮し、1968年にはスエズ運河の東側から軍を撤退させることにする。
この撤退により、小規模な首長国群が独立を達成した。
そのうち7カ国はアラブ首長国連邦として結集したが、バーレーンとカタールはこの連邦への加入を拒否する。
オマーンとクウェートも独立した。そうした人口の少ない国々が繁栄したのは、
1970年代初頭のオイルショックによるところが大きい。

GCC諸国は経済的に豊かではあるが、外からの脅威に対しては戦略的に脆弱である

アメリカの影響力

　いっぽう、サウジアラビアは積極的な宗教外交を行ない、イスラム諸国内でワッハーブ派を広めようとした。ワッハーブ派によるイスラム教の解釈は際立って抑圧的であるにもかかわらず、アメリカはサウジアラビアの石油を入手し続けるために、異論を唱えていない。そのうえ、冷戦時代には、アメリカは同国を共産主義に敵対する盟友とみなしていた。

　1945年以降、アメリカは湾岸地域にとって戦略上最も重要な大国となる。そして、アメリカ自身もサウジアラビアと協定を結び、安価な石油を豊富に供給してもらうのと引き換えに、同国の体制の安全を保証した。ベトナム戦争後、リチャード・ニクソンは、アメリカの影響力を広めるために、湾岸地帯に「憲兵」を置く政策を進める。アメリカが憲兵として選んだのはイランだった。イランはこの地域で最も人口が多く、国王が権威主義的な方法で近代化を推し進めていた。

　ところが、ホメイニ師が率いるイラン革命が1979年に王政を転覆させる。イランはアメリカ、イスラエルとの関係を断ち切って、革命を湾岸地域の他の国々に波及させると脅した。こうして、アメリカの同盟国であったイランは、大きな脅威へと変貌した。

域内の対立

　1931年に独立したイラクでは1958年まで君主制が続き、1978年にはサダム・フセインが権力を掌握する。フセインは同国で独裁政権を成立させ、サウジアラビアとは対立した。フセインの世俗的な政策と、イラクとソ連との結びつきが対立の理由である。**イラクは石油や水が豊富なだけではなく工業と農業も発展しており、当時の経済水準はスペインと同等であった**。1980年になると、サダム・フセインはイランに戦争を仕掛ける。イランが王朝の崩壊により弱体化していると考え、そこにつけ込んだのだ。

　1981年、サウジアラビア、アラブ首長国連邦、カタール、バーレーン、クウェート、オマーンが湾岸協力会議（GCC）を設立する。それらの国々はイラン・イラク戦争ではイラクを支援したものの、サダム・フセインの野心は警戒していた。**GCC諸国は経済的に豊かではあるが、外からの脅威に対しては戦略的に脆弱である**。また、外国人労働者への依存度がきわめて高い。

　1995年、カタールのハマド・ビン・ハリーファ・アール＝サーニーは、当時首長であった父親を追放し、カタールの存在感をサウジアラビアにもっと認めさせようとした。サーニーは衛星放送局アルジャジーラを設立し、活発な外交政策に着手する。また、アラブの春で大きな役割を果たしたムスリム同胞団の主な支援者であることも、サウジアラビアとアラブ首長国連邦を苛立たせた。その結果、サウジアラビアとアラブ首長国連邦は2017年、バーレーン、エジプトと共に、カタールとイランの関係が密接過ぎることを非難し、カタールの封鎖を表明する。

　サウジアラビア政府の新たな実力者、ムハンマド・ビン・サルマーン皇太子は、イランを最大の脅威とみなしている。そのため、イランが核兵器を開発しないという保証と引き換えに制裁解除を定めた2015年7月のイラン核合意を激しく批判した。そうしたイランとの対立が原因で、皇太子はイスラエルの側にすり寄るようになっている。

宗教外交

多数派の宗派

スンニ派
- マーリク学派
- シャーフィイー学派
- ハナフィー学派
- ハンバル学派（ワッハーブ派）

シーア派
- 十二イマーム派
- ザイド派

- ムスリム世界連盟本部
- 主なイスラム教聖地

- ユダヤ教
- イバード派
- キリスト教

域内協力

オマーン 湾岸協力会議（GCC）加盟国

 石油輸出国機構（OPEC／1960年9月14日、バグダッドでの首脳会議で結成）加盟国

 カタールの封鎖（2017年6月5日）

1945年のクインシー協定：2月14日にアメリカとサウジアラビアが締結、2005年に更新

43% 人口に占める外国人居留者の割合

石油への依存

4.4 GDPにおける天然資源（主に石油と天然ガス）の輸出額の割合（単位:%）

3つの主要国際ハブ空港

 紅海の島々の観光開発プロジェクト（ムハンマド・ビン・サルマーン皇太子が2017年に公表）

 ウィーン合意（イラン核合意）締結に先立つイランとアメリカの秘密交渉

 アルジャジーラ：世界で最も視聴されているアラビア語放送局

出典：オリアヌ・ユションのウェブサイト「Les clés du Moyen-Orient（中東の鍵）」（2016年）；『ル・モンド・ディプロマティーク』紙（2016年）；世界銀行（2016年）；KAWA（knowing Arabia, watching Arabia）のウェブサイト

アフリカ

01
L'AFRIQUE

アフリカ | 01

西アフリカ：民主化と人口問題の間で

西アフリカには、フランスの植民地（フランス領西アフリカ、AOF）だったマリ、
ニジェール、セネガル、トーゴ、コートジボワール、カメルーン、
イギリスの植民地だったガンビア、シエラレオネ、ガーナ、ナイジェリア、
ポルトガルの植民地だったカーボベルデ、ギニアビサウがある。
リベリアは、アメリカから帰還した解放黒人奴隷によって建国された
特殊な事例である。

年3パーセントを超える人口増加率が経済発展の妨げになっている

成功した地域統合

15カ国が加盟する西アフリカ諸国経済共同体（ECOWAS）は、1975年に設立された。**ECOWASは、アフリカ大陸で最も成功した地域統合モデルである。**

もともとの目的は純粋に経済的なものだったが、次第に政治的役割を果たすようになり、民主的体制への交代を拒否してクーデタを画策する政権を孤立させ、あるいはそのような政権に圧力をかけ続けて、民主化の動きを促進してきた。

また、域内の平和の維持や回復に関しても重要な役割を果たしている。加盟国のうち8カ国が西アフリカ経済通貨同盟（UEMOA）を設立し、CFAフランを共通通貨とした。

汎アフリカ主義の指導者で英語話者であったクワメ・エンクルマ（ガーナの初代大統領）やフランス語話者レオポール・セダール・サンゴール（セネガルの初代大統領）などのリーダーの下、西アフリカ諸国は独立後、公共部門の開発に大きく依存して発展してきた。

ただし、人口動態には対処できずに苦しんでいる。**年3パーセントを超える人口増加率が経済発展の妨げになっている**のだ。

大国ナイジェリア

約1億9000万人の人口を抱えるナイジェリアは、アフリカの盟主の座を南アフリカと競い合い、この大陸を代表する国家を自任する。**ナイジェリアは豊富な石油資源を有するが、長年、軍事政権の腐敗と無能に苦しめられてきた。**

近年、国内総生産（GDP）は南アフリカを抜き、5000億ドル近くに達している。ナイジェリアのGDPは世界で第24位（それに対して南アフリカは第34位で3120億ドル）である。それにもかかわらず、同国は宗教、地域、歴史に起因する分断という問題を抱える。混在する多くの民族の中心を成す3大民族は、北部のイスラム教徒ハウサ族およびフラニ（プル）族（合わせて33パーセント）、南西部のヨルバ族（31パーセント）、東部のキリスト教化されたイボ族（12パーセント）だ。

ナイジェリアでは権力の中心に軍の存在があり、断続的に軍が政権を掌握している。最も重要な資源である石油は、管理も分配もうまくできていない。2015年の大統領選挙では腐敗撲滅をうたうムハンマド・ブハリが当選した。

その他の英語圏の国々

リベリアとシエラレオネは、歴史的経緯から、沿岸に住むクレオール人エリート（リベリアでは「セトラーズ（入植者）」、シエラレオネでは「クリオ」と呼ばれる）と内陸に住む先住民の間で分断されてきた。シエラレオネでは1989年から2001年まで内戦が続き、イギリス軍が介入せざるを得なかった。リベリアでも、1989年から2003年にかけて内戦があった。**人命の犠牲（15万人以上が死亡）と過酷な暴力を伴ったこれら2つの内戦に使われた資金はダイヤモンド採掘によりまかなわれたが、戦闘によって両国のインフラは壊滅的損害を被った。**さらに、子供兵の徴集や、人々の恐怖をかき立てる目的での反政府勢力による手足の切断も横行した。シエラレオネとリベリアは再建の途上にあり、リベリアでは特に2006年から大統領を務めたエレン・ジョンソン・サーリーフと、2017年に

社会正義と法の下の平等を掲げて当選したジョージ・ウェアによって復興が推進されてきた。

ガーナはかつてゴールド・コースト（黄金海岸）と呼ばれ、イギリス領で最も繁栄した植民地であった。1966年には、汎アフリカ主義を掲げるカリスマ的指導者クワメ・エンクルマが軍事クーデタによって失脚させられた。**しかし、21世紀の初頭以降は、完全な民主主義国家となっている。**現在のガーナは模範的な民主主義国家と認知されており、政権交代が行なわれ、教育（識字率は全人口の90パーセント）、出生率（女性1人が生む子供の数は4.2人）、所得の不均衡の是正においても大きな進歩を遂げた。アフリカの「優等生」として、国際社会からも大きな支持を得ている。

フランス語圏の国々

セネガルは、アフリカにおける民主化の成功例だ。真の政権交代が行なわれ、市民社会も発達している。初代大統領サンゴールは、1980年に後継者アブドゥ・ディウフに自ら政権を委譲して模範を示した。ディウフも、2000年の選挙で敗北を認め、対立候補アブドゥライ・ワッドに政権を委譲した。ワッドは力ずくで権力を維持しようとしたものの、民衆の圧力によりこれを断念している。2012年にはマッキー・サルが大統領になった。

コートジボワールは建国の父フェリックス・ウフェ＝ボワニ［1905-1993］の死後、深刻な危機に陥った。**それまで西アフリカ経済の活力源とみなされていた同国は、民族の亀裂を背景として内戦に突入し、国民1人あたりのGDPは半減した。**また、2010年にはアラサン・ワタラが大統領選挙で勝利したが、ローラン・バグボ大統領（当時）が選挙結果に異議を申し立てた。フランス軍と国連軍はワタラの大統領就任と、その後の2018年における再選を認めたが、完全な和解には至らず、国内がまとまっているとは言えない。

ブルキナファソでは、2015年にブレーズ・コンパオレ大統領の不当な政権維持を国民が阻止している。コンパオレはサンカラ大統領の暗殺後、1987年に大統領に就任した。サンカラは、国名をオートボルタからブルキナファソ（「高潔な人々の国」）に変更し、マルクス主義を重視した政府を実現させ、富の再分配、女性解放、欧米諸国に対するアフリカ諸国の債務の免除を主張した大統領として、今なお人気が衰えない。

ガボンと、それにも増してトーゴの政権は、民主主義とは名ばかりで、実態は王朝とさえ呼べるほどの専制であり、悪い意味で際立っている。それでも、小国ガボンは石油資源のおかげで比較的平和な社会を「購入」できた。

ガンビアの独裁者ヤヒヤ・ジャメは2016年に、敗北するはずがないと信じていた選挙に敗れる。ヤヒヤはその選挙結果に異議を唱えようとしたものの、ECOWASの圧力により退陣させられた。

マリは長年、幸運にも「民主的な例外」国家とみなされていたが、2012年のクーデタ未遂、トゥアレグ族の分離独立派の圧力の高まりを経て、2013年1月には首都バマコでイスラム過激派による襲撃未遂事件が発生、フランスの軍事介入によりかろうじて阻止された。リビアのカダフィ政権が崩壊したことにより、サヘル地帯全体が不安定化してしまった。**いわば屋根のない、使い放題の武器庫として利用されたからだ。**あらゆる不正取引に好都合な砂漠地帯を管理するのは、きわめて難しい。

2014年末には、G5サヘル（G5S）が地域の協力推進の枠組みとして結成された。構成国はモーリタニア、マリ、ニジェール、ブルキナファソ、チャドで、フランス軍と国連軍の交代の支援を目標とした。ナイ

西アフリカ経済の活力源だったコートジボワールは内戦突入により1人あたりGDPが半減した

ジェリアは、とりわけボコ・ハラムを介するテロ行為に見舞われており、カメルーン、コートジボワール、マリ、ブルキナファソもテロの被害を受けている。

　西アフリカは、広大な土地と国家構造の相対的脆弱さゆえに規制が難しいことから、ラテンアメリカからヨーロッパへのコカインの通過点となった。この地域では全般的に不正取引が横行し、ナイジェリアの石油、ガーナの金、マリのタバコ、主にセネガルで違法に漁獲された魚が売買されている。

西アフリカの困難な発展

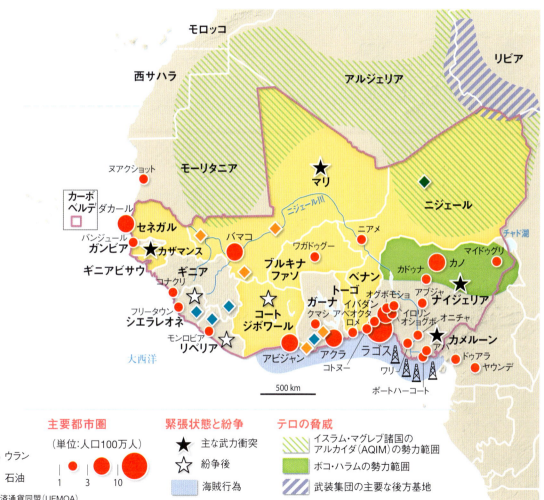

01 ｜西アフリカ：民主化と人口問題の間で　287

L'AFRIQUE

アフリカ | 02

中部アフリカは立ち往生？

中部アフリカを構成するのは、ブルンジ、中央アフリカ共和国（CAR）、
カメルーン、ガボン、赤道ギニア、サントメ・プリンシペ、チャド、
コンゴ共和国、ルワンダ、コンゴ民主共和国[*1]の10カ国である。
そのうちブルンジ、ルワンダ、コンゴ民主共和国の3カ国は、
最も人口の多いアフリカ大湖沼地域に位置する。

*1）DRC。旧ベルギー領コンゴ、1971〜1997年までザイール

冷戦終結時に出された民主化の要求はいまだに実っていない

「変化する要素が多い」土地

　中部アフリカは、ときに「途方もない空き地」と形容され、ナイジェリアと大西洋とサヘル地帯に接するうえに、アフリカ南部とも接する広大なコンゴ民主共和国を含む、「変化する要素が多い」土地だ。人口は少なく、ほとんどが森林地帯で、世界で2番目に規模が大きな「二酸化炭素吸収源」を擁する。二酸化炭素吸収源とは、大気中の余分なCO_2を吸収し、気候温暖化を抑制してくれる生態系のことだ。

　中部アフリカの成長率はアフリカ大陸で最低であり、コンゴ民主共和国で起こった戦争や紛争の深刻な被害がその大きな敗因となっている。この地域は1990年代初頭以降、最も不安定で、最も多くの人命が奪われた紛争を経験してきた。冷戦終結時に出された民主化の要求はいまだに実っていない。政権は長期にわたって維持され、政権交代の余地はまったく見られず、反対派もほとんど目につかない。

コンゴ民主共和国：破綻した大国

　植民地時代、旧ザイール（ベルギー領コンゴ）は、ベルギー国王の私有地だった。**「地質ゆえの腐敗」と言われるほど、地下資源があまりに豊富で、その資源に呪われたとしか思えない運命をたどってきた。**

　ベルギーの入植者に略奪されてきたこの国は、進歩的な指導者パトリス・ルムンバ [1925-1961] が独立運動を主導したときでさえ、欧米の国々によって独立を妨害された。国民はきわめて非人道的で暴力的な搾取の犠牲となり、おまけに、後に大統領となったモブツ元帥は、鉱山から上がる利益と冷戦構造を利用した戦略で私腹を肥やした（この国がソ連側に寝返るのを防ぐために、欧米は援助を惜しまなかった）。

　1997年にモブツ大統領が退陣した当時、ザイールの発展は、1960年にコンゴ共和国として独立したときよりも見劣りした。冷戦が終わり、1994年にルワンダ虐殺が起こったあと、**腐敗と混乱に蝕まれたモブツ政権は、欧米にとってまったく利用価値がなくなっていた。**さらには難民の流入と、ザイールの富を狙う近隣諸国の強欲によってコンゴ戦争が勃発し、1996年から2003年の間に約400万人近くが命を落とす。アフリカ大陸の歴史上、最も多くの人命が奪われた紛争となった。

　アンゴラ、ウガンダ、ルワンダ、ブルンジの支援を受けて1997年にモブツを退陣させたローラン・カビラも、効率的な国家運営はできなかった。

　彼が2001年に暗殺された後、後継者となった息子ジョゼフ・カビラも同様である。

　ジョゼフ・カビラは憲法に違反したのみならず、カトリック教会が支援する国民の要求も無視して、権力にしがみついた。国連が史上最大規模の平和維持軍を派兵したおかげで、外国（主にルワンダとウガンダ）の介入と、国内の武装集団の攻撃をどうにか阻止したような有様だった。

　国際社会からの圧力を受けて、2013年にエチオピアの首都アディスアベバで枠組み合意が結ばれ、調印国はコンゴ民主共和国への介入の停止を約束した。同国はその後も開発が遅れ、政情は不安定なままである。

専制的な政権

ブルンジとルワンダは、最初はドイツ、その後はベルギーの植民地になった。

ルワンダでは、1994年以来、ポール・カガメが強権によって国を指揮し、虐殺の記憶を利用して反対派の口を封じている。**巧みな国家運営と腐敗がないこと、また国際的な援助のおかげで、ルワンダは大きな経済成長を遂げた。**アフリカの一部の国にとって発展のモデルとなり、国際的評価も高まっている。

いっぽう、ブルンジは、かつては注目すべき民主国家であったが、ピエール・ンクルンジザ大統領による過酷な抑圧の下、経済運営に失敗し、世界最貧国の1つとなってしまった。そのうえ、ツチ族（人口の12パーセントを占め、軍を牛耳る）とフツ族の間の民族対立と、歯止めのきかない人口増加にも苦しんでいる。

ポルトガルの植民地だったサントメ・プリンシペを除き、中部アフリカの国々はフランス領赤道アフリカ（AEF）に属していた。赤道アフリカはフランスから独立して中部アフリカ共和国連合を構成するが、その後、1960年に各国が個別に独立を果たす。

コンゴ共和国では、ドニ・サスヌゲソ（1979〜1992年と、1997年以降の大統領）が石油による収益のおかげで、統治能力の低さをいくらか補っている。

カメルーンの特徴は、植民地として3つの宗主国（ドイツ、イギリス、フランス）の統治を経験し、今でもフランス語と英語を公用語とするバイリンガルの国であることだ。領土をめぐるナイジェリアの野心に最後まで抵抗したという歴史もある。2200万人の人口を擁するものの、現在、発展はかなり遅れている。ポール・ビヤは1975年からは首相、1982年以降は大統領を務めたが、国を発展させるよりも自身の権力を維持することに長けていた。カメルーンでは、政治が反動的なうえに経済も停滞している。

中部アフリカは、主に言語（フランス語）の面で統一されている。しかし、それが地域の真の強みとなっていない。中部アフリカ経済通貨共同体（CEMAC）は1994年に発足した。CEMACにはフラン圏の6カ国（カメルーン、コンゴ共和国、ガボン、赤道ギニア、中央アフリカ共和国［CAR］、チャド）が加盟している。これら6カ国は（スペインの植民地だった赤道ギニア以外は）フランス語圏で、（中央アフリカ共和国以外は）産油国である。

しかし、**関税同盟CEMACによって対外共通関税が導入され、通貨が統合され、どの国もフラン圏に属しているにもかかわらず、加盟国間の貿易シェアは約2パーセント台にすぎない。**CEMAC加盟国はナイジェリアと近接するため、実質的には西アフリカ諸国経済共同体（ECOWAS）に組み込まれているのだ。産油国にとって、地域統合によって得られる利益は乏しい。この地域のリーダー格となる国は、まだ現れていない。

チャドでは、1990年にイドリス・デビがイッセン・ハブレを権力の座から追放した。ハブレは、人道に対する罪と戦争犯罪の容疑でアフリカ連合（AU）により起訴された。彼の圧政により、犠牲者の屍体の山がいくつもできたことが明らかになっている。

デビは現在も政権を握っているが、専制体制を敷き、反対勢力の入り込む余地はほとんどない。それでも、

言語は統一され、通過も統合されているが、加盟国間の貿易シェアは約2パーセント台にすぎない

石油景気と、とりわけチャド軍の有能さのおかげで点数を稼いでいる。域内のテロとの戦いには欠かせない存在と目されているため、政権の本質は問われないようだ。

チャドは地球温暖化の脅威に最もさらされている国の1つである。過去50年間にチャド湖の面積のおよそ90パーセントが、干ばつと灌漑のための取水のせいで消えてしまった。

中部アフリカ：脅威にさらされる地域

03

L'AFRIQUE

アフリカ | 03

東アフリカとアフリカの角：
開発と専制政治の間で

東アフリカを構成するのはケニア、ウガンダ、タンザニア、スーダン、南スーダンである。
ルワンダとブルンジがここに含まれることもあるが、
その2カ国は中部アフリカに含まれることの方が多い。
いっぽう、「アフリカの角」の構成国はエチオピア、エリトリア、ジブチ、ソマリアである。

この地域の国々は、専制政治の下で経済的には成功しているという特徴を持つ

不安定な地域

東アフリカ諸国は、失敗に終わった数々の取り組みを経て、21世紀初めに関税同盟と共同市場を設立した。加盟国はウガンダ、タンザニア、ケニア、南スーダン、ブルンジ、ルワンダである。

この地域の国々は、専制政治の下で経済的には成功しているという特徴を持つ（典型的な破綻国家である南スーダンを除く）。英語圏であることから、戦略的にアメリカと結びついている。

1億人の人口を抱えるエチオピアは、アフリカではナイジェリアに次いで人口の多い国である。1974年には、無慈悲かつ無能な共産主義政権が、皇帝ハイレ・セラシエ1世に取って代わった。独裁体制のみならず内戦に苦しめられたうえに、2度の大飢饉にも見舞われた。この共産主義独裁政権は1991年に崩壊する。

エチオピア：未来のリーダー？

20世紀初頭には、エチオピアとリベリアだけがアフリカの独立国だった（エチオピアがイタリアの植民地になったのは1935年から1941年の間だけである）。エチオピアでは古代キリスト教の流れを汲むコプト教の信徒が多数派で、イスラム教徒は人口の40パーセントと少数派である。人口のわずか6パーセントにすぎないティグレ族に、すべての権力が集中している。**現在、経済的な活力を背景に、エチオピアはアフリカ大陸で、そして世界で重要な役割を再び果たそうとしている。**実際、同国内では中国がきわめて強い存在感を示し、アフリカ連合（AU）新本部ビルを含め多くのインフラを建設してきた。エチオピアは国際的介入に積極的で、国連とAUの委任を受け、ソマリアとスーダンに派兵している。アメリカにとっては非常に利用価値の高い同盟国である。

エリトリアは1993年にエチオピアから分離独立したが、それによってエチオピアは海の玄関口を失った。そのため、エリトリアの存在そのものを問題とするエチオピアとの間で、国境をめぐる戦争が起きる。この戦争（1998〜2000年）により、2年間で20万人以上が犠牲になった。**今世紀の初頭以来、エリトリアの政権はきわめて抑圧的なままだが、経済面では目覚ましい成功を収め、10パーセント近い平均成長率が保たれてきた。**

だがその反面、**エリトリアは地上最悪の独裁国家の1つであり、市民社会は存在せず、民族的迫害が横行している。**エリトリア以上に自由を侵害する体制を敷いているのは、北朝鮮だけだ。そのため、エリトリアでは圧政により将来の見通しがまったく立たない状況から逃れようとする亡命者の大きなうねりが起きた。

2018年3月、アビー・アハメドがエチオピアの首相になり、ティグレ族による権力の独占を打ち破った。アハメドはエリトリアに和解を提案しており、独裁体制からの解放に向かう希望も生まれている。

例外的民主国家

ケニアはこの地域で最も民主化が進んだ国で、1991年に多党制が始まり、同時に大きな経済成長も遂げているが、発展するにつれて社会的不平等が激増している。ケニアでは人口の4分の3をキリスト教徒が占め、多くの国際機関がナイロビに本部を置く。そして、中国がナイロビ・モンバサ間の鉄道を建設し、運営している。

タンザニアでは、1964年から1985年まで大統領

だったジュリウス・ニエレレによる「アフリカ社会主義」が経済的な失敗と共に幕を閉じた後、1992年に複数政党制が導入された。21世紀初頭以降、1人あたりGDPは倍増した。ただ、この貧しい国は相変わらず、急激な人口増加と、人口の90パーセントが農業部門に従事していることで際立っている。タンザニアはブルンジから多くの難民を受け入れている。

スーダンの悲劇

スーダンは1956年に独立した。石油資源の大半を擁する南部ではキリスト教とアニミズムが信仰されていたが、スーダン政府はこの地域を力ずくでイスラム化しようとした。その結果、20年間にわたる内戦が起こり、150万人が死亡した。その後、21世紀の初めにはダルフールで紛争が起こり、20万人が死亡する。

スーダン南部は、独立に好意的なアメリカの後押しで2005年に結ばれた南北包括平和合意により、2011年にスーダンから分離独立し、新生国家南スーダンとなった。南スーダンから輸送される石油がスーダンを通過する際の費用なども両国間の合意により決定された。その後まもなく、敵対する過激派(ヌエル族とディンカ族)の間で内戦が勃発したものの、既存のインフラはほとんど破壊されなかった。**南スーダンは石油の力による急速な発展も可能だったにもかかわらず、世界最貧国の1つである。**1200万人の国民のうち800万人が援助を必要としている。舗装道路は80キロメートルしかない。

ソマリアの混迷

ソマリアは、国内の暴力的な対立に悩まされてきた。1991～1995年のアメリカによる介入は、紛争を終わらせるどころかかえって激化させる一因となり、その結果、イスラム組織が首都モガディシュ(モガディシオ)を本拠地とし、国土の大部分を支配するに至った。国内各地で伝染病の蔓延が懸念されたため、アフリカの国々(ブルンジ、ウガンダ、エチオピア、ジブチ、ケニア)だけから成る連合軍が、アメリカの密かな支援を得て介入した。いっぽう、ソマリア沖では海賊行為が横行し始めていた。**陸上での紛争と漁業資源の略奪に直面している多くのソマリア人にとって、海賊行為が生計を立てる手段となっていたのである。**この海賊行為を根絶させるにあたっては、EU海軍部隊(Eunavfor)などが展開された。ソマリランド(旧イギリス領ソマリランド)は1960年にイタリア信託統治領ソマリアと統合されていたが、1991年にソマリアから分離独立した。ソマリランドは国際社会から正式に国家として承認されてはいないものの、ソマリアのような混乱に陥ってはいない。そのため、アラブ首長国連邦はソマリランドのベルベラに深水港を開発し、2017年にはこの港に軍事基地を設立している。同年のソマリランド大統領選挙は、順調に実施された。

紅海への玄関口であるジブチの領土は、人口規模をはるかに超える戦略的重要性を持つ。輸送される原油の4分の1は、ジブチ沿岸を通過して紅海とホルムズ海峡へ向かう。人口100万人のジブチには以前からフランスの軍事基地があったが、2017年には中国が人民解放軍初の海外基地を開設しており、主要な投資国の1つとなっている。アメリカも「対テロ戦争」の一環、あるいは海賊対策の拠点として、同国に軍事基地を設けている。ジブチは、隣国のエチオピアにとっても海の玄関口の役割を果たしている。

ウガンダでは、ポール・カガメの長年の盟友ヨウェリ・ムセベニが1986年以降、逆風にさらされながらも権力を維持してきた。ムセベニ政権の特色は、抑圧

人口100万人のジブチは人口規模を
はるかに超える戦略的重要性を持つ

東アフリカは危険な地域か？

と優れた経済効率の共存だ。経済の多様化に成功し（輸出収入におけるコーヒーの割合は90パーセントから10パーセントになった）、貧困ライン以下の生活をする人口の割合を（56パーセントから30パーセントに）ほぼ半減させたいっぽう、コンゴ戦争への介入などにより、コンゴ民主共和国の不安定化を助長してきた。アメリカとの緊密な関係のおかげで、ウガンダは専制的で縁者びいきの政治に対する批判を免れている。

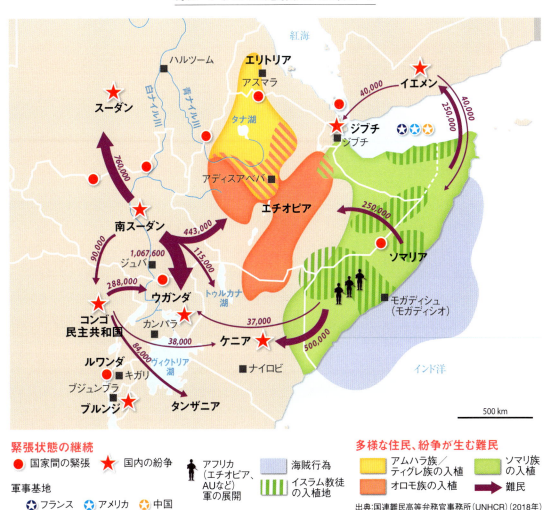

03 | 東アフリカとアフリカの角：開発と専制政治の間で　295

L'AFRIQUE

アフリカ｜04

南部アフリカの大きな存在感

南部アフリカを構成する10カ国は、多様な文化圏から成る。

しかし、その不均質性をものともせずに、地域統合を比較的成功させてきた。

この地域の統合は、南アフリカ共和国の反アパルトヘイト闘争にさかのぼる。

南部アフリカは、かつてはイギリス、オランダ、ポルトガル、ドイツの勢力圏に含まれていた。

2008年の自由貿易圏誕生以降、南アフリカはずば抜けたスピードで発展している

地域統合と反アパルトヘイト闘争

　南部アフリカを構成するのは、域内の大国である南アフリカ、中所得国家であるボツワナとザンビア、内陸の君主制ミニ国家で、人口密度が高く貧しいレソトとエスワティニ（旧スワジランド）、豊富な原料により経済成長が進むモザンビークとアンゴラ、破綻国家であるジンバブエ、マラウイ、ナミビアである。

　この地域の特徴は、アフリカ大陸で最後まで植民地戦争が繰り広げられたことである。その戦争の結果、1975年にアンゴラとモザンビークが、ポルトガルのカーネーション革命を受けて独立を達成した。また、ローデシア（現在のジンバブエ）、ナミビア（1990年に南アフリカから分離独立）、南アフリカに人種隔離制度があったことも、特記すべきだろう。

　アンゴラとモザンビークは独立後、ソ連とキューバの同盟国になったため、アメリカと関係を結んでいた南アフリカのアパルトヘイトに反対した。いっぽう、南アフリカ共和国は、アンゴラとモザンビークの反政府武装活動を支援した。アパルトヘイトが廃止されると、アンゴラとモザンビークの内戦も終わり、両国は地下資源の恩恵を受けられるようになる。南アフリカと国境を接するその他の国々は、ネルソン・マンデラのアフリカ民族会議（ANC）と連帯していたものの、現実には同国政府と戦う手段を持ち合わせていなかった。そうした国々により設立された南部アフリカ開発調整会議（SADCC）は、1992年に南アフリカ共和国を受け入れ、南部アフリカ開発共同体（SADC）に改組された。この組織を基盤として2008年に自由貿易圏が誕生するが、**南アフリカの発展がずば抜けており、開発のスピードで他の国々との間に大きく差が開いた状態が続く。**

　南部アフリカは豊富な鉱物と金資源に恵まれている。経済的潜在力も高く、中産階級が増大しており、若年層の人口が多い。

先頭を行く南アフリカ

　5500万人の人口を抱える南アフリカは、人口においても経済においてもこの地域の大国だ。国連安全保障理事会のアフリカ代表候補（ナイジェリアもその地位を望んでいる）となっているのも、1990年代初めにアパルトヘイト制度を平和的に廃止できたおかげだろう。人種隔離に基づく開発政策では、少数派の白人が多数派の黒人を支配し、黒人には権利がまったく与えられなかった。それでも、南アフリカは戦略的に大きな役割を担っていたため、西側諸国からの制裁をいっさい受けることなく、人種差別政策を続けることができた。ところが、この政策に対し、アフリカ諸国と国際社会の世論がますます強く抗議するようになり、冷戦の終結もあって、南アフリカの白人少数派は、この政策を続けるのはもはや不可能であることを悟った。そして、フレデリック・デクラーク大統領はついにANC指導者のネルソン・マンデラを釈放する。

　1994年に南アフリカ大統領に選出されたマンデラは、復讐の願望より和解を優先させた。そのおかげで白人少数派は南アフリカに留まることができ、この国は無秩序と荒廃に陥らずに済んだのである。このような寛容と賢明さにより、マンデラは比類なき地位を得る。

　マンデラの後継者は、和解のモデルを変えることはなかったものの、マンデラのような威光には包まれなかった。とりわけジェイコブ・ズマの政権は改革の欠如と腐敗が目立った。黒人少数派のなかには変化の波に乗る者もいたが、社会的不平等は根強いままで、人

口の42パーセントが貧困に陥り、失業率は25パーセントに達している。

2008年の金融危機と原料価格の下落が、南アフリカ経済にマイナスの影響を与えた。さらに、ジンバブエなどから難民が流入し、激しい反移民運動も起きた。2017年12月、マンデラの右腕で実業家としても成功したシリル・ラマポーザが、社会的平等の拡大と腐敗の根絶を公約に掲げて、大統領選で勝利する。現在、国内総生産（GDP）は、ナイジェリアに追い越されている。

ジンバブエでは、ロバート・ムガベ大統領が和解の道を選ばなかったために、少数派の白人の多くが国外に逃れた。縁者びいき、腐敗、ずさんな国家運営のせいで、潜在的に豊かだったジンバブエは破綻国家となってしまった。2017年、ムガベは失脚する。

ようやく和平が実現したアンゴラとモザンビークでは、資源を有効活用できたおかげで、経済が飛躍的に成長した。だが、その恩恵は社会全体に行き渡らず、依然として貧富の差は大きい。

インド洋：戦略的地域

面積が7344万平方キロメートルに及ぶインド洋は、太平洋と大西洋に次いで世界で3番目に広い海である。インド洋地域は、独立国、大国の海外領土、経済格差の大きな国といった統一性のない集まりで、混交と共生を特徴とする、多様な地域と言える。

マダガスカルは、この地域で最多の2500万人の人口を擁する島で、慢性的な開発途上国である。それに対して、モーリシャスは人口が140万人、比較的繁栄している近代的な民主国家で、教育水準が高く、グローバリゼーションにうまく対処してきた。

インド洋委員会（COI）はアフリカで唯一、島嶼国のみで構成される地域組織で、1980年代に設立され、文化、政治、経済の分野における地域統合を目指している。メンバーはモーリシャス、マダガスカル、セーシェル、コモロ（いずれも1975年以降にフランスから独立した国）、それにフランス領レユニオンである。

インド洋地域は長年、経済的・戦略的にあまり利用価値のない空白地帯と列強から見られてきたが、今では多くの点で垂涎の的となっており、とりわけ、アフリカ・アジア間の貿易に使われる海路は重要視されている。フランスは歴史的にこの地域と深く関わった経緯から、今でも2つの海外県（レユニオンとマイヨット）を有する。近年、この海の名の元ともなったインドも存在感を示そうとしているが、その目的は中国の進出への牽制と、アフリカとの貿易関係の拡大である。インドとアフリカの貿易額は1975年には10億ドルだったが、20年間で750億ドルに増加した。また、インドはマダガスカルに通信傍受施設も建設している。

中国もこの地域に強い関心を抱いている。中国にとって、アフリカは主要な原料調達先だからだ。中国の「真珠の首飾り」戦略は、東南アジアだけでなくインド洋へも海軍を展開することを目指している。

アメリカはこの地域に基地（ディエゴガルシア）を設け、海軍の第5、第6、第7艦隊を展開する。かつてはソ連に対しての牽制、現在は中国の野心に対する牽制が目的である。

インド洋地域は地球温暖化の影響を受け、気象災害の数と深刻さが増している。

空白地帯と見られてきたインド洋地域は今では多くの点で垂涎の的となっている

南部アフリカとインド洋の島々

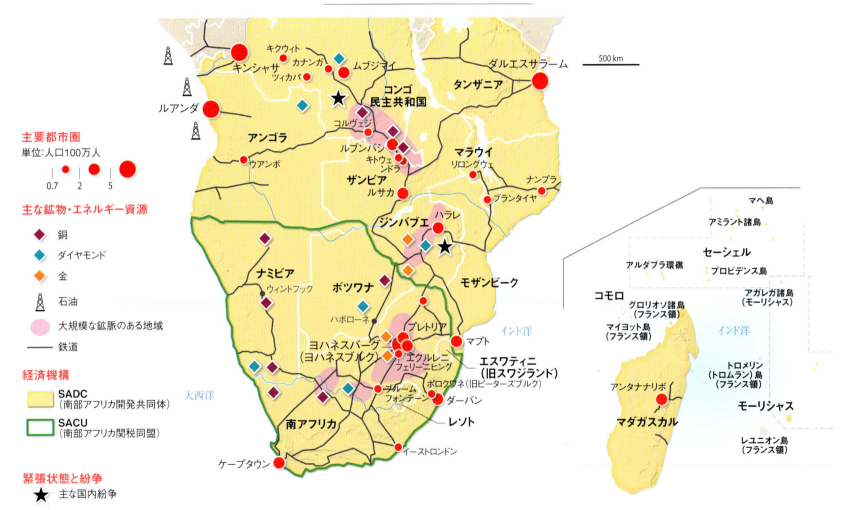

アジア

01
L'ASIE

アジア | 01

インド：将来の大国？

北はヒマラヤ山脈、南はインド洋が境界のインド亜大陸は、
インド、パキスタン、バングラデシュ、ネパール、ブータン、スリランカ、モルディブを擁する。
16世紀にはポルトガル、17世紀にはフランスが植民地を置いたが、
18世紀末にはイギリスが取って代わる。
香辛料と織物の貿易の独占権もイギリスの東インド会社が奪い、
イギリスはこの亜大陸全体を支配した。

インドとパキスタンが歩み寄る試みは何度かあったが、真の和平には至っていない

インドとパキスタンの敵対関係

イギリス領インドは、1947年8月に独立にこぎつけた。しかし、すぐに戦争が起こり、イスラム教国家を望むパキスタンと、多宗教国家を望むインド連邦に分裂する。今でもインドには大勢のイスラム教徒（現在1億8000万人）が少数派として暮らす。

その後、両国の間にはさらに2度の印パ戦争（1965年と1971年）が起こり、2度目の戦争でインドが勝利した結果、東パキスタンが分離独立し［1971年まで領土が東西に分かれていたパキスタンでは東西が対立し、インドが東パキスタンの独立を支援した］、バングラデシュとなった。

インドとパキスタンの緊張関係は、カシミールの帰属問題に凝縮される。この地域の大部分はインドに属するものの、人口の多くはイスラム教徒なのだ。パキスタンは全般的にインドに対して敵対的で、特に、インドが帝国の再建を目指しているのではないかという恐れから、強力なインド軍と、政治的にも重要な役割を果たしている安全保障活動に反感を抱いている。

いっぽう、インドは、パキスタンがいずれ両国間の関係を不安定にさせるような軍事行動に出て、攻撃にまで及ぶのではないかと懸念している。そのため、**両国が歩み寄る試みは何度かあったものの、真の和平には至っていない。**

さらに、両国が核兵器を保有したことにより、核戦争の恐れさえ生じた。とは言え、この敵対する2国間には核抑止力が働いているらしく、1971年以降は直接的な武力衝突は起きていない。実際、核抑止力は、軍事面でも経済面でもインドより劣るパキスタンにとって、力の不均衡を是正する役割を果たしてきた。

インドの国力

インドは29の州から成る連邦国家で、GDPと面積でインド亜大陸の80パーセントを占める。非同盟運動のリーダーとして、マハトマ・ガンディーのイメージと、インドを独立へ導いた彼の非暴力による反植民地主義運動の威光の恩恵を受けてきた。独立以来、インドは南側の主要国としての役割も担っている。それにもかかわらず、かつてはソ連と緊密な同盟関係を結び、それによって軍備のかなりの部分をまかない、中国の脅威に対する保証を手に入れていた。しかし、1962年の国境紛争では中国に敗北している。インドが核兵器を入手したのは、とりわけ中ソ関係の決裂後、中国に対抗するためだった。また、パキスタンがアメリカと関係を結んでいたことも、核保有の一因となった。

冷戦の終結により、戦略の見直しを余儀なくされたインドは経済の自由化を開始し、厳格な保護主義を改めた。 GDPにおける対外貿易の割合は、1991年には17パーセントだったが、2016年には40パーセントに増加した。グローバリゼーションにいち早く乗じ、アメリカに定住し活躍しているインド人などを通じて、アメリカとの距離も縮めた。過去10年間で、1億4000万人のインド人が貧困ラインから脱している。インドはイギリスを追い越して世界第5位の経済大国にのし上がるだろう。また、人口も遠からず中国を超えると見られる。

それでも、インドはライバルの中国からは大きく引き離されている。インドのGDPは世界全体のわずか3パーセント（中国は15パーセント）で、非公式経済が相変わらず主流である。さらに、インフラの未整備と、年間1500億ドルの貿易赤字に悩まされている。貿易赤字の半分は中国に対するものだ。カースト制度は公式には廃止されているが、差別はこの国の根強い

ヒンドゥー教徒とイスラム教徒の間の緊張

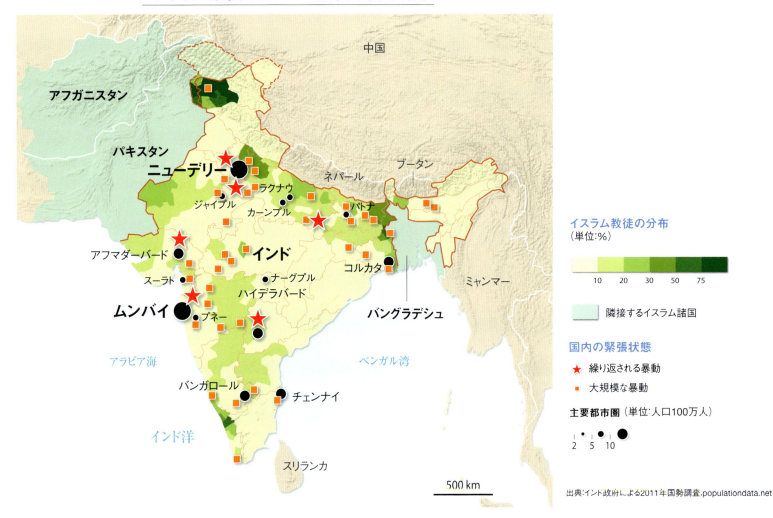

パキスタンは対テロ戦争に関与しているが、その犠牲となっている主な国の1つでもある

特性として残り、そのせいで、社会制度も土地に関する制度も、きわめて不平等なままである。

現在の首相ナレンドラ・モディは、民族主義政党のインド人民党（BJP）の出身で、ヒンドゥー教に基づくアイデンティティを推奨しており、イスラム教徒に対してはかなり敵対的である。

インドは自らを多極世界における1つの極とみなしており、その立場から国連安全保障理事会の常任理事国入りを望んでいるが、拒否権を持つ中国はそれをまだ認めようとしない。

中国の共産主義体制に対抗して、インドは「民主主義同盟」をアメリカ、日本、オーストラリアと設立したいと考えている。**中国が乗り出したインフラ計画「一帯一路」が、インドにとっては不安の種なのだ。**アメリカとの戦略的パートナーシップが強化されたことにより、2016年以降、インドはディエゴガルシア基地を、アメリカはインド洋にある複数のインド軍基地を利用できるようになった。インドは、自らの縄張りとみなしているこの地域への中国の進出（パキスタン、バングラデシュ、スリランカ、ミャンマー、モルディブの海洋拠点）を警戒している。

不安定なパキスタン

1億8500万人の人口（約80パーセントがスンニ派で約20パーセントがシーア派）を擁するパキスタンは、冷戦中のソ連の侵攻との闘いで中心的な役割を果たした。そのため、アメリカはパキスタンの核計画に目をつぶるようになった。2001年9月11日以降、アメリカは再びパキスタンを、アフガニスタンのタリバンと戦うために不可欠な盟友と見るようになる。

しかし、パキスタンの治安部隊はタリバンとの関係を維持している。**パキスタンは対テロ戦争に関与しているが、この戦いの犠牲となっている主な国の1つでもある。**

パキスタンは、アメリカからはイスラム過激派との戦いで弱腰だと非難され、イスラム過激派からはアメリカに買収されたと非難されている。ウサマ・ビン・ラディンが2011年にアメリカの特殊部隊に殺されたのは、パキスタンの都市での出来事だった。

パキスタンは、アフガニスタンがインドに抱き込まれることを執拗に恐れている。いっぽう、アメリカは、中国の影響力と張り合うために、パキスタンに存在感を示し続けたい。パキスタンは依然として、政治的にも経済的にも不安定である。

インドと周辺地域

世界第8位（1億7000万人）の人口を抱えるバングラデシュは、最貧国の1つである（1人あたりGDPは世界第160位）。そのうえ、地球温暖化のもたらす危険にも脅かされている（ベンガル湾岸は水没してしまうかもしれない）。政府が育もうとしているイメージは、穏健で非同盟の民主主義体制、国際的な援助を集中させるべき国というものだ。インドからの独立を維持することも、政府にとって重要である。

スリランカは長年、内戦によって引き裂かれていた。武力闘争組織「タミルの虎」による分離独立の要求から内戦が始まり、この組織と政府側の双方が、市民に対して暴虐行為を行なった。2009年の内戦終結後、インドはスリランカの再建に投資しているが、これはスリランカをインドの勢力圏の一部と考えているからである。

インドはネパールに対しても強い支配力を行使して

いるが、それにもかかわらず、ネパールは2017年5月、中国の「一帯一路」開始サミットに出席した。この地域で「一帯一路」計画への参加を拒んでいるのは、インド以外ではブータンだけである。その主な理由は、おそらく、ブータンが受けている公的開発援助の半分をインドが提供していることだろう。

この地域で「一帯一路」計画への参加を拒んでいるのはインド以外ではブータンだけである

インド亜大陸：戦略的地帯

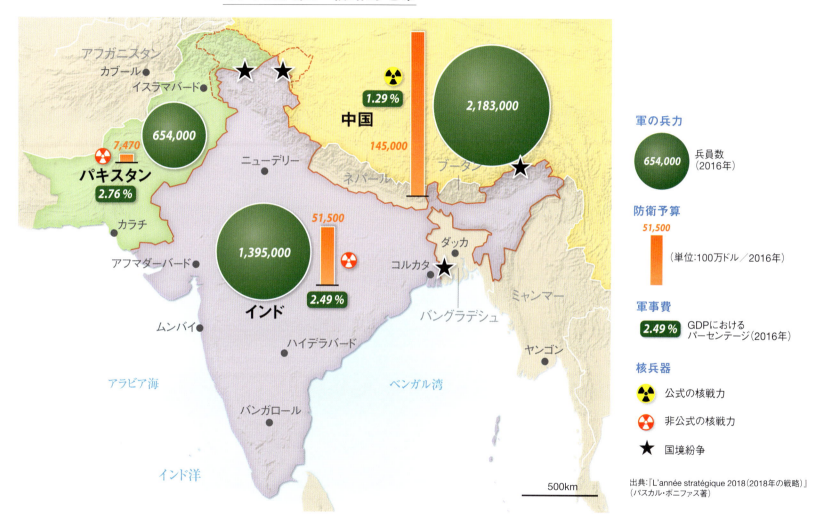

L'ASIE

アジア | 02

東南アジア：地域統合と経済発展

この地域ははっきりと2つに分かれている。
大陸部（ミャンマー、ラオス、タイ、ベトナム、カンボジア）と
島嶼部（インドネシア、マレーシア、フィリピン、東ティモール、ブルネイ、シンガポール）だ。
6億3000万人の住民を擁する人口密度の高い地域である。
文化的な観点から多様であるだけでなく、宗教面でも多様性に富む。
経済的活力にあふれているが、発展の度合いにはかなりの差がある。
また、自らを商業国とみなす国が多いため、
中国とアメリカの競争の激化により、地域の安定が揺らぎつつある。

ASEANはさらなる経済統合を目標としつつ、各国の主権を尊重している

地域統合：ASEANの例

東南アジア諸国連合（ASEAN）は1967年に、フィリピン、インドネシア、マレーシア、シンガポール、タイを原加盟国として設立され、冷戦時代には、同地域における共産主義の脅威に対抗するための親米的機構と捉えられていた。その後、ブルネイ、ベトナム、ラオス、ミャンマー、カンボジアも加盟する。中国とアメリカが歩み寄り、ベトナム戦争が終結すると、ASEANは主要な目的を失う。そこで、**以後は活発な国際協力の場として、さらなる経済統合を目標としつつ、各国の主権と、内政面での政治選択（各国がかなり異なる選択をする可能性もある）を尊重することが目指された**。加盟国のなかには、権威主義的な立憲君主国のタイ、絶対君主制のブルネイ、軍事政権のミャンマー、一党体制のベトナムとラオス、民主主義体制だが政権がまったく交代していないシンガポールが含まれる。

もっとも、真の民主主義国家も加盟している。たとえば、マレーシアでは2018年に初めて政権交代が実現した。インドネシアでも、1965年に50万人が死亡した凄惨なクーデタの後、暴虐な軍事独裁制が敷かれていたものの、その後は民主主義体制が確立され、政権交代が実現している。

君主制国家や軍事政権以外の体制がこの地域で正当性を保っている最大の要因は、やはり経済の効率性である。国内需要の高まりと豊富な天然資源に恵まれていることも有利に働いている。若者の教育水準は高く、外の世界への関心もますます広がってきている。

南シナ海における対立

中国は、エネルギーと漁業資源が豊富な南シナ海を物資供給と貿易に不可欠だと考えている。中国への輸入品の80パーセントが南シナ海を通過するうえ、南シナ海は原子力潜水艦の航路でもあるからだ。中国は、日本との間の領土問題以外にも、ベトナム（パラセル諸島［西沙諸島］）、フィリピン（スカボロー礁）、マレーシア、インドネシア、ブルネイ（スプラトリー諸島［南沙諸島］）との間で領有問題を抱える。**ASEAN加盟国が危惧するのは、領海線を中国が一方的に設定することだ**。そのため、緊張が高まるのを避けつつ、アメリカを頼る傾向がある。アメリカの対中政策が過度に攻撃的になることも、アメリカから見捨てられることも、同時に恐れているのだ。2016年、フィリピンの提訴を受けたオランダのハーグ常設仲裁裁判所は、南シナ海の大部分について、中国による領有権の主張を退けた。しかし、中国はこの決定を承認していない。

マレーシアとインドネシアの間にあるマラッカ海峡は、世界で最も多く利用される海の通過点であり、世界中の多数の船舶が通過するほか、中国とアメリカの艦隊もすれ違っている。

バラク・オバマは、中国の進出を抑制するために、中国を除外した環太平洋パートナーシップ協定（TPP）の調印を提案した。ところが、後任のドナルド・トランプは自由貿易に反対し、この協定から離脱して、中国を大いに喜ばせた。アメリカは米西戦争を経て1898年にフィリピンを手に入れて以来、この地域に進出しており、冷戦中は戦略的投資を増加させた。**存在感を示すことで中国の台頭を懸念する国々に安心感を与えるだけでなく、この地域の経済的活力も利用したいと考えている**。アジアにおける中国とアメリカの競争は、いったいどこへ向かうのだろう？

また、この地域は分離独立運動（ミャンマー、タイ、

東南アジア諸国連合（ASEAN）

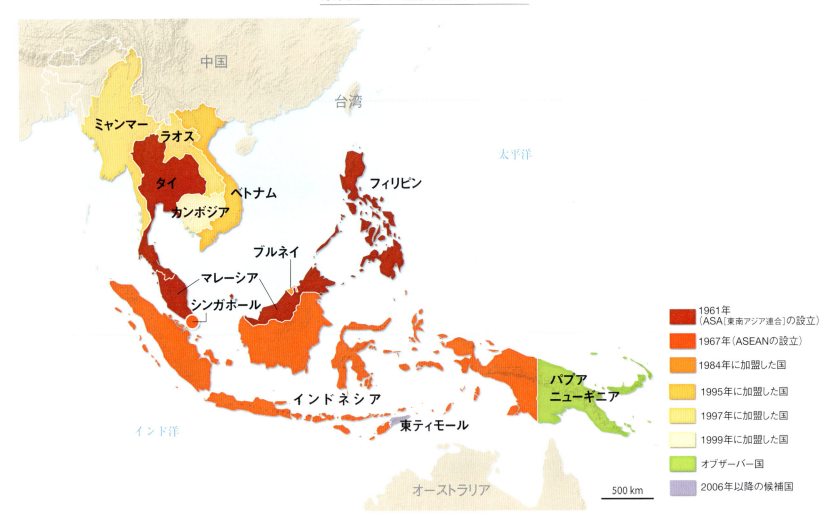

シンガポールの経済発展は鄧小平の改革開放政策にも影響を与えた

フィリピン、インドネシア）と民族的抑圧（ミャンマーのロヒンギャ）による緊張も抱えている。そのうえ、フィリピンやインドネシアはイスラム過激派の台頭にも対処しなければならない。

状況の多様性

マレーシアから分かれて独立したシンガポールは、国際的な都市国家の代表例だ。人口は世界第112位ながら、GDPは37位である。**この商業都市は、きわめて質が高い教育制度を整えてきた。**西洋の価値観とは一線を画すアジア的価値観（規律、権威の尊重、勤勉さ、教育の重視、年長者への敬意など）を模範として掲げる専制体制に、国民は順応している。中国系住民が多数派であるシンガポールの経済発展は、鄧小平の改革開放政策にも影響を与えた。

その後、マレーシアもシンガポールを手本として発展し、かなり層の厚い中産階級が誕生した。とは言え、マレーシアの政権は、腐敗が横行し、多数派のマレー系が少数派の中国系を支配しているとして、批判の的になっている。

インドネシアは人口で世界第4位（2億6500万人）、GDPでは第16位である。多くの島から成るインドネシアは文化的多様性に富むだけでなく、豊富な一次産品（農産物、鉱物、エネルギー）に恵まれ、観光業も発達している。インドネシアは安価な労働力のおかげで発展してきたが、生活水準の向上によって内需も拡大しており、経済発展を背景に国際舞台で確固たる地位を築こうとしている。1975年にポルトガルが撤退してインドネシアに併合された東ティモールでは、住民による独立運動が厳しく弾圧された。その後、2002年に東ティモールは独立を果たし、インドネシアが他国から強く批判されることはなくなった。

ベトナムは相変わらず共産党に政権を握られているが、中国とのぎくしゃくした関係とは裏腹に、中国のモデルに倣って経済を開放した。2007年には世界貿易機関（WTO）にも加盟している。今世紀初頭から大きな経済成長を遂げ、多くの外国人投資家を引きつけている。

ミャンマーは2010年に民政移管に着手した。「ビルマ建国の父」の娘であるアウンサンスーチーは、1990年から自宅軟禁されていた。軍事政権に対する平和的抵抗を理由に、1991年にはノーベル平和賞を受賞したが、ようやく釈放されたのは2010年のことだ。次第に孤立無援となった軍事政権は弾圧をやめ、民主化政策を開始したが、現在も、軍がかなりの権力（国会の議席の4分の1と主要閣僚）を握ったままである。スーチーは、イスラム教徒の少数民族ロヒンギャに対する虐殺と民族浄化を目の当たりにしながら沈黙しているとして、非難されている。2016年に、国連は、ロヒンギャへの迫害は人道に対する罪の可能性があると示唆した。それでもミャンマーには、中国という強い味方がいる。**中国は原料調達先として、また戦略的立場から、ミャンマーに関心を寄せているのだ。**

03

L'ASIE

アジア | 03

朝鮮半島：分断の固定か、克服か？

朝鮮は16世紀末に日本の侵攻を撃退したが、
1637年には清の宗主権を承認することを強いられた。
日本は1895年に、清に朝鮮の宗主権を放棄させ、
1905年に朝鮮を保護国とし、1910年には大日本帝国に併合した。

朝鮮戦争後、経済競争に勝ったのは国土が狭く原料の乏しい韓国の方だった

朝鮮半島の分断

日本によって朝鮮半島には近代的インフラが整備されたが、その代償は、日本軍による数多の暴虐行為をはじめとする激しい抑圧と経済的搾取であった。多数の［総数には諸説ある］若い朝鮮人女性が、兵士のための慰安婦にされたと言われる。

日本が敗戦すると、朝鮮半島はソ連とアメリカによって解放されるが、米ソは北緯38度線を挟んだそれぞれの統治地域に自国に友好的な政権を樹立する。

そして、1950〜1953年の朝鮮戦争により、朝鮮半島の分断は永続的なものとなった。

戦後、半島南部の韓国では李承晩が1960年まで政権を維持し、1961年には軍事クーデタにより独裁政権が成立する。

いっぽう、北朝鮮では、金日成（キムイルソン）が全体主義的な共産主義体制を導入し、ソ連とも中国とも等距離を保とうとした。金日成は自給自足経済の体制を敷き、それによって北朝鮮は貧困を極めることになる。

冷戦時の朝鮮半島

韓国は北朝鮮よりも国土が狭く、原料の乏しい国である。それにもかかわらず、朝鮮戦争後、経済競争に勝ったのは韓国だった。**アメリカの援助、外資開放政策、計画経済がいずれも奏功し、日本や欧米諸国への輸出によって韓国は工業国となる。**最初は重工業、1980年代には家電製品、1990年代には新技術に重点が置かれた。

1965年には、日韓基本条約の調印により日韓の国交が正常化される。**1980年代の好景気と市民社会の発展が、韓国を段階的かつ着実に民主化へと導く。**

1988年のソウルオリンピックの開催が韓国の国際社会への統合を象徴したいっぽう、北朝鮮は依然として閉鎖的なままだった。実際、地球上で最も抑圧的な国であり、金日成の後継者である金正日（キムジョンイル）への時代錯誤的個人崇拝が強められるかたわら、経済は崩壊し、政府の高官と治安維持軍を除けば、大半の国民は生き延びるのにも苦労していた。

北朝鮮の脅威

1991年に南北朝鮮は国連に加盟し、和解と半島の非核化の合意に署名する。それにもかかわらず、北朝鮮は国際原子力機関（IAEA）による寧辺（ニョンビョン）核施設の査察を拒否した。しかし、その後1994年10月には、北朝鮮は経済協力と引き換えに非核化を実現する米朝枠組み合意に署名する。

同国では1994年7月に金日成が死去し、息子の金正日が後継者となるが、それは共産主義政権で初めての血族による地位継承であった。

そのいっぽうで経済状況はますます厳しくなり、1996年には大飢饉まで起きた。この「共産主義王朝」はその後も続き、2011年には金正恩（キムジョンウン）が父親の後を継ぐ。

北朝鮮は防衛のための取り組みに資源を集中させ、1998年には初めて日本列島を越える射程を持つミサイルの発射実験を行なった。そして、2006年に核実験を、2017年9月には水爆実験をするに至った。金正恩はアメリカのドナルド・トランプ大統領に対抗するために、核と弾道ミサイル計画を強化している。最

近では2017年11月末に弾道ミサイルが発射され、4440キロメートルを超える高度に達したという。これはアメリカ本土への攻撃も可能となる高度である。

北朝鮮のメッセージは明らかだ。すなわち、経済的に困窮しているとしても、いつでもアメリカに取り返しのつかない損害を与えられると言いたいのである。韓国はアメリカのますます手厚い庇護を受けて軍事的には優位に立つものの、ソウル（国境から60キロメートル）が北朝鮮のミサイル攻撃の射程に含まれているという事実に変わりはなく、ひとたび紛争が起これば、壊滅状態にされかねない。

南北朝鮮の国交正常化プロセス

1998年には、かつて野党の政治家で政治犯だった金大中（キム・デジュン）が韓国大統領に選ばれる。金大中が打ち出した「太陽政策」は、かつて西ドイツのヴィリー・ブラント首相が行なった東方外交を彷彿させる。**金大中は朝鮮半島の分断という事実を直視することで、分断をより良い形で乗り越えようとした。**南北間の接触が禁止され、違反した韓国人は刑務所に入れられる時代に、金大中は少しずつ歩み寄り政策を進めた。

具体的には、経済援助により北朝鮮の外交姿勢を軟化させることを試みたほか、政治的な接触を増やすことで北朝鮮の体制を開放させようとした。アメリカのビル・クリントン大統領もこの太陽政策を支持し、北朝鮮政権に対しては抑制が利いている状況に見えた。

2002年のジョージ・W・ブッシュ大統領による悪の枢軸（イラク、イラン、北朝鮮を指す）発言により、北朝鮮は態度を再び硬化させ、2003年には核拡散防止条約（NPT）を脱退することになる。

いっぽう、韓国は、アメリカとの間に自立した関係を築くことを目指しながらも、同盟関係は維持しようとしている。2008年、新大統領の李明博（イ・ミョンバク）は、北朝鮮が恫喝によって援助を引き出しているとみなし、北朝鮮との協力関係の構築にブレーキをかけた。2013年には、同じ政党の朴槿恵（パク・クネ）が後を継いで同様の政策を続ける。とは言え、朴槿恵は平穏な状態が長続きするのを望んでいた。

朴槿恵は汚職疑惑のために、2017年3月に大統領辞任を余儀なくされた。その後、大統領となった元人権派弁護士の文在寅（ムンジェイン）は、北朝鮮との対話を再開しようとしている。ただし、ドナルド・トランプの挑発的な発言が、文在寅の政策を進める妨げとなっている。

北朝鮮は、韓国を征服するのは不可能であることを自覚している。**北朝鮮が核兵器を保有する目的はただ1つ、体制を維持することだ。**金正恩は、核兵器さえあったなら、ムアンマル・アル＝カダフィやサダム・フセインもいまだに生存し、権力の座にあるはずだということに気づいている。

いっぽう、中国は北朝鮮に対して圧力をかける手段をほとんど持たない。中国は、朝鮮半島における米軍の存在感の拡大と日本の軍備増強に伴う緊張の高まりに不満を抱いてはいるが、北朝鮮政権の崩壊は望んでいない。南北朝鮮が統一されれば、米軍が朝鮮との国境に駐留することになるからだ。

そして、アメリカと日本は、南北統一によってアメリカがこの地域に駐留する理由を失うことを恐れ、日本は反日感情による南北の結束を恐れている。韓国と北朝鮮の関係は、北朝鮮の挑発と国交正常化の約束の間で揺れ動いている。

東西統一後のドイツに経済問題が重くのしかかったことを知る韓国と北朝鮮は、同様の統一プロセスの開始を急いでいるわけではない。**何よりも両国間の格差が、東西ドイツ間に存在した格差よりもはるかに大きいからである。**さらに、人口比が東西ドイツと南北朝

韓国も北朝鮮も拙速な統一を望んでいるわけではない

鮮では大きく異なる。西ドイツと東ドイツの人口比は4対1だったのに比べ、韓国と北朝鮮の人口比は2対1にすぎない。韓国は、北朝鮮との致命的な対立も、北朝鮮政権の崩壊も望んでいない。拙速な統一は、経済に深刻な影響を及ぼしかねないからである。

北朝鮮は、地上最後の全体主義国家である。それとは対照的に、韓国は世界第11位のGDPを誇る完全な民主主義国家になっている。

2018年の冬季オリンピックは目覚ましい歩み寄りの機会となり、4月の南北首脳会談、6月の米朝首脳会談への道筋をつけた。

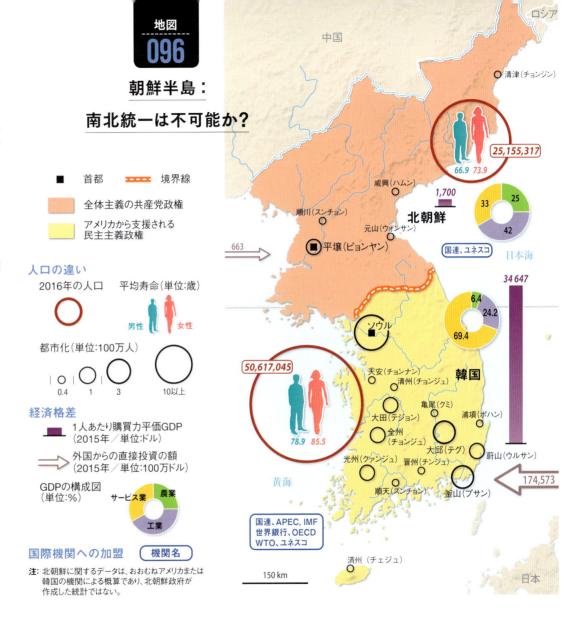

L'ASIE 04

アジア | 04

日本：不安な大国

日本はアジアの東端に連なる6852の島々から成り、19世紀までは鎖国していた。
開国したのは明治時代（1868～1912年）に入る直前で、
それ以降、領土拡張政策により天然資源への依存を減らすことが目指された。
その後、日本は台湾（1895年）、南樺太（日露戦争での勝利による）、
朝鮮半島（1905年）*1 を支配下に収める。
戦間期には満州（中国東北部）も占領した。
第二次世界大戦を利用してアジアに「大東亜共栄圏」を建設しようとし、
アメリカとの戦争に突入した。
そして第二次世界大戦終結時、日本はもはや無力であった。
それにもかかわらず、アメリカの核の傘に守られながら、
戦後は大きな経済的発展を遂げていく。

＊1）正式の併合は1910年

日本：リスクを抱えた領土

敗戦の年から朝鮮戦争まで

　1945年8月に広島と長崎に原爆が投下され、日本は無条件降伏を強いられて、建国以来初めて、軍の占領下に置かれた。

　朝鮮戦争（1950〜1953年）の間、日本列島はアメリカにとってまさに「航空母艦」となる。この戦争は日本の戦略的立場が再認識される歴史的な機会となった。アメリカは「封じ込め」の論理により、日本をソ連、共産主義中国、北朝鮮に対する「自由主義世界」の楯とすることにした。1954年には、日本は「自衛隊」の設立さえ促される。これは軍隊と称してはいないものの、その萌芽と呼べるものだ。こうして、**アメリカにとって日本はもはや敵ではなく、アジアにおける共産主義との戦いに役立つだけでなく、必要不可欠な支援者となる。**

目覚ましい経済発展から景気停滞へ

　朝鮮戦争が最も大きな影響を与えたのは、日本経済である。**この戦争により日本はアメリカからの技術移**

転という恩恵を受けられただけでなく、何よりも、当時世界最大の規模と富と活力を誇っていたアメリカ市場への参入が可能となった。そもそも日本政府が最優先した目標は、経済発展であった。国家的政策、通商産業省の主導的な役割、社会の結束があったおかげで、日本は1975年には主要国首脳会議（G7）の設立メンバーとなる。

1951年の日本の国民総生産（GNP）はイギリスのわずか3分の1であったが、1980年代初めには、イギリス、ドイツ、フランスの合計とほぼ同等になった。全世界のGNPの3パーセントから16パーセントへと増加したのである。

日本は、原料とエネルギー資源を外国からの輸入に大きく依存し、国内市場がかなり大きい（2016年の人口は約1億2700万人）にもかかわらず、成長の基盤は輸出と貿易だった。特にアメリカ、ヨーロッパ市場で、とりわけ自動車、電子機器といった製品が成功を収めたため、日本が欧米の経済を浸食しているとみなされることもあった。

1980年代末には、世界第1位の債権国で、米国債の購入額でも世界第1位となっていた。

1990年代初頭からは経済不振の時代に入り、10年間にわたってゼロ成長を記録した。原因は投機バブルの崩壊である。戦略の転換と貿易黒字削減に努め、人件費が安いアジア諸国などへ生産拠点を移転した結果、「新興市場」へも進出することになった。2003年以降は経済が健全化され、限定的にではあるが成長が再開している。

世界における役割は？

日本の経済発展は、国際情勢によって促進された。**アメリカの庇護下にあった日本は、大国に課される国際的政治責任をいっさい引き受ける必要がなかった。** 東西対立が終結すると、そうした好都合な状況が終わる恐れと共に、さまざまな懸念が生じる。「アメリカは冷戦終結による平和の配当を享受するために、軍の関与を減らすのではないだろうか？」（約5万人の米軍人がいまだに日本列島に駐留し、その半分以上が沖縄に駐留している）、「だが、中国から北朝鮮に至る地域情勢は依然として危険をはらんでいるのではないか？」といった懸念である。

そのため、日本は防衛体制を整備することになるが、アメリカの後ろ盾がなくなるわけではなかった。

そうした成り行きを、アジアの近隣諸国は深く憂慮した。**実際、日本は過去の過ちを真に認めていないとか、あからさまな歴史修正主義が見られると考える国もあり、アジア諸国には第二次世界大戦の記憶がまだ根強く残る。**

とは言え、日本は軍事大国にはなっていない。核兵器を保有していないのは明らかであり、国民も全般的に再軍備に反対している。そのため、国連の監督下で平和維持活動に参加することを可能にするPKO協力法を日本政府が1992年に成立させる際は、多大な困難を伴った。その後、2016年には、同盟国の防衛活動を支援するための他国への介入（集団的自衛権の行使）を可能にするべく、憲法の解釈が改められた。いっぽう、湾岸戦争の際には、アメリカに求められるままに、国際的介入の資金調達に多大な貢献をしている。**結局、日本はアメリカの戦略的庇護に依存したままなのだ。** 現在、日本経済には中国経済ほどの勢いはない。中国のGDPは2011年に日本を抜いて世界第2位となった。また、日本は高齢化と人口減少という問題にも直面している。

さらに、**地政学的な危機にも直面している。** かつては戦略的な義務をいっさい負わずに好景気の恩恵を受

結局、日本はアメリカの戦略的庇護に依存したままなのだ

経済の衰退と再軍備の間で

けた日本だが、今では新興国のさまざまな野心の板挟みとなっている。かねて国連安保理の常任理事国入りを希望しているものの、国連改革の停滞のためにこの問題は棚上げとなっている。

日本はアフリカに多額の投資をしている。目的はアフリカの支持を得て、この大陸における中国の影響力に対抗することだ。主要な開発援助国でもあり、EUに次ぐ額の公的開発援助（ODA）をしている。

冷戦が終結しても国家間の危機や対立はなくならなかった。**日本は、アメリカへの依存をますます重荷と感じてはいるが、状況を覆すという選択肢はないため、現状を多少なりとも変えるのは難しい。**潜在的なライバルとみなしている中国の台頭にも脅かされている。安倍晋三首相はトランプを支持しているものの、トランプの孤立主義的な政治によって、日本が享受してきた戦略的保護が見直されるのではないかと懸念してもいる。

05

L'ASIE

アジア | 05

中国は世界一の大国か？

世界中の国々が、感嘆と驚きと恐れをもって、
ここ40年ほどの中国の台頭に注目している。
これまで「中華帝国」は諸外国との関わりを拒んでいた。
1430年には、アフリカの海岸まで到達していた武将の鄭和による航海さえ、
中国皇帝の意志により中止されている。
中国は18世紀初頭にはすでに世界で最も豊かな国であった。
今日の中国は、グローバル化の恩恵を最も受けている。

地域環境における中国

19世紀における中国の衰退

19世紀は、中央権力の弱体化、皇帝たちの凡庸さ、腐敗の蔓延により、中国が没落した時代である。

ヨーロッパ列強は、2度のアヘン戦争（1840〜1842年と1856〜1860年）によって、力ずくで清に市場を開放させ、治外法権（租界制度）を設けた。清は属国になったのである。

19世紀末には、清仏戦争の敗北によりベトナムにおける宗主権を、日清戦争の敗北により朝鮮と台湾における宗主権を失った。

民族主義の復活を背景とする1911〜1912年の革命により、皇帝統治は終わりを迎える。1930年代には日本が中国の広大な領土を占領し、数えきれないほどの暴虐行為を行なった。

1949年には毛沢東が権力を掌握し、蒋介石率いる中華民国を台湾へと追放する。この時点では、台湾は国連安保理の常任理事国の地位を保っていた。中華人民共和国はソビエト連邦の同盟国となり、台湾はアメリカの同盟国となる。

中国の領土問題

全体主義体制

毛沢東は、共産主義と同時に民族主義をも旗印とした。1961年には中国とソ連が袂を分かつが、それはイデオロギー上の争いというよりはむしろ国同士の競い合いの結果だった。中国は、ソ連への隷属をとうてい受け入れられなかったのだ。

そうしたなか、アメリカは中国に接近し、最大のライバルであるソ連と対抗するため、裏で同盟を結ぼうとする。1972年、アメリカのニクソン大統領は、中国を公式に訪問した。前年の1971年には、中国は国連安全保障理事会の常任理事国としての地位を台湾から取り戻していた。

中国は「自助自立」を掲げて自給自足経済体制を築いたが、そのせいで経済発展は妨げられる。

経済発展

1980年代以降、鄧小平の主導で中国は経済開放政策をとる（政治は自由化されなかった）。経済成長を促進するために、1人っ子政策（2015年に廃止）が

発展の不均衡
2017年の地域別1人あたり名目GDP
（単位:1000ドル）
4　8　12　17　20　46　81

複数の領土
★ 独立派の蜂起
マカオ 特別行政区

主要都市圏
（単位:人口100万人）
5　7　9　12　20以上

出典:中国・国家統計局データ-GDP（2017年）；世界銀行（2017年）；worldpopulationreview.com

導入された。**これほど人口の多い国が、これほど長期にわたり、これほどの成長を遂げたことは、いまだかつてなかった。**1980年には中国のGDPは世界全体の約2.8パーセントだったが、2017年には15パーセント近くになる。1人あたりGDPは1976年には156ドルだったが、2016年にはおよそ8000ドルになった。

表向きは共産主義体制が維持されていたにもかかわらず、社会的格差は急速に拡大した。8900万人の党員を擁する中国共産党が権力を独占してはいるが、今日の中国の経済体制は資本主義である。

中国共産党政権の正当性を支えるのは、もはやマルクス・レーニン主義ではなく、経済を成功させ、より多くの国民を消費活動に参加できるようにしたという事実だ。

政権は依然として独裁体制ではあるが、もはや毛沢東の時代のような全体主義ではなく、政府が国民の私生活、服装、(わずかな)余暇の過ごし方に至るまで管理するようなことはない。

1989年には、学生たちが北京の天安門広場を占拠して民主化を要求した。政府はこの反乱を弾圧し、多くの血が流された。

しかし今日、経済発展、中産階級の出現、革新的な情報通信技術(IT)の発達により、政府は情報の独占ができなくなった。現在、中国には7億人のインターネット利用者がおり、当局が通信のすべてを検閲できるわけではない。したがって、世論が形成され、政府もこれを無視できなくなっている。

生活水準の向上

中国の国民は自由には恵まれていないものの、消費者や愛国者としては現状に満足している。生活水準の向上を実感し、子供の将来はさらに有望だと感じているのだ。また、他の大国によって屈辱を受けることはもうないと考えている。

中国は2011年にGNPで日本を追い越して世界第2位となり、2013年には世界最大の貿易国となった。**中国がアメリカを追い越すかどうかではなく、「いつ」追い越すのかが、人々の関心の的となっている。**中国とアメリカの間には相互依存関係がある。中国は生産システムの活性化と社会的結束の維持のためにアメリカ市場を必要としている。いっぽう、アメリカはインフレを抑制するために安価な中国製品を必要としているし、そもそも輸入への依存度がかなり高まっている。ドナルド・トランプは大統領選の期間中、中国からの輸入品に45パーセントの関税をかけると発言していたが、競争力が損なわれることを恐れるアメリカのIT企業などからの圧力を受け、断念した。それにもかかわらず、トランプはアメリカの貿易赤字を減らすために中国との貿易戦争を始めたがっているようだ。アメリカに対する中国の貿易黒字は年間3000億ドルである。

「平和的進出」

外交においては、中国は非干渉の原則を貫く。原料の大消費国となった中国は、近東、アフリカ大陸、ラテンアメリカ諸国との接触を増やしている。1997年には香港、1999年にはマカオが中国に返還された。中国は南シナ海の島々の領有権を主張しているが、同様の主張を、ベトナム、マレーシア、フィリピン、台湾など他のアジア諸国もしている。「一つの中国」を掲げる中国政府は、台湾を統合する必要があると考えている。だが、現状が維持されそうだ。台湾が独立をあえて宣言しないのは、中国を刺激して武力による統一に至るのを避けるためである。

> **中国共産党政権の正当性を支えるのは、経済を成功させ、より多くの国民を消費活動に参加できるようにしたという事実だ**

中国に固有の諸問題

今日、中国国民のおよそ半分が都市で生活している。農村に暮らす人々は、いまだに赤貧から抜け出せない。そのため、**都市の経済成長に惹かれて、1億5000万人の中国人が都市の居住許可を持たないまま農村部を脱出し、流動的な労働力となっている。**今後2億5000万人が農村部を離れると見込まれる。

2001年、中国は世界貿易機関（WTO）に加盟し、2015年には地球温暖化に対処するためのパリ協定を批准した。

一方で、中国にはソフトパワーが欠けている。その点では魅力は不十分であるものの、中国の発展モデルは南側の一部の国に刺激を与えるだろう。好感度を上げることが必要だと自覚している中国は、世界中で孔子学院を増やすと共に、中国中央テレビ（CCTV）に国際放送チャンネルを設けた。

中国は、1990年代初頭の日本のように投機バブルの崩壊を経験するだろうか？ 政治に参加する国民が増えることにより、政治は開放されるだろうか？ 非帝国主義の歴史政策を継続するだろうか、それとも世界最大の大国となり、グローバル化した世界で幅を利かせようとするのだろうか？

中国は「一帯一路」という壮大な計画に乗り出し、さまざまな国でインフラ（道路、港湾、鉄道など）を整備しようとしている。**これは中国の影響力を増し、輸出の継続を保証するための手段である。**2017年には、中国共産党第19回全国代表大会で習近平の国家元首としての続投が決定された。

中国は世界最大の大国となり、グローバル化した世界で幅を利かせようとするのだろうか？

地図一覧

- 地図 001 グローバリゼーション時代の新しい国境 9
- 地図 002 アフリカの紛争 11
- 地図 003 中南米の紛争 12
- 地図 004 中東とカフカスの紛争 13
- 地図 005 中央アジアの紛争 14
- 地図 006 インド亜大陸と東南アジアの紛争 15
- 地図 007 1945年のヨーロッパ各国の領土の変化 23
- 地図 008 東西陣営と「鉄のカーテン」 26
- 地図 009 1949年のヨーロッパの分断 27
- 地図 010 1962年のアメリカ軍とソ連軍の勢力圏 31
- 地図 011 1945年以降の非植民地化 35
- 地図 012 ソビエト帝国の解体 39
- 地図 013 1989年の戦略的状況 43
- 地図 014 1986年と2016年の国民1人あたり国内総生産(GDP) 47
- 地図 015 国連の加盟国と平和維持活動(2018年) 57
- 地図 016 経済分野における地域的な国際組織 60
- 地図 017 主要NGO10団体(2018年、NGOアドバイザーによる) 64
- 地図 018 国外へ向けられる投資 68
- 地図 019 ソーシャルネットワークが世論に及ぼす影響(2018年) 72
- 地図 020 国際社会とは? 78
- 地図 021 発展:貧困の減少と不平等の増大 82
- 地図 022 意識の高まりは持続可能か? 85
- 地図 023 2015-2050年の世界の人口動態 88
- 地図 024 世界の人口の移動 92
- 地図 025 1970年代から今日までのテロリズム 96
- 地図 026 核拡散 100
- 地図 027 国境を越えた組織犯罪 104
- 地図 028 夏季オリンピック大会開催都市 108
- 地図 029 サッカーワールドカップ 110
- 地図 030 普遍的な刑事裁判所とは? 113
- 地図 031 人権への脅威 116
- 地図 032 ハンチントン説を事実により検証する 119
- 地図 033 西ベルリンへのアクセス 123
- 地図 034 4カ国のベルリン占領地域(1945年) 124
- 地図 035 朝鮮戦争(1950-53年) 127
- 地図 036 スエズ戦争(1956年) 130
- 地図 037 キューバ危機(1962年) 133
- 地図 038 ベトナムの戦況(1967年11月) 135
- 地図 039 ソ連のアフガニスタン侵攻(1979-80年の状況) 139
- 地図 040 アフガニスタンにおける国際治安支援部隊(ISAF)の展開(2012年) 142
- 地図 041 湾岸戦争 145
- 地図 042 ルワンダ虐殺 148
- 地図 043 実効支配地(1992年夏) 150
- 地図 044 デイトン合意に基づく和平案(1995年11月21日) 151
- 地図 045 ユーゴスラビア連邦から旧ユーゴスラビアへ 152
- 地図 046 コソボ 155
- 地図 047 共通の敵、イラン 158
- 地図 048 パレスチナ分割案の変遷 160
- 地図 049 アラブ世界に囲まれたイスラエル 162
- 地図 050 イラクの民族と宗教の分布 164
- 地図 051 イラクのエネルギー資源 165

地図 052	袋小路のウクライナ危機 172
地図 053	引き裂かれたシリア 173
地図 054	国家並みのテロ組織？ 175
地図 055	世界に広がるイスラム国(IS)の脅威 176
地図 056	湾岸の盟主の座をめぐる争い 180
地図 057	和平は不可能か？ 184
地図 058	分断国家イラク 187
地図 059	中国の「平和的進出」？ 190
地図 060	著しい軍備増強から対立の沈静化へ 193
地図 061	米中の相互依存と競合 196
地図 062	フランコフォニー(フランス語圏) 205
地図 063	1937-1949年のドイツ国境 207
地図 064	ヨーロッパにおけるドイツ領土の変遷 209
地図 065	2018年のイギリス連邦 212
地図 066	イタリアの統一 214
地図 067	イタリアの経済格差 216
地図 068	帝国の終焉：スペイン(1865-1975年)、ポルトガル(1954-1975年) 219
地図 069	EUおよびNATOへの加盟 222
地図 070	中央ヨーロッパの国境の変遷(1914-2018年) 223
地図 071	冷戦時代の北欧諸国の戦略的環境 227
地図 072	欧州評議会 230
地図 073	EEC／EUの拡大 231
地図 074	バルカン諸国とヨーロッパ統合 234
地図 075	旧ソ連の地域再編 237
地図 076	ロシア：天然ガス産出国 239
地図 077	紛争周辺地域 242
地図 078	アメリカの圧倒的軍事力 248
地図 079	アメリカのマイノリティ 251
地図 080	小アンティル諸島 253
地図 081	大アンティル諸島 255
地図 082	アメリカの支配への抵抗(1959-1992年) 258
地図 083	分断された経済圏 261
地図 084	衝突多発地帯 262
地図 085	コノ・スール(南米南部)の発展と経済問題 266
地図 086	マグレブ諸国の資源 273
地図 087	マシュリク：資源は豊富だが政情不安定な地域 277
地図 088	2018年時点のペルシャ湾 280
地図 089	西アフリカの困難な発展 287
地図 090	中部アフリカ：脅威にさらされる地域 291
地図 091	東アフリカは危険な地域か？ 292
地図 092	南部アフリカとインド洋の島々 299
地図 093	ヒンドゥー教徒とイスラム教徒の間の緊張 304
地図 094	インド亜大陸：戦略的地帯 307
地図 095	東南アジア諸国連合(ASEAN) 310
地図 096	朝鮮半島：南北統一は不可能か？ 315
地図 097	日本：リスクを抱えた領土 317
地図 098	経済の衰退と再軍備の間で 319
地図 099	地域環境における中国 321
地図 100	中国の領土問題 322

# 現代地政学　国際関係地図

発行日	2019年 2月28日　第1刷 2019年 12月20日　第3刷
Author	パスカル・ボニファス
Translator	佐藤絵里（翻訳協力：加藤ミロ、檜垣裕美、山口羊子、株式会社トランネット）
Book Designer	遠藤陽一（DESIGN WORKSHOP JIN,Inc.）
Publication	株式会社ディスカヴァー・トゥエンティワン 〒102-0093　東京都千代田区平河町2-16-1 平河町森タワー11F TEL 03-3237-8321（代表）　03-3237-8345（営業） FAX 03-3237-8323（営業） http://www.d21.co.jp
Publisher	干場弓子
Editor	藤田浩芳　松石悠
Editorial Group	千葉正幸　岩﨑麻衣　大竹朝子　大山聡子　木下智尋　谷中卓　林拓馬　三谷祐一　安永姫菜　渡辺基志
Marketing Group	清水達也　佐藤昌幸　谷口奈緒美　蛯原昇　青木翔平　伊東佑真　井上竜之介　梅本翔太　小木曽礼丈　小田孝文 小山怜那　川島理　倉田華　越野志絵良　斎藤悠人　榊原僚　佐々木玲奈　佐竹祐哉　佐藤淳基　庄司知世 高橋雛乃　直林実咲　西川なつか　橋本莉奈　廣内悠理　古矢薫　堀部直人　三角真穂　宮田有利子　三輪真也 安永智洋　中澤泰宏
Business Development Group	飯田智樹　伊藤光太郎　志摩晃司　瀧俊樹　野﨑竜海　野中保奈美　林秀樹　早水真吾　原典宏　牧野類
IT & Logistic Group	小関勝則　大星多聞　岡本典子　小田木もも　中島俊平　山中麻吏　福田章平
Management Group	田中亜紀　松原史与志　岡村浩明　井筒浩　奥田千晶　杉田彰子　福永友紀　池田望　石光まゆ子　佐藤サラ圭
Assistant Staff	俵敬子　町田加奈子　丸山香織　井澤徳子　藤井多穂子　藤井かおり　葛目美枝子　伊藤香　鈴木洋子　石橋佐知子 畑野衣見　宮崎陽子　倉次みのり　川本寛子　王廳　高橋歩美　滝口景太郎
Proofreader	株式会社鷗来堂
DTP	アーティザンカンパニー株式会社
Printing	シナノ印刷株式会社

定価はカバーに表示してあります。本書の無断転載・複写は、著作権法上での例外を除き禁じられています。インターネット、モバイル等の電子メディアにおける無断転載ならびに第三者によるスキャンやデジタル化もこれに準じます。
・乱丁・落丁本はお取り替えいたしますので、小社「不良品交換係」まで着払いにてお送りください。
・本書へのご意見ご感想は下記からご送信いただけます。
http://www.d21.co.jp/inquiry/

ISBN978-4-7993-2431-8
ⓒDiscover21, inc., 2019, Printed in Japan.